LA PRAGMATIQUE
Histoire et critique

© Pierre Mardaga, éditeur
12, rue Saint-Vincent, 4020 Liège
2, Galerie des Princes, 1000 Bruxelles

D. 1987-0024-30

 *PHILOSOPHIE ET LANGAGE*

François Latraverse

la pragmatique
histoire et critique

PIERRE MARDAGA, EDITEUR
2, GALERIE DES PRINCES, 1000 BRUXELLES

Pour Suzanne Leblanc

CONVENTIONS DE REFERENCE

Dans le corps du texte et dans les notes en fin de chapitre, les références sont indiquées comme suit : le nom de l'auteur suivi de l'année de publication (au besoin indexée d'une lettre) et du chiffre de la page (dans le cas des citations). Les seules exceptions à ce principe sont les références faites aux *Fondements de la théorie des signes* (FTS) et à *Signs, Language and Behavior* (SLB) de Morris (désignés respectivement par la section et le chapitre), ainsi qu'aux textes de Wittgenstein (désignés par le sigle habituel de leur titre, suivi du numéro du paragraphe).

Je remercie, avec les réserves habituelles, Jean-Claude Anscombre, Jacques Bouveresse, Claude Imbert et Robert Waldron des remarques, des critiques, des idées et des propositions qu'ils m'ont communiquées aux différentes étapes de la rédaction de ce livre. Je tiens également à exprimer ma reconnaissance au Centre de recherches sémiologiques de l'Université de Neuchâtel des moyens qu'il a mis à ma disposition pendant le séjour que j'y ai fait dans le cadre d'un congé sabbatique et au Conseil de recherches en sciences humaines du Canada pour son appui financier.

Avant-propos

> *Je ne doute pas de voir la théorie pragmatiste de la vérité passer par les trois étapes traditionnelles que comprend la carrière d'une doctrine. Toute doctrine nouvelle commence par être attaquée comme absurde, puis on admet qu'elle est vraie, mais d'une vérité trop évidente et sans aucun intérêt; et l'on finit par la reconnaître si importante que ses adversaires prétendent l'avoir découverte eux-mêmes.*
>
> William James, Le pragmatisme

Lorsque Charles Morris publie en 1938 les *Foundations of the Theory of Signs*, dans le cadre du projet d'unification de la science qu'il dirige avec Carnap et Neurath, c'est pour apporter à ce projet le soutien d'une théorie du langage qui soit à la fois générale, homogène et adéquate. Une part importante du programme qu'il esquisse alors tient à l'idée d'une *pragmatique*, qu'il est le premier à introduire à l'intérieur de la théorie du langage. Son ouvrage suivant, *Signs, Language and Behavior*, favorisé par les développements récents de la psychologie behaviorale, fait de l'approche pragmatique une voie d'accès privilégiée à une juste compréhension du language comme forme du comportement humain. Ces deux ouvrages fondateurs ne sont pas récents. Dans un domaine où les théories se modifient d'autant plus rapidement qu'elles parviennent moins facilement qu'ailleurs à maintenir un fonds théorique stable et sont davantage soumises aux grands réaménagements périodiques commandés à part égale par les innovations conceptuelles et par les capricieux impératifs de la mode, des textes aussi «anciens» et aussi fortement déterminés par le contexte intellectuel qui les a vus naître peuvent facilement faire figure d'archives. Il arrive en effet souvent de nos jours qu'on mentionne l'œuvre de Morris comme si on faisait référence à une espèce de préhistoire d'une histoire vraie qui n'aurait commencé que plus tard et dans laquelle nous serions maintenant pleinement engagés.

La théorie du langage contemporaine retient en effet le nom de Morris presque uniquement pour cette adjonction d'une pragmatique aux domaines théoriques traditionnellement reconnus et pour la tripartition qui en est résultée de la sémiotique (la théorie du langage) en syntaxe, sémantique et pragmatique et c'est plus par le principe de cette tripartition que par les diverses propositions par lesquelles il a défini les domaines ainsi distingués que Morris figure maintenant dans le débat portant sur les diverses relations que les provinces de la théorie du langage sont susceptibles d'entretenir. Il s'agit surtout dans ce débat de savoir quels sont les bouleversements que l'introduction d'un domaine pragmatique peut entraîner. Même s'il ne va pas autant de soi qu'on semble souvent le penser que la perspective théorique définie par Morris doive être rejetée globalement parce qu'elle serait irrémédiablement datée, et marquée par des conceptualités qui nous seraient devenues étrangères, il est compréhensible que ce soit d'abord cette question qui retienne l'attention contemporaine, car c'est elle qui a été posée avec le plus d'insistance depuis la parution des *Fondements*.

Bien que les relations de la syntaxe et de la sémantique n'aient pas, il s'en faut, été épargnées par les discussions portant sur les interrelations des composantes de la sémiotique, les relations que la pragmatique est susceptible d'entretenir avec la sémantique et, dans une moindre mesure, avec la syntaxe constituent le problème principal. Une des raisons en est que, si syntaxe et sémantique permettent un consensus minimal sur la nature des phénomènes qui leur reviennent et sur les territoires qu'elles peuvent revendiquer, il n'en va pas du tout de même de la pragmatique, qui, tard venue pour ce qui est de son nom mais séculaire pour ce qui est de son idée, n'a cessé depuis ses premières mentions de poser des questions assez considérables, qui vont jusqu'au doute quant à son existence. Alors qu'elle semble incarner pour les uns, optimistes, l'espoir d'un renouvellement de la théorie du langage tout entière et la promesse d'une saisie enfin satisfaisante de l'activité langagière humaine, d'autres, sceptiques, sont amenés à mettre en doute la capacité de la pragmatique à voir son espace rempli par une quelconque problématique. D'autres enfin, réalistes et naïfs, estiment qu'une pragmatique qui n'était que vaguement promise à l'époque de Morris est maintenant en voie de réalisation, si ce n'est déjà réalisée[1]. Quoi qu'il en soit quant au bien-fondé de ces opinions, il est à tout le moins sensé de penser que la question de l'identité de cette « discipline » ou de ce « domaine » est loin d'être réglée, n'en jugerait-on que par la disparité et la diversité des entreprises qui se logent à son enseigne.

Cette diversité est un des traits les plus frappants de la situation pragmatique, mais d'une plus grande importance encore est le fait que, passées quelques évidences générales, la pragmatique demeure perplexe quant à ses propres critères de délimitation. Ce n'est pas un événement si banal qu'un discours auquel s'attache, sur de nombreux fronts, un engouement comme celui que l'on constate depuis quelques années soit à la recherche de son identité d'une manière aussi inquiète. C'est en raison des difficultés que posent cette identité et les relations de la pragmatique avec ses conjointes que cet essai procède à un examen de quelques-unes des coordonnées de son apparition et de son développement. Deux préoccupations l'animent. La première est d'identifier et de présenter les travaux que l'on peut associer à l'idée d'une pragmatique et de définir la place que cette idée occupe sur l'échiquier de la théorie du langage. La seconde est de voir dans quelle mesure il est possible de définir une spécificité pragmatique qui aille au-delà de la simple intuition et qui puisse être aménagée à l'intérieur d'un cadre théorique quelconque.

L'examen de la première question est mené par un survol historique de quelques-unes des idées qui alimentent depuis Morris l'intuition pragmatique. Ce recours à un examen historique comporte une certaine ambiguïté. D'une part, il se justifie du fait qu'il est difficile de saisir la pragmatique dans sa dynamique et sa généralité sans tenir compte du développement qu'elle a connu au cours des quelque cinquante dernières années. Sa polysémie et ses incertitudes quant à sa nature invitent d'autant plus à prendre le recul d'une perspective historique qu'est fragile l'accord actuel sur ses buts et ses principes. D'autre part, une telle perspective historique ne peut prétendre embrasser la totalité de ce que peut et a pu recouvrir le nom de « pragmatique » et l'état encore indéfini de la discipline ne permet guère une véritable récapitulation de ce qu'on considérerait comme des « acquis » définitifs. Par conséquent, les éléments de la courte histoire de la pragmatique qui sont donnés ici ont plus pour fonction d'appuyer un essai d'élucidation de la perspective pragmatique dans la théorie du langage que de présenter un état de la question qui puisse revendiquer un quelconque caractère systématique et prétendre restituer une évolution complète. De plus, ce travail ne prétend pas à une modernité absolue : plusieurs des recherches qui apparaissent s'associer à un état *actuel* de la pragmatique sont plus ou moins laissées de côté, au profit d'un empan historique plus large. Dans l'ensemble, les recherches actuelles sont surtout considérées dans la mesure où elles semblent trouver leur source dans un état plus ancien de la question.

C'est pourquoi la deuxième question, celle de la spécificité pragmatique, se trouve au cœur de l'examen. Il apparaît en effet que les différentes contributions qui ont été faites historiquement au développement d'une pragmatique posent d'abord et avant tout le problème de leur distinctivité et de leurs relations par rapport aux entreprises traditionnellement sanctionnées par la théorie du langage. Ce problème se présente avec une telle persistance qu'on est tenté de le considérer comme autre chose qu'un simple accident ponctuel et de le renvoyer à la constitution même de l'idée pragmatique. Sans se prononcer de manière définitive sur cette question, qui mobilise des considérations supérieures à celles qui peuvent être développées ici, on s'attachera à examiner quelques-unes de ses constantes et à présenter certaines de ses manifestations. Il s'agit en particulier de voir de quelle nature est l'élément dont une pragmatique pourrait traiter et de quelle façon cet élément peut s'articuler sur les objets sémantiques. Cette question engage évidemment celle du statut que peut revendiquer une théorie pragmatique. Au cours des dernières années, plusieurs ouvrages ont paru qui entreprennent tantôt de faire le point sur la pragmatique, tantôt de verser des pièces supplémentaires au dossier extrêmement ouvert qui en consitue l'état actuel[2]. Ces ouvrages, s'ils donnent parfois de la pragmatique une version assez homogène, n'adoptent que rarement une perspective suffisamment critique pour permettre de prendre la mesure de ce que l'élément pragmatique présente de mobile et de précaire. Les remarques présentées ici s'attachent moins aux «théories» pragmatiques par elles-mêmes — dans la mesure où de telles théories existeraient de fait — qu'à la façon dont ces efforts pragmatiques élaborent l'intuition originelle de Morris et définissent une situation pragmatique générale. Cette situation se caractérise d'abord par la difficulté qu'éprouve l'intuition pragmatique à se doter d'un discours propre. Il se peut, à cet égard, que l'on n'ait à choisir qu'entre deux possibilités : ou bien les études pragmatiques (ou présumées telles) s'inscrivent dans des cadres très particuliers et négocient de façon locale leurs relations avec ce qu'elles considèrent comme leur altérité, en restreignant l'ouverture de l'espace qui leur est offert, ou bien la pragmatique s'adresse à un objet si général qu'il s'évade de toute saisie particulière, de sorte que les travaux qui entreprendraient de traiter de cet objet se verraient *ipso facto* ravir leur caractère de théorie. C'est dans l'espace décrit par ces deux possibilités générales que le présent essai pose son questionnement.

Tel qu'il est conduit ici, ce questionnement ne cherche pas à poser des thèses qui statuent d'une manière ferme et définitive sur les problèmes en présence : mes remarques formulent beaucoup plus de doutes qu'elles ne donnent ne serait-ce que des éléments de solution. Si on évalue le progrès philosophique aux assertions qui le marquent, il se peut que la contribution que constituent ces remarques demeure assez restreinte. En revanche, si on estime que la philosopphie peut, entre autres choses, tenir sa pertinence de la vigilance qu'elle entretient quant à la multiplication des domaines et des objets théoriques, des doutes tels que ceux que cet essai développe peuvent valoir plus que la seule retenue à laquelle ils invitent. Compte tenu qu'on ne dispose pas (encore) des conditions nécessaires et suffisantes permettant de définir ce que sont la pragmatique et le pragmatique, on peut penser qu'une perspective réflexive comme celle qui est adoptée ici est ce qui convient le mieux à la situation présente. Cette perspective se trouve avoir les limitations inhérentes à la réflexivité : à essayer de se rendre consciente du lieu à partir duquel on peut affirmer elle se retire beaucoup de son pouvoir d'affirmation. Elle a par contre un avantage qui n'est pas négligeable dans un contexte où la parcimonie en matière théorique n'est pas toujours la norme : on gagne à ce questionnement de voir que les apories ne sont pas forcément résolues par la prospection d'une réalité qu'on peut n'estimer distincte que parce qu'on dispose d'un vocabulaire susceptible de la désigner. C'est pourquoi le vocabulaire conceptuel dont une pragmatique peut se pourvoir fait ici l'objet d'une attention particulière : la pragmatique peut chercher à atteindre (ou même atteindre de fait) une réalité qui lui est propre, mais elle peut aussi ne faire que résumer les conditions d'un discours toujours autre que le sien.

Cet examen de l'intuition pragmatique suit le parcours suivant. Le premier chapitre est consacré à un bref examen de la question de la délimitation et de l'organisation interne de la pragmatique. Cette question a pris dans les discussions contemporaines un tel relief qu'il est indiqué de lui accorder une place privilégiée, bien qu'elle risque d'être quelque peu précoce compte tenu de la jeunesse relative de la « discipline » et de l'indétermination du champ qui lui correspondrait. Les relations que la pragmatique peut avoir avec les autres composantes sémiotiques sont abordées sous une forme générale et la question de la « phénoménalité » de la pragmatique est esquissée. Les remarques générales qui constituent ce chapitre sont développées dans l'ensemble des chapitres suivants.

Les deuxième et troisième chapitres reconstruisent deux fragments d'histoire. Le premier s'attache aux origines peirciennes de la notion de *semiosis*, sur une dimension de laquelle Morris fonde la pragmatique, et à l'exploitation qu'une pragmatique peut faire de la notion d'*interprétant* telle qu'elle a été définie par Peirce, de même qu'à l'organistion de la sémiotique selon les *Fondements de la théorie des signes*; le second se penche sur le statut de la pragmatique chez Carnap et Reichenbach, dont les idées à cet égard, pour relativement peu développées qu'elles soient, n'en sont pas moins indicielles d'un destin pragmatique général et sont fréquemment invoquées (pour souvent être révoquées). Cet examen historique est subordonné à une perspective critique: ce sont plus les conséquences des thèses avancées par ces auteurs quant à la nature de la pragmatique que ces thèses pour elles-mêmes qui retiennent l'attention.

Au quatrième chapitre, la tradition dite de la «pragmatique formelle», qui est une des seules à avoir donné une version authentiquement théorique de l'intuition pragmatique, est examinée. On est amené à penser que la pragmatique qui lui correspond n'est pas essentiellement distincte de la tendance formelle en sémantique et que les difficultés qu'elle éprouve à se distinguer ne sont pas accidentelles et doivent être portées au compte de la précarité de la distinction entre sémantique et pragmatique.

Le cinquième chapitre est consacré à un examen ponctuel du statut de la pragmatique à l'intérieur de la théorie linguistique, et plus particulièrement à l'intérieur du paradigme de la grammaire générative. La question y est d'abord de savoir dans quelle mesure la conceptualité qui est active dans ce paradigme permet de faire sa place à une quelconque pragmatique, puis de voir si le pragmatique est compatible avec les exigences d'une *théorie* linguistique.

Le chapitre suivant s'attache à la notion de *contexte* et à divers phénomènes afférents à la contextualité. Cette notion se trouve au cœur de toutes les entreprises pragmatiques et on peut penser que c'est de son traitement que dépend l'essentiel de l'avenir de la pragmatique comme discipline constituée. Deux exemples sont examinés du rôle qu'une théorie sémantique peut reconnaître à la notion de contexte pour ce qui est de la délimitation de son objet et il est suggéré que l'explicitation de cette notion est soumise aux différents points de vue à partir desquels elle est produite.

Le dernier chapitre fait un rapprochement entre l'idée pragmatique et l'idée wittgensteinienne des *jeux de langage*, présentée comme une version plausible du contexte. Cette notion présente l'avantage de sa neutralité quant à un engagement mentaliste, de même que celui d'être à la mesure de l'ouverture de la perspective pragmatique. Ce rapprochement est en outre l'occasion d'examiner la question du réalisme et du «méthodologisme» dans l'interprétation des «objets» pragmatiques.

NOTES

[1] Par exemple, Richard Montague, l'un des principaux représentants d'une conception de la pragmatique dont on peut penser qu'elle a atteint le stade de la maturité, écrit (1968:103): «Pragmatics (...) was still futuristic at the time of Morris' monograph (...). Pragmatics dit not (...) exhibit any precise technical structure until 1959, when the present author, later joined by others, initiated considerations...».

[2] On peut entre autres citer: Bar-Hillel, éd. (1971), Maas et Wunderlich (1972), Schmidt, éd. (1974 et 1977), Rogers, Wall et Murphy, éds. (1977), Cole, éd. (1978), Diller et Récanati, éd. (1979), Gazdar (1979), Récanati (1979), Parret, éd. (1980), Récanati, éd. (1980), Parret, Verschueren et Sbizà, éds. (1981).

Chapitre 1
Remarques générales sur la délimitation et l'organisation interne de la pragmatique

1. Quelques aspects de l'idée de délimitation

Depuis une quinzaine d'années, la question de la délimitation des trois composantes de la théorie du langage (syntaxe, sémantique, pragmatique) a pris une importance considérable. L'enrichissement progressif de la sémantique linguistique, la diversification des phénomènes jugés pertinents pour une théorie du sens, la constitution, plus ou moins clairement affirmée, de problématiques pragmatiques ont, parmi d'autres facteurs, contribué à bousculer des relations dont on pensait qu'elles étaient fermement établies. La remise en question du tracé de ces frontières a tantôt été partielle (des phénomènes ponctuels ont conduit à en reconsidérer des aspects particuliers et à proposer des réaménagements locaux), tantôt générale voire hyperbolique (il s'est alors agi de statuer au moyen de dispositifs théoriques d'ensemble sur la totalité du territoire offert). Devant ces bouleversements, on a été naturellement amené à tenter de régler par des définitions, des critères de démarcation et d'autres mesures du même type les problèmes posés par l'arrivée des nouveaux venus. Cela a donné lieu à un luxe un peu extravagant de textes consacrés à différents aspects de la délimitation, comme les interfaces syntactico-sémantiques et pragmatico-sémantiques en linguistique, la distinction de niveaux d'analyse, la répartition des phénomènes en familles, etc. S'il est légitime qu'une théorie cherche, même dans les premiers moments de sa constitution, à structurer le plus nettement possible son domaine d'exercice et à définir les organisations dont son objet est susceptible, la tendance récente à cet égard, dans la théorie des langues naturelles, peut paraître un peu dramatique, compte tenu du développement très inégal des disciplines en présence[1].

Les difficultés rencontrées sont de deux ordres : d'une part, l'apparition de problématiques pragmatiques a amené le problème d'une répartition de *phénomènes*, dont il s'agirait de savoir à quel domaine ils appartiennent ; d'autre part, l'identité plus ou moins solide qu'on reconnaît à la pragmatique est toujours relative aux *définitions* ou aux *principes* qui établissent ce par rapport à quoi elle est appelée à se contraster, de sorte que ce qui pose la nature de la pragmatique comme un problème théoriquement et philosophiquement intéressant — encore qu'il soit parfois quelque peu désespérant — c'est le fait qu'elle renvoie à des questions aussi importantes et aussi générales que celles de savoir sous quelles conditions une *théorie* du langage est concevable qui prenne en compte ces phénomènes pragmatiques, ou de savoir quel est le statut des «objets» qui fournissent la matière de chacune des composantes de cette théorie. De telles questions n'ont évidemment pas attendu la constitution d'une pragmatique pour mériter d'être posées, mais il est certain que la relative indétermination de celle-ci et les apories auxquelles on est conduit lorsqu'on entreprend de la définir contribuent à leur pertinence et à leur perpétuation. La délimitation du domaine de la pragmatique selon tel ou tel critère en vient ainsi à engager la totalité de la théorie du langage, en ce que l'intuition pragmatique, dans plusieurs des tendances par lesquelles elle se manifeste, met en question la possibilité même d'une théorisation du langage, les éléments pragmatiques risquant, comme on cherchera à le montrer, de toujours ravir à la théorie son caractère concluant.

Une dimension essentielle de cette pragmatique a trait à une théorie du sens. En raison de la multiplication des phénomènes sémantiques jugés pertinents, les négociations frontalières ont à gérer une matière d'autant plus mobile qu'elle est fournie par des processus dont le caractère distinctif est souvent mal assuré. S'il arrive que la formulation de critères visant à répartir les phénomènes sémantiques soit claire à un niveau général, ces critères sont souvent problématiques lorsque vient le moment de les appliquer dans des cas particuliers. La raison en est que le travail de délimitation articule ce qu'on peut appeler des définitions «propédeutiques» alors que les problèmes locaux qui alimentent le travail de description sont d'une telle finesse de détail que la clarté intuitive des définitions générales se voit brouillée lors de son passage à l'application.

Les phénomènes qu'une théorie sémantique considère actuellement sont en fait assez différents de l'image familière que les philosophes et les linguistes s'en faisaient auparavant : la limitation de la pertinence sémantique aux valeurs de vérité (le sens d'une proposition pouvant être défini comme les conditions qui la rendent vraie) ou à cette partie de la compréhension des locuteurs qui peut recevoir une représentation structurale a été petit à petit débordée par des cas où une telle conception achoppe manifestement. Une large part de l'essor pragmatique est ainsi imputable à une certaine méfiance entretenue à l'endroit de cette limitation du langage à une fonction représentationnelle. La méfiance ne constituant pas en soi une position théorique, il a évidemment fallu la relayer par des propositions positives. C'est alors que les problèmes de définition et de délimitation de la pragmatique se sont vraiment posés. Afin de laisser à la sémantique son intégrité et rassembler les problèmes résiduels dans une catégorie unique, on a, dans de nombreux cas, pris l'habitude de confier à la pragmatique le soin de s'occuper des *écarts* par rapport à l'objet sémantique traditionnel. La pragmatique a ainsi pu, dans un premier temps, être délimitée par l'exclusion hors de la sémantique de ce dont celle-ci ne pouvait contrôler la vériconditionalité ou l'analyse structurale. Si cette façon de faire peut assurer une pureté sémantique (en présentant par ailleurs le danger d'une sémantique trop abstraite ou trop réduite), elle ne permet guère de définir la pragmatique de façon satisfaisante, car celle-ci n'y est repérée que par un critère négatif. C'est ce qui a amené certains auteurs, par exemple, Bar-Hillel (1971) et Chomsky (1969), à présenter la pragmatique comme une «poubelle», chargée de recueillir libéralement la résidualité des structurations effectuées par ailleurs. Selon une telle définition négative, le privilège de pertinence revient d'abord à la sémantique et ensuite seulement à la pragmatique *sous réserve* que celle-ci parvienne à s'assigner un domaine d'exercice. Certaines des problématiques qui lui sont imputées (en particulier l'étude des actes de langage et de l'indexicalité) ont franchi ce pas et se sont établies avec une certaine fermeté, tandis que d'autres ont conservé un caractère éclaté et confus. Rien n'empêche cependant de penser que des phénomènes qui n'ont pas encore été disciplinés seront un jour annexés par des traitements rigoureux.

Le développement des composantes de la théorie suivrait ainsi ce qu'on pourrait appeler un «principe du débordement», selon lequel ce qui se présente d'abord comme la limite d'un domaine établi donne par la suite lieu à un discours qui tend à se constituer des problématiques propres, ne serait-ce que par l'insistance qu'il met à y revenir. L'idée d'une pragmatique s'est ainsi construite autant à la faveur de la récurrence de certains phénomènes et de certaines intuitions que par la possibilité d'y discerner des constantes apparemment organisatrices. Par ailleurs, selon ce même principe, si ce qui est actuellement désigné sous le nom de pragmatique parvenait à une véritable identité théorique, il est possible qu'il soit à son tour débordé par des phénomènes dont le discours pragmatique alors standardisé ne pourrait plus rendre compte, par des considérations qu'il ne pourrait plus aménager, et qu'il faille par conséquent distinguer un autre domaine ou modifier la conception du domaine établi[2]. On pourrait ainsi concevoir un engendrement ouvert de ces domaines, chacun récupérant la résidualité de ceux qui l'ont précédé en une structuration progressive. Rien n'empêche les tempéraments optimistes de considérer cet engendrement comme un incessant progrès, dont chaque étape améliorerait les conditions d'adéquation des étapes antérieures et maîtriserait un objet de plus en plus riche et de plus en plus proche de la réalité de ce que nous estimons être nos transactions linguistiques réelles.

Cette idée d'une récupération progressive des limitations antérieures est assez séduisante : elle avalise l'ouverture des recherches actuellement poursuivies sous la bannière de la pragmatique, elle permet de les nourrir de l'espoir d'un règlement ultérieur et elle favorise une certaine liberté d'examen des diverses dimensions du langage qui seraient conquises les unes après les autres. On reviendra sur quelques aspects de cette idée, qualifiée ailleurs de *«position deus ex futura»*[3], et une remarque générale suffira pour l'instant.

L'enthousiasme (légitime) qu'on peut ressentir devant le principe d'une incessante récupération peut devenir plus mitigé si on pense que la pragmatique, se présentant d'une manière encore largement indifférenciée, ne permet guère de consensus sur un ensemble de principes, d'objets et de thèses qui la constitueraient. La capacité d'accueil de la catégorie «pragmatique» est au contraire telle qu'il apparaît difficile de parvenir à un autre commun dominateur que celui qui est fourni par une «intuition pragmatique» qui, pour évidente qu'elle soit, demeure en général en amont de son état théorique.

Il est en soi remarquable qu'une part si considérable des efforts actuels de la pragmatique vise à la définir par rapport à sa sœur quasi jumelle, la sémantique, l'énergie investie dans ces efforts l'emportant souvent sur le développement des problématiques qu'elle a identifiées. On peut voir dans ce fait un signe que la pragmatique est encore largement *in statu nascendi*[4], dans la mesure où un domaine théorique parvenu à maturité met en général moins de soin à se circonscrire qu'à se peupler, mais il est également possible d'y voir le signe d'une difficulté plus profonde, qui est la suivante : poser la question des relations de la pragmatique en termes de délimitation préjuge déjà d'un certain type de relation, à savoir que ces domaines sont contigus et qu'ils peuvent être décrits d'après les objets qui leur appartiennent. La seule mention d'une délimitation comporte en effet l'idée qu'il est possible de tracer une frontière entre les domaines concernés et elle présuppose que ces domaines sont de même «niveau», si tant est, pour poursuivre cette métaphore, que deux territoires contigus sont séparés par *une seule* frontière dont le tracé correspond à un geste unique. Or, il n'est pas nécessairement accordé que les relations entre sémantique et pragmatique doivent être des relations «horizontales» et il peut même être avantageux de les penser selon une autre forme. Ainsi, concevoir le développement de la pragmatique comme la conquête de territoires (souvent empiriques), c'est préjuger d'entrée de jeu d'un type de relations, qui unit des objets distincts.

Compte tenu du caractère encore inchoatif de la pragmatique, cette représentation horizontale donne comme image de la territorialité supposée un empire sémantique aux frontières plus ou moins assurées, bordé de petites principautés pragmatiques plus ou moins satisfaites ou inquiètes de leur autonomie. Si la question des relations entre sémantique et pragmatique est intéressante, c'est cependant dans la mesure où elle a trait à divers types de sens ou à différents niveaux d'analyse du sens, si ce n'est à l'existence même de tels types ou de tels niveaux. Il est cependant clair que les diverses versions des réponses que l'on peut apporter à ces questions sont nécessairement relatives aux positions occupées sur l'échiquier de la théorie du langage, car, pour paraphraser Bar-Hillel, la pragmatique des uns est souvent la sémantique des autres, les objets qui appartiendraient à chacun des domaines concernés n'étant pas des objets neutres dont le statut serait indépendant de nos distinctions théoriques. On doit de plus noter que la définition négative de la pragmatique a pour effet de polariser les relations : c'est à partir du champ sémantique que le champ pragmatique est défini, et non à l'inverse. Non seulement cette polarisation pose la pragmatique comme le «reste» de la sémantique, mais elle consacre de plus la pragmatique comme une étude de l'externalité ou de l'altérité des relations sémantiques jugées authentiques.

L'externalité favorise une conception assez répandue selon laquelle la pragmatique serait dans une relation *explicative* par rapport au langage, auquel elle fournirait ses conditions de réalité. Suivant cette perspective, on distinguerait deux types d'objets : l'objet, interne, de la sémantique serait fourni par la langue elle-même (ou par tout autre système symbolique), tandis que l'objet, externe, de la pragmatique serait constitué des diverses déterminations qui jouent sur la pratique de langage et assurent son «passage à la réalité». Par ailleurs, une autre conception, qui définit également la pragmatique par une exclusion prononcée à partie du lieu de la sémantique, estime néanmoins que la pragmatique doit avoir une relation *analytique* au sens et que ses objets doivent être construits comme le sont les objets sémantiques. Ces deux conceptions se situent de manière différente quant à la question de la délimitation, mais elles ont en commun de pourvoir la pragmatique d'objets propres. La première établit une différence de principe entre sémantique et pragmatique et définit pour chacune des objets radicalement différents, tandis que la seconde peut, à cet égard, adpter deux attitudes. Elle peut poser que les aspects du sens qui reviennent respectivement à la sémantique et à la pragmatique sont assez différents pour qu'il soit possible de les ranger dans des catégories séparées et d'en confier l'étude à des disciplines (nettement) distinctes : il s'agit de ce qu'on peut appeler une attitude *discontinuiste*. Elle peut aussi estimer que les phénomènes dans lesquels on découpe les domaines de la sémantique et de la pragmatique ne sont pas distinct par nature et qu'ils obéissent à une répartition scalaire: il s'agit d'une attitude *continuiste*.

Au nombre des extensions de la pragmatique que commandent ces deux conceptions, avec les deux attitudes qui modalisent la seconde, on peut retenir les deux suivantes.

2. Deux types d'extension de la pragmatique

Selon les critères qui assurent sa définition et selon le contexte théorique dans lequel cette définition est donnée, la pragmatique voit son domaine passer du large à l'étroit et de l'étroit au large. Les définitions «propédeutiques», qui visent une distinctivité minimale, mais ne permettent pas de saisir un objet spécifique et doivent être interprétées par des spécifications ultérieures, sont déterminantes pour ces variations extensionnelles. Une des définitions propédeutiques classiques définit la pragmatique par la référence qui est faite au locuteur, par opposition aux cas où seuls les caractères afférents à l'expression ou aux dénotations sont pris en compte[5]. D'autres définitions, plus récentes, identifient la pragmatique à l'étude du langage en contexte[6] ou saisi en fonction de l'«usage»[7]. De telles définitions peuvent être utiles à des fins didactiques, mais elles sont insuffisantes lorsque vient le temps d'appliquer ou de spécifier les termes sur lesquels elles s'appuient: les notions de «référence au locuteur» et de «contexte» peuvent en effet désigner des phénomènes très étendus et commander des considérations très variées, de sorte que la seule mention des notions ne suffit pas à assurer leur assignabilité; par ailleurs, la spécification de ces notions peut suivre un grand nombre de voies distinctes et même opposées, de sorte que les diverses pragmatiques qui les emprunteraient ne pourraient être rassemblées sous une commune appellation que par un artifice purement nominal.

2.1. *Une acception large*

Si le rôle de la pragmatique est d'expliquer le fonctionnement du langage en le renvoyant à ses conditions réputées concrètes, toutes les perspectives qui permettent de consigner ces conditions peuvent être adoptées et en remplir l'espace. Cette conception a souvent eu recours à une sociologie assez ouverte (qui s'étend jusqu'aux questions d'«analyse» des idéologies) et à une psychologie dont le cadre n'est guère plus précis pour ancrer cette pragmatique externe dans une ou plusieurs approches disciplinaires. C'est ainsi, pour choisir des exemples très éloignés l'un de l'autre, tant d'un point de vue théorique que d'un point de vue en quelque sorte culturel, que Colin Cherry (1966:223 sv.), entreprenant de caractériser les trois composantes de la sémiotique, en donne les «définitions» suivantes:

La syntaxe [étudie] les signes et leurs relations aux autres signes.
La sémantique [étudie] les signes et leurs relations au «monde extérieur» (désignation) — notion qui est plutôt problématique.
La pragmatique [étudie] les signes et leurs relations aux usagers (psychologie)[8].

et que Georg Klaus, cherchant pour sa part à penser la sémiotique dans une perspective marxiste, présente la pragmatique comme une façon de pallier les carences d'une approche exclusivement linguistique au moyen d'«études psychologiques et sociologiques», affirmant que «la discipline qui étudie ces rapports (psychologiques et sociologiques) s'appelle la pragmatique» (1974:80). Je retiens ces deux exemples d'une part parce qu'ils font tous deux référence aux textes initiateurs de Morris et de Carnap (sur lesquels ils s'appuient et qu'ils entendent exploiter) et d'autre part parce que l'idée de la pragmatique qui s'y trouve est, malgré ou grâce à la mention de disciplines comme la psychologie et la sociologie, si large qu'elle peut être orientée dans des directions carrément divergentes. Klaus peut ainsi mettre la partie pragmatique de la sémiotique au service du traitement «de certains problèmes actuels de propagande et d'agitation» (1974:75), tandis que Cherry poursuit son propos en mentionnant l'étude de l'efficacité de l'information (au sens de Shannon-Heaver) comme un exemple paradigmatique de recherches pragmatiques[9].

Cette maximalisation de la pragmatique, pour souhaitable qu'elle puisse être du point de vue de l'enrichissement de l'étude générale du langage, n'en comporte pas moins de nombreux aspects problématiques pour ce qui est de son accession au titre de théorie présentant quelque garantie d'homogénéité. Une première difficulté a trait à l'articulation d'une pragmatique ainsi conçue sur les autres composantes de la sémiotique. Dans le meilleur des cas, les études pragmatiques pourront jeter un éclairage nouveau sur les aspects du langage qui sont traités au moyen des approches habituelles, mais elles leur demeureront toujours extérieures: la syntaxe et la sémantique continueront de négocier leurs relations à l'intérieur de théories raisonnablement contrôlées, tandis que la pragmatique s'étalera dans diverses perspectives disciplinaires qui étudieront les multiples états de réalité du langage et recenseront les dimensions pratiques de son usage. Le champ alors offert à la pragmatique sera rempli par des approches d'autant plus nombreuses et hétérogènes que les disciplines chargées de les réaliser ne pourront être rassemblées que sur la base d'une vague référence aux usagers. L'inflation consécutive qu'elle connaîtrait alors consacrerait l'externalisation de son domaine: la psychologie, la sociologie, l'étude de la communication en général, la psychopathologie du langage, la neurolinguistique et même la «théorie» des idéologies, pour ne donner que quelques-uns des exemples concevables, seront allègrement versées au dossier d'une pragmatique d'autant plus impersonnelle que des disciplines bien établies seraient là pour la composer[10].

Cette acception large présente en outre la difficulté, soulevée par cette inflation, de sa limitation à des travaux de nature empirique ou proto-empirique. En confiant la pragmatique à ces disciplines qui se donnent pour but d'étudier le langage dans ses conditions dites matérielles et dans la diversité de ses effets, on la condamne non seulement à un statut externe et explicatif, mais également au rôle d'une consignation plus ou moins empirique de phénomènes concrets, consignation dont le succès pourrait être mesuré à son exhaustivité. Dès ses origines, la pragmatique a eu à voir avec des aspects empiriques du langage et on peut même penser que cette dimension empirique ne pourra jamais être complètement réduite, mais il est également permis de croire que le fait d'ajouter à cette empiricité forcée la sanction de son traitement par des disciplines qui sont ouvertement factuelles risque d'aggraver le problème dans le geste même qui entendait le résoudre. En effet, confier la totalité du pragmatique à ces disciplines équivaut à retirer aux approches théoriques de la syntaxe et de la sémantique cela qui les rend relatives à une certaine expérience du langage et à les limiter au statut abstrait de théorie de la forme et des conditions générales de la dénotation. Si on considère que c'est là la condition même qui fait d'elles des théories et qu'elles doivent se dégager le plus possible de leur substrat empirique pour accéder à ce statut, le pragmatique serait alors ce qu'il faut réduire pour assurer une pureté théorique quelconque, mais il constituerait aussi l'horizon sur lequel elles se construisent et qui les «colore» avec différents degrés d'intensité. Le fait de renvoyer à des disciplines positives le soin de s'occuper de ce substrat contribue à poser le pragmatique comme une réalité objective extérieure à ces constructions.

On doit en revanche admettre que la difficulté qu'il y a à conceptualiser le phénomène pragmatique peut trouver sa solution partielle dans le fait d'exploiter des discours qui disposent déjà d'une conceptualité ouvertement destinée à formuler cela qu'il s'agit de saisir. Ce que le pragmatique a souvent de fugace et d'insituable se trouverait ainsi contraint à figurer dans des rationalités disponibles, de sorte que ce qui apparaît par ailleurs comme une quête incessante trouverait son terme dans un lieu familier qu'il suffirait d'approfondir. La science (et non la philosophie, pour faire une opposition rapide) fournirait alors un discours qui consacrerait de façon plus ou moins définitive la découverte de ce Graal [11]. On peut aussi estimer, dans la mesure où quelque chose d'apparenté à la philosophie peut encore revendiquer une voix au chapitre, que cette version de la pragmatique demeure insatisfaisante, ne serait-ce qu'au nom du lieu où la question pragmatique a été originellement posée et qui est le lieu de la philosophie. Que ce lieu ait été progressivement assiégé par des discours qui ont pour eux l'avantage de disposer de conceptualités établies ne change rien à la question première, qui s'est élaborée sur le terrain d'une théorie du sens.

Ce sens large de la pragmatique présente en résumé les traits suivants :

1. Il ne permet guère d'accorder à la pragmatique une identité définie, au-delà du fait que les travaux qui lui correspondent peuvent être rapportés à un commun dénominateur général (par exemple, la référence au locuteur), lequel doit encore être spécifié.

2. En spécifiant ce commun dénominateur au moyen de conceptualités constituées, on s'engage : a) à donner du pragmatique une version empirique, b) à externaliser la pragmatique par rapport aux approches théoriques du langage, et c) à la faire éclater

en un ensemble — ouvert — de perspectives disciplinaires qui ne peuvent être rassemblées que sous l'unité d'un nom.

3. La pragmatique ne peut alors plus guère alléguer son caractère de nouveauté et de pertinence qu'en complétant les approches traditionnelles par une conceptualité qui leur est largement étrangère. Elle n'en perd pas pour autant sa légitimité, car elle est pourvue d'un contenu cognitif avalisé par la scientificité escomptée de ces disciplines, mais elle s'établit dans la marge de l'objet habituel d'une théorie (philosophique) du langage et ne peut lui être reliée que de manière externe [12].

Les développements pragmatiques contemporains les plus significatifs ont plutôt été amenés par des cas où cet objet traditionnel (en particulier l'objet traditionnel d'une théorie sémantique, la relation de représentation) était débordé par des phénomènes qui lui échappent et la mettent en question. Les chapitres 2 et 3 reviendront sur cette pragmatique externe et large. Examinons pour l'instant quelques-unes des coordonnées d'une pragmatique plus étroite et des incidences que cette conception a sur la question de la délimitation.

2.2. Une acception plus étroite

Selon une seconde acception, les problèmes dont une pragmatique s'occupe, ou dont elle devrait s'occuper, ont à voir avec une théorie du sens et se rapprochent ainsi de l'objet central de la théorie du langage. Pragmatique et sémantique n'y sont plus renvoyées à des ordres de réalité radicalement différents, mais à des questions contiguës. C'est du reste cette proximité qui pose de nouveau, mais autrement que dans l'acception large, la question d'une spécificité pragmatique.

En « Introduction » aux actes d'un colloque qui s'est tenu à Budapest en 1977 sur la pragmatique et la théorie des actes de langage (Searle, Kiefer et Bierwisch, éds. 1980), les éditeurs, après avoir insisté sur la relativité de toute définition de la pragmatique par rapport aux présuppositions théoriques de ses artisans, distinguent trois « traditions » dans le débat portant sur la délimitation de la sémantique et de la pragmatique.

La première tradition, qui, selon les auteurs, trouve son origine chez Carnap, est celle de la philosophie et de la logique formelles, représentée par des théoriciens comme Montague, Lewis et Cresswell. La pragmatique y trouve son objet dans la dépendance de phrases syntaxiquement définies par rapport à leur contexte d'emploi. Cette dépendance est essentiellement manifestée pour cette tradition par l'existence et le fonctionnement des expressions indexicales, dont l'étude constituerait la quasi-totalité sinon la totalité de la pragmatique, la sémantique étant réservée aux langages sans indexicalité. Selon une suggestion de Stalnaker (1972), cette étude de l'indexicalité pourrait être complétée par celle des actes illocutoires, autre ligne de force alléguée de la pragmatique contemporaine[13].

La seconde tradition, dont le représentant nommé est Katz, établit une distinction entre sémantique et pragmatique en assignant à la première l'étude du sens des énoncés tel qu'il peut être compris indépendamment de tout contexte d'usage (c'est-à-dire le sens des *phrases*, si l'on veut réserver le mot «énoncé» pour désigner la production de ces phrases, qui est nécessairement contextuelle) et à la seconde ces aspects du sens qui dépendent du contexte et de l'usage. Selon cette tradition, les phénomènes qui sont étudiés par la logique et la philosophie formelles seraient à cheval sur la sémantique et sur la pragmatique, car les expression indexicales voient leurs conditions générales de référence relever d'un niveau sémantique (auquel sont définies les règles de référence des signes indexicaux en tant que *types*), tandis que leurs références (c'est-à-dire les références de ces signes considérés comme répliques *(tokens)*), ressortissent à un niveau pragmatique, puisqu'elles ne peuvent être fixées que par la prise en compte de contextes particuliers. En ce qui concerne les forces illocutoires, du fait qu'elles s'appuient sur le sens littéral des phrases (c'est-à-dire le sens qu'elles ont hors contexte ou dans un contexte «neutre») mais qu'elles peuvent aussi s'en écarter de manière significative (comme c'est le cas dans les actes de langage indirects), elles dépendent de manière égale d'un niveau sémantique et d'un niveau pragmatique[14].

La troisième tradition, dont la paternité est partiellement imputée à Wittgenstein («seconde manière») et dont les représentants seraient Austin, Grice et Searle, rend pour sa part compte du sens des expressions et des phrases en fonction des usages auxquels elles servent. Selon elle, la distinction établie entre le sens contextuel et le sens non contextuel ne peut plus être maintenue, car cette tradition, tout en admettant que l'on peut séparer le sens conventionnel d'un énoncé (le sens *linguistique*) du sens que le locuteur entend lui donner (le sens *intentionnel*), estime qu'il n'est le plus souvent pas possible de définir un sens indépendant du contexte, puisque même le sens conventionnel dépend du sens effectif et des conditions particulières qui règlent son usage[15].

Ainsi définies, ces trois tendances ne visent qu'à introduire un ordre minimal dans le paysage de la théorie du sens: ces traditions ne sont homogènes quant aux travaux qu'elles regroupent et ne parviennent à se contraster les unes par rapport aux autres qu'au niveau le plus général où on peut poser la question de la délimitation sémantique-pragmatique; considérées de plus près, les diverses tendances qui les constituent manifestement des dissensions non négligeables sur des points majeurs. Elles représentent néanmoins les coordonnées principales d'un état de la question [16]. A ce niveau, l'élément le plus important est fourni par le fait que ces traditions ont toutes trait à la possibilité d'assigner les phénomènes pertinents à deux niveaux distincts. Que leurs positions pour ce qui est de l'existence d'une frontière entre ces deux niveaux puissent être interprétées comme des positions sur une distinction équivalente entre sémantique et pragmatique constitue cependant une autre affaire, car les différents représentants ne font pas un usage égal de ces termes. Les artisans de la première tradition, s'ils utilisent fréquemment le mot «pragmatique», donnent des traitements qui ne se distinguent pas essentiellement des traitements sémantiques [17], tandis que ceux de la seconde ne font en général de place au «sens pragmatique» [18] que pour définir en retour un sens premier, le seul valorisé par la théorie — sémantique — à construire, tout le reste étant indistinctement renvoyé à la performance [19]. En ce qui concerne les tenants de la troisième tradition, qui sont souvent présentés comme les principaux défenseurs de la pragmatique si ce n'est comme ses seuls représentants véritables, il faut noter qu'ils n'utilisent guère le mot «pragmatique» ou ne s'en servent qu'en mention, c'est-à-dire pour faire référence à l'usage des autres [20], et qu'ils sont en général assez avares du mot «sémantique», préférant désigner par un terme unique *(meaning)* l'ensemble des phénomènes de sens qui peuvent être identifiés, quitte à introduire au besoin les spécifications marquant les distinctions jugées pertinentes («signification linguistique» ou «conventionnelle», «signification intentionnelle», «sens littéral», «signification naturelle», etc.).

Mesurée à l'étalon de ces trois traditions, la question de la délimitation de la pragmatique, si elle a progressé, n'en est pas réglée pour autant. Pour que l'assimilation de la pragmatique à l'étude de l'indexicalité permette une délimitation exacte, il faudrait non seulement, comme on le verra, que le traitement de l'indexicalité s'inscrive à l'extérieur d'une problématique de la représentation vériconditionnelle, mais aussi que la somme des phénomènes relevant de l'indexicalité soit mieux arrêtée que ce que montrent les traitements donnés par cette tradition, car comme le fait remarquer Gazdar (1979 : 2), l'indexicalité a pris une telle ampleur *dans la théorie des langues naturelles* que définir la pragmatique en fonction d'elle risque d'avoir pour effet que les langues naturelles n'auraient plus qu'une syntaxe et une pragmatique, et plus de sémantique du tout. En ce qui concerne la deuxième tradition, la délimitation de la pragmatique y fonctionne selon le principe de définition négative : est réputé être pragmatique ce qui dépend du contexte, mais cette définition ne présente ni paramètres permettant de préciser la notion de contexte ni indications quant à la manière dont la compréhension hors contexte est possible (et la question demeure de savoir à quel type de réalité une telle compréhension correspond). Quant à la troisième tradition — qui est sans doute celle dont l'unité est la plus problématique — elle tendrait, malgré sa réticence à utiliser ces termes, à présenter sémantique et pragmatique comme deux notions largement interchangeables. On peut penser que cette indifférence tient au caractère indéfini de la notion d'usage et du rôle que sa prise en compte joue effectivement dans la caractérisation du sens [21].

Malgré les problèmes qu'elles soulèvent, ces trois traditions articulent néanmoins l'idée que c'est sur le terrain d'une théorie du sens que la question pragmatique se trouve le mieux posée et que c'est son rôle dans l'établissement de l'objet sémantique qui fait sa pertinence. Leurs écarts doivent être évalués à cet égard. Une théorie sémantique comme celle qui est favorisée par la deuxième tradition peut juger banal ce dans quoi la troisième voit son objet spécifique. Que l'acception associée à cette seconde conception de la pragmatique soit vraiment plus étroite que la précédente dépend d'un certain nombre de facteurs de pondération :

1. En reconnaissant, de façon variable selon les traditions, la pertinence du contexte pour une théorie sémantique, cette conception de la pragmatique est plus proche de l'objet traditionnel d'une théorie du langage, qui est la relation de signification.

2. L'usage qu'elle fait des dimensions psychologiques et sociologiques dans lesquelles la version large voit le lieu du pragmatique est modéré. Cependant, des considérations de nature psychologique et sociologique — qui viennent moins de la psychologie et de la sociologique comme disciplines que d'une représentation assez laïque de ce qui doit normalement accompagner la production des expressions — sont présentes dans la manière dont certaines approches de la troisième tradition rendent compte de ce qui gouverne la pratique du langage, de même qu'elles ne sont pas totalement absentes des conditions dans lesquelles la seconde tradition voit assurée la neutralité de son objet. Quant à la première tradition, elle n'est engagée dans aucune considération de cette nature [22].

3. L'extension que cette pragmatique accorde à son objet est cependant mobile : la première tradition est minimaliste, bien qu'elle puisse se voir débordée par une généralisation de l'indexicalité ; la seconde tradition, qui renvoie à la performance tout ce qui n'est pas directement imputable au sens dit « littéral », expose la résidualité à laquelle elle condamne la pragmatique à une indétermination aussi grande que celle qui frappe la notion de performance ; et la troisième, par la place généreuse qu'elle fait au contexte et à ce qui peut valoir comme déterminations de l'usage, ne permet guère, du moins dans sa formulation générale, d'assigner une limite à l'objet, indifféremment pragmatique ou sémantique, qu'elle se donne.

Comme on l'a indiqué, les problèmes qui se présentent aux approches contemporaines réunies sous l'appellation de «pragmatique» proviennent principalement de cas où la notion de *représentation* ne suffit pas à rendre compte des phénomènes sémantiques jugés pertinents et où il faut lui suppléer par d'autres types de relations ou la relayer par des appuis externes. On peut, à défaut d'en faire un *critère* d'identification, considérer qu'il s'agit là d'un indice minimal soit de l'existence possible d'une théorie pragmatique, soit, plus simplement, d'une *orientation* pragmatique d'une théorie sémantique[23]. La principale question est celle de savoir de quelle nature seront les relations appelées à remplacer ou à relayer une relation dont on estime qu'elle est insuffisante *ou* dont on pense qu'elle doit elle-même être *expliquée* par d'autres relations. Il s'agit là de deux types distincts d'insertion de la pragmatique.

L'insuffisance de la relation de représentation peut être due à des phénomènes de dépendance contextuelle forte, comme c'est le cas pour la référence des expressions indexicales: une occurrence d'un pronom comme «je» ou d'un adverbe comme «ici» peut difficilement être dite *représenter*, simplement ou normalement, sa référence, car celle-ci est co-extensive à cette occurrence. En étudiant des phénomènes de ce type, la pragmatique aurait une phénoménalité raisonnablement spécifique et pourrait être aménagée à l'intérieur d'un cadre théorique relativement bien défini. C'est par exemple ce qui s'est produit dans le cas des déictiques et de l'anaphore en linguistique structurale ou générative: ces phénomènes échappent dans un premier temps au cadre théorique dont on dispose et ils sont ensuite identifiés dans leur particularité et assignés à un traitement spécifique. La théorie des actes de langage qui, comme nous le verrons plus bas (3.1), est à certains égards voisine de l'étude de l'indexicalité, a connu une situation analogue. (Je laisse ici de côté la question de savoir si ces phénomènes suffisent à assurer une identité pragmatique, de même que celle de l'examen, nécessaire, de la conceptualité à laquelle ces approches ont recours.)

Dans le cas où l'on estime que la relation de représentation doit être appuyée sur quelque chose qui l'explique, la situation est différente. Il faut d'abord noter la multiplicité des éléments auxquels on peut reconnaître un rôle actif dans ce qui est considéré comme le sens (la notion de contexte tire justement sa richesse — et son imprécision — de cette multiplicité). Au nombre de ces éléments, ceux qui sont afférents à une réalité mentale, présentée sous l'espèce d'états intentionnels, de désirs, de croyances, etc., sont particulièrement prégnants dans les approches contemporaines : ils servent d'une part à expliquer le fonctionnement du langage et d'autre part à assurer la théorie qui les utilise qu'elle a accès à une réalité plus profonde que la phénoménalité linguistique de surface. Cette voie de recherche, pour intéressante qu'elle puisse être en elle-même, présente néanmoins quelques dangers pour une théorie qui, sensible à cette forme de pragmatique, choisirait de s'y engager.

Le premier de ces dangers, qu'on examinera d'une manière plus détaillée au dernier chapitre, tient à la réification à laquelle ce type d'approche invite d'un certain nombre d'hypothèse et des termes qui les articulent. C'est ce qui se produit lorsque, désireux d'expliquer comment la relation de représentation unissant le langage et le monde est possible, on a recours à des «catégories» mentalistes chargées de la fonder : non seulement l'intentionalité est invoquée pour expliquer le langage, mais les divers états intentionnels qui l'incarnent sont présentés comme des réalités psychologiques délimitées, qui doivent nécessairement accompagner l'activité linguistique. Une théorie du sens qui se donne une telle orientation pragmatique risque plus de fermer que d'ouvrir son territoire, car, outre les difficultés habituelles de l'explication mentaliste (problème du dualisme, du caractère inobservable des «phénomènes» mentaux, de l'engagement psychologique), cette façon de voir présente la difficulté supplémentaire de s'inscrire de nouveau, quoique autrement, dans la rationalité de la représentation, le langage y étant posé comme le représentant des états intentionnels, alors même qu'il en permet l'identification et le découpage. Il s'agit alors, au mieux, d'un redoublement, car rien dans cette version du pragmatique ne peut transgresser ce qui était reconnu comme la limitation du sémantique.

Un second danger vient de ce que la spécification des croyances et des désirs dans l'expression desquels on cherche la véritable fonction du langage risque de régresser à l'infini et de ne jamais capturer la réalité qu'elle veut atteindre. Ce qui est présumément extérieur à la relation de représentation ne serait alors plus fourni que par une totalité indifférenciée contenant tout ce qui peut définir le savoir pratique mobilisé par l'usage du langage. La relation sémantique première s'en trouve certes abondamment débordée, mais elle voit du même coup sa solution éternellement déportée, de sorte que la dimension pragmatique devient si omniprésente qu'elle en perd son intérêt[24]. L'acception plus étroite, si elle présente l'avantage d'associer la pragmatique à la problématique du sens, peut ainsi reproduire la difficulté principale de la première acception, à savoir l'ouverture indéfinie de son domaine. De plus, lorsqu'une telle pragmatique s'engage dans la réification mentaliste, elle est marquée par une empiricité plus trouble que celle qui définit la première acception, les états mentaux qu'elle invoque comme son support ayant un statut plus équivoque que les phénomènes psychologiques ou sociologiques, du fait qu'ils oscillent entre la phénoménalité et l'hypothèse philosophique.

3. Une conception minimaliste de la pragmatique

Au cours des précédents paragraphes, la notion de contexte est apparue avoir plusieurs incidences sur la question de la délimitation de la sémantique et de la pragmatique: elle est invoquée comme critère de démarcation par certains, tandis que d'autres considèrent que le «sens pragmatique» et le «sens sémantique» sont également dépendants des contextes d'usage, de sorte que l'élucidation de cette notion revêt une importance particulière. Examinons maintenant comment les deux problématiques de l'indexicalité et des actes de langage (ici considérés sous la seule espèce de la performativité austinienne) manifestent une présence minimale de la contextualité et peuvent, à ce titre, indiquer une forme élémentaire de l'intuition pragmatique.

3.1. Les deux sources de l'intuition pragmatique

Le point de départ de la recherche d'Austin (1962) est l'idée d'une distinction entre deux types d'énoncés: les énoncés *constatifs*, qui représentent des états de choses et sont susceptibles d'être vrais ou faux, et les énoncés *performatifs*, qui se dérobent à la vériconditionalité et dont la fonction est d'accomplir, du fait de leur énonciation et avec l'appui de certaines conditions circonstancielles, des *actions*[25]. Par exemple, des phrases comme

(1) Je déclare la séance ouverte.
(2) Je baptise ce bateau *L'Incoulable IV*.
(3) Vous êtes nommé marmiton de troisième classe.
(4) Les baigneurs sont priés de se noyer de l'autre côté des bouées.

ne servent normalement pas à rapporter une déclaration, un baptême, une nomination ou une prière, mais à effectuer, par leur production, chacune de ces actions. En prêtant attention à des énoncés de ce type, Austin entendait corriger l'«erreur descriptiviste» *(descriptive fallacy)*, qui consiste à croire que la fonction principale, si ce n'est unique, du langage est de décrire ou de rapporter des états de choses[26]. Les énoncés performatifs, et en particulier ceux qui comportent un verbe performatif dit explicite, ont la propriété de rendre en quelque sorte «réelles», du fait de leur occurrence, certaines actions: un bateau se trouve baptisé à partir du moment où quelqu'un qui est habilité à le faire prononce l'expression correspondant, conventionnellement, à un acte de baptême. Dans la mesure où l'idée pragmatique tient précisément à ce qui s'inscrit à l'extérieur de la représentation (et n'est pas insensé pour autant), les énoncés performatifs sont d'entrée de jeux de très bons candidats comme objets d'une pragmatique: ils ne tiennent pas leur validité d'un état de choses qui leur serait extérieur et c'est pourquoi ils sont qualifiés d'«heureux» ou de «malheureux» et non de vrais ou de faux. Pour utiliser l'expression de Hjelmslev et de Jakobson, la performativité est une des façons dont le langage «s'embraye» sur le monde, la différence avec les déictiques, pour lesquels ces auteurs ont défini l'idée d'embrayage, tenant à ce que la performativité modifie le monde dans lequel elle se produit tandis que les déictiques instaurent simplement un type particulier de référence.

Austin a consacré une part importante de sa recherche à la définition d'un critère permettant de reconnaître les énonciations performatives des énonciations constatives. L'impossibilité de définir un critère grammatical et la reconnaissance d'une dimension illocutoire dans toutes les énonciations l'ont amené à accorder de l'importance à l'ensemble de la situation d'énonciation: un énoncé peut être constatif dans certaines circonstances et performatif dans d'autres («Vous êtes congédié» peut servir à congédier, mais peut aussi rapporter à l'allocutaire le fait qu'il est congédié), de même qu'elle peut avoir telle «valeur» illocutoire à la faveur d'une détermination particulière du contexte d'énonciation et telle autre à la faveur d'un contexte différent («Tu finiras aux galères» peut être une prédiction, mais aussi, selon les goûts, une promesse)[27].

L'élément important, à ce niveau de l'examen, est le fait que le contexte est absolument irréductible dans l'établissement de la distinction entre deux types d'énoncés et dans l'identification des valeurs illocutoires (malgré les hésitations d'Austin à ce sujet). Cette dépendance contextuelle obligée se montre à tout le moins dans le fait qu'une énonciation performative a la propriété de prendre force dans le contexte, plus ou moins spécifié et plus ou moins immédiat, où elle se produit et de ne la prendre que dans ce contexte. Les expressions indexicales partagent cette propriété avec la performativité.

Considérons les exemples suivants:

(5) Soyez ici demain à cinq heures.

(6) Vous qui m'entendez savez que je suis innocent.
(7) Certaines personnes sont franchement indésirables dans cette salle ; j'ai nommé messieurs Achille Talon et Hilarion Lefuneste.

Ces phrases comportent diverses expressions dont la référence ne peut être établie que relativement au contexte où elles sont énoncées, lequel peut avoir une extension variable. Dans le cas de la phrase (6), la référence de «vous qui m'entendez» est quiconque peut être dit entendre (ou, peut-être, quiconque entend effectivement) la phrase qui est énoncée au moment où elle est énoncée. Dans le cas de (5), la références de «ici», de «demain», de même que l'identité de l'allocutaire (la référence du pronom «vous») ne peuvent être fixées que relativement au lieu, au moment et au(x) destinataire(s) de l'énonciation. Ces références sont fournies de manière immédiate [28] par ce qui est identifié comme le contexte [29]. Dans le cas de (7), on constate deux types de phénomènes : «cette» et «je» fonctionnent comme des expressions indexicales standard, en ce qu'elle servent à désigner le lieu et le locuteur co-présents à l'énonciation ; par ailleurs, MM. A.T. et H.L. sont «nommés» à partir du moment où il est dit qu'ils l'ont été. Il y a là l'essentiel de l'idée de performativité : c'est parce qu'on dit que X a été nommé qu'il l'a été et c'est par conséquent de le nommer qu'il s'agissait. De manière analogue, dans la phrase (6), les auditeurs, s'ils se trouvaient ignorer que le locuteur est innocent, doivent désormais le savoir puisqu'ils sont informés qu'ils le savent (qu'ils en soient *convaincus* est cependant une autre histoire, que seule une évaluation de l'effet *perlocutoire* de l'énoncé permet de trancher). De la même manière, les baigneurs dont il est question en (4) doivent se considérer «priés» dès l'instant où ils lisent ou entendent l'énoncé qui dit qu'ils le sont ; c'est, pour utiliser ce vocabulaire, un cas où un énoncé qui a en surface une force illocutoire d'assertion a en fait une force illocutoire autre (prière ou ordre) du seul fait que l'assertion qui est faite dit que les baigneurs *sont* priés.

Ce que ces exemples ont en commun, c'est donc de dépendre, pour ce qui est de leur *sens*, du fait de leur énonciation, qui constitue l'élément premier de la contextualité. Ce fait fournit la condition même de l'existence de l'énoncé, sans laquelle il ne peut être qu'une mention abstraite d'une phrase abstraite. Si performativité et indexicalité peuvent être considérées comme les deux sources de l'intuition pragmatique, c'est qu'elles sont, dès leur forme élémentaire, une contraction de la notion d'expérience, telle que celle-ci peut être requise par une théorie du langage. Cette idée d'expérience se trouve au fondement de l'ensemble du mouvement pragmatique, car celui-ci vise à sa façon la réconciliation de la pratique du langage et de sa caractérisation formelle. Cela ne signifie cependant ni que le traitement qui est donné de ces phénomènes (le type de théorie développée pour en rendre compte) s'établisse d'emblée dans un espace pragmatique avéré ni que ces phénomènes épuisent la totalité de cette dimension. Leur minimalisme pragmatique est irréfutable pour ce qui est de la pertinence de son objet, mais il peut être mis en question pour ce qui est de la conceptualité qu'il met en œuvre pour formuler cela qu'il reconnaît.

3.2. Pragmatique et phénoménalité

Les deux conceptions de la pragmatique qui ont été esquissée posent la question de savoir quels sont les phénomènes qui peuvent être revendiqués par une théorie pragmatique et la formulation du territoire pragmatique en terme de délimitation va également dans le sens de cette question d'appartenance. Pour sa part, ce qui a été identifié comme pragmatique minimaliste s'organise autour de phénomènes identifiés (qui figurent du reste parmi les principaux traits distinctifs séparant les langues formelles et les langues naturelles). Il semblerait donc que la question de la délimitation de la pragmatique pourrait être réglée par la répartition de ces phénomènes en deux classes (ou plus, si besoin était). Toutefois, il faut également tenir compte du fait que les théories contemporaines ne semblent pas s'entendre sur les critères et, par conséquent, sur les phénomènes qui définiraient la pragmatique. Cette situation n'est pas forcément gênante : il est tout à fait concevable que se développent *plusieurs* pragmatiques, dont chacune aurait des objets, des critères, une méthodologie et une conceptualité propres. Le seul désavantage — qui n'est pas forcément dirimant — de cette situation serait que le pragmatique risquerait alors de n'avoir d'autre identité que nominale[30]. Il pourrait suffire de se tenir en garde contre cette version moderne du principe *unum nomen, unum nominatum* et de se rappeler que là où circule un seul nom peuvent circuler plusieurs intentions de nomination. Seuls nos désirs de voir le paysage de la théorie du langage bien balisé et chaque province soigneusement répertoriée devraient peut-être s'en trouver heurtés.

La délimitation de la pragmatique peut cependant suivre un autre chemin que celui d'une répartition phénoménale. Premièrement, le fait que la question de la délimitation ait trait à différents aspects *du sens* doit nous faire adopter une attitude prudente, car il n'est pas du tout acquis que le sens corresponde à des phénomènes délimitables (si même il peut être dit correspondre à des phénomènes). Engager la pragmatique dans cette voie peut à cet égard être quelque peu prématuré. Deuxièmement, et ce en dépit de l'usage qui est fait ici d'expressions comme «la pragmatique», il ne s'impose pas que celle-ci doive revendiquer un caractère de théorie disposant d'objets spécifiques, considérés comme pragmatiques sans autre forme de procès. Cette réticence invite à deux assertions (conditionnelles): a) rien ne garantit que le mot «pragmatique» doive être utilisé comme un prédicat d'objet, car il peut aussi être utilisé comme un prédicat de théorie; b) cette théorie n'est pas nécessairement une théorie pragmatique. Il y a dans cette double assertion quelque chose qui ressemble à une contradiction: le prédicat «pragmatique» s'appliquerait et ne s'appliquerait pas à une théorie. Pour défaire (l'apparence de) cette contradiction, il suffit de rappeler la suggestion qui a été faite de distinguer des théories qui seraient d'emblée pragmatiques (dont le concept est problématique) de théories du sens qui se donneraient une *orientation* pragmatique, en faisant sa place à cela qui alimente l'intuition pragmatique, mais qu'elles sont incapables de saisir directement. Troisièmement, l'articulation souhaitée du pragmatique sur le sémantique peut gagner à ce que la pragmatique ne soit pas définie selon une phénoménalité particulière, qui continuerait de poser le problème de son voisinement avec les phénomènes sémantiques.

Des considérations de ce genre devraient sans doute figurer davantage au point d'arrivée qu'au point de départ d'un examen comme celui qui est mené ici. Si elles sont évoquées maintenant, c'est que les idées dont elles cherchent à introduire la plausibilité se trouvent au cœur de la question fondamentale que cet essai cherche à instruire, qui est de savoir à quel type de «réalité» les entreprises pragmatiques répondent. Le problème de la nature d'une phénoménalité pragmatique conduit à évaluer le destin de la catégorie «pragmatique», qui est incertain entre les deux types de prédicats qui ont été distingués. Ce sont quelques-uns des états de ce destin qui font l'objet des chapitres qui suivent.

NOTES

[1] C'est particulièrement dans le cas de la composante pragmatique que ces efforts paraissent un peu prématurés, mais les relations entre syntaxe et sémantique n'en sont pas pour autant établies une fois pour toutes, comme le montre par exemple l'évolution de la théorie linguistique des dernières années. Cependant, même si elles sont complexes et ne cessent de varier, ces relations sont à chaque fois posées de manière raisonnablement définie et ne vont pas jusqu'à mettre en question l'*identité* de la syntaxe et de la sémantique. Dans le cas de la pragmatique, en revanche, il arrive que les doutes touchent l'*existence* même du domaine.

[2] Ce sont là les deux possibilités générales qui s'offrent au débat sémantique-pragmatique: soit que l'on considère que la pragmatique a une distinctivité assez nette par rapport à la sémantique pour avoir une identité propre, soit que l'on accorde à une sémantique qui accepte d'avoir une orientation pragmatique un nouvel objet, qui serait une signification «élargie» *(extended meaning)*. Une part importante de ce texte est consacrée à un examen plus approfondi de cette double possibilité.

[3] En malmenant quelque peu la langue latine pour les besoins de la rime. Cf. Latraverse et Leblanc (1981).

[4] Bien que rarement naissance fut aussi longue et laborieuse, compte tenu de ce que le problème de l'identité pragmatique s'est largement maintenu depuis Morris.

[5] C'est par exemple la définition qui a été proposée par Morris et reprise par Carnap. Elle est examinée plus en détail aux chapitres 2 et 3.

[6] Les notions de contexte et de contextualité, ainsi que les difficultés qu'elles posent pour l'établissement d'une spécificité pragmatique, sont considérées au chapitre 6.

[7] H. Haberland et J.L. Mey, les éditeurs du *Journal of Pragmatics* (North Holland Publishing Company) donnent la définition suivante: «Linguistic pragmatics can (...) be described as the science of language use», et ils ajoutent que cette science peut procéder de l'«extérieur»: «one could define pragmatics from the perspective of the concrete practice of language (...) as well as from the point of view of the concrete pratice of linguistics», ainsi que ce qu'ils appellent «l'intérieur», où elle devient «the study of the conditions that govern the use of language» (1977:1). Au nombre des conditions gouvernant l'usage du langage, on peut distinguer ce que Granger (1968 et 1979) appelle élégamment et kantiennement les «conditions régulatrices transcendantales» et les conditions empiriques, dont la description appartient à des sciences empiriques dont le nombre et la nature ne sont pas déterminés. La notion d'usage peut ainsi être aménagée dans des cadres très divers et ne fournir qu'une indication vague du domaine pragmatique.

[8] Cherry insiste par ailleurs sur le fait que la pragmatique n'est pas de même niveau que la syntaxe et la sémantique: «Pragmatics is the most general, inclusive level of study and includes all personal, psychological factors which distinguish one communication event from another, all questions of purpose, practical results, and value to sign users» (1966:223).

[9] Il est à cet égard intéressant de noter que le souci, commun à Cherry et à Klaus, de penser la pragmatique en fonction de l'efficacité de la communication est également présent dans d'autres acceptions larges de la pragmatique, comme c'est par exemple le cas chez Jürgen Habermas. Cela est dans la ligne de la définition morrissienne formulée dans SLB: «cette branche de la sémiotique qui étude les origines, les usages et les effets des signes».

[10] Cette tendance à définir la pragmatique en termes de disciplines est présente dès FTS et devient plus manifeste dans SLB. Elle s'observe également dans une des conceptions que Carnap a eues de la pragmatique (cf. chap. 3).

[11] Même si, pour poursuivre ce filon mythologique, ce Graal risque de devenir un tonneau des Danaïdes, compte tenu de la multiplicité des phénomènes dont il faudrait alors rendre compte.

[12] La distinction entre l'interne et l'externe qui est posée ici n'est pas sans reproche, surtout, comme on le verra, lorsque la formulation de l'internalité et de l'externalité est reformulée en une distinction entre un plan intime et privé, de nature mentale, et un plan public et intersubjectif, de l'ordre du comportement et de l'action. Wittgenstein a été particulièrement insistant sur ce qu'une telle distinction a de problématique. Sur ce point, on consultera avec profit Bouveresse (1976).

[13] Cette tradition est examinée plus en détail au chapitre 4, en particulier pour ce qui est de sa distinctivité par rapport à une rationalité sémantique.

[14] Les thèses de cette seconde tradition sont discutées aux chapitres 5 et 6.

[15] On reviendra plus bas, en particulier au chapitre 7, sur cette troisième tradition. La critique qu'elle adresse à la notion de « contexte neutre » est considérée au chapitre 6.

[16] Hansson (1974) propose d'organiser la pragmatique selon trois « degrés », qui recoupent largement ces trois traditions. Une pragmatique du premier degré étudie les expressions indexicales. Une pragmatique du second degré se consacre à « l'étude de la façon dont une proposition (...) est reliée à une phrase (...), dans les cas non triviaux où la proposition doit être distinguée du sens littéral de la phrase » (1974:167). Parmi les cas où cette distinction est possible, citons : l'usage métaphorique ou ironique, les propositions insinuées (par opposition aux propositions affirmées), les présuppositions « pragmatiques » faites par le locuteur (par opposition aux présuppositions imputables à la langue). Certains auteurs, comme Gazdar (1979), voient dans ce deuxième degré le domaine propre de la pragmatique. Finalement, une pragmatique du troisième degré rassemble les divers travaux constituant la théorie des actes de langue.

[17] La tradition formelle, en reprenant l'idée de Bar-Hillel (1954), a pu dans un premier temps se présenter comme une pragmatique (cf. Montague (1968) et 1970a)), mais, comme l'écrit Thomason (1977:164), elle est « si étroite qu'il n'est pas clair qu'elle doive même porter ce nom » (traduction adaptée). Le développement que Lewis a donné des idées de Montague s'inscrit pour sa part dans une « sémantique générale » (cf. Lewis (1972)).

[18] On doit l'introduction de cette expression à Pap (1962). Le sens pragmatique est fourni chez lui par les états mentaux qui sont « associés causalement » (1962:10) à l'expression sans toucher son sens linguistique ou la valeur de vérité des propositions.

[19] C'est la solution adoptée par Katz (1977). Voir en particulier l'exemple de contexte neutre donné par lui pour illustre le sens au niveau de la compétence (1977:14) et ici-même, chap. 6.

[20] Searle (communication personnelle, comme on dit) avoue avoir fait une concession à l'usage courant en introduisant le mot « pragmatique » dans le titre de l'ouvrage collectif cité. Il se déclare incapable de reconnaître quelque sens clair que ce soit à ce mot et estime que ses analyses sont celles d'une sémantique bien pensée.

[21] Il y a en effet une différence non négligeable entre le fait de *définir* le sens des phrases en général comme dépendant de leur usage (ce qui peut demeurer passablement trivial) et le fait de *décrire* ce sens en tenant effectivement compte de l'usage.

[22] Ce qu'on peut appeler l'anthropologie d'une théorie sémantique, c'est-à-dire l'ensemble des positions que celle-ci prend quant à la nature des locuteurs et à ce qui « fonde » le langage dans leur structure cognitive et leur comportement, est d'une importance capitale pour l'évaluation de la présence d'une dimension pragmatique dans la théorie sémantique. On peut même avancer l'idée que la « densité » ou la « fermeté » de ces positions fournit une échelle de mesure intuitive du « taux » pragmatique d'une théorie sémantique.

²³ Il est important, ne serait-ce que pour la prudence qu'elle permet, de faire une distinction entre une théorie qui serait d'entrée de jeu réputée pragmatique et une théorie qui, faisant une place à ce qui nourrit l'intuition pragmatique, choisit de se donner une *orientation* pragmatique.

²⁴ On trouve un exemple de ce danger dans la position adoptée par Searle à propos de la possibilité de définir un sens littéral sans recourir à un contexte spécifié en termes de croyances et de désirs. Cf. Searle (1978, 1979) et ici même, chap. 6.

²⁵ Cette représentation de cette pragmatique minimale est elle-même minimaliste: elle passe outre la plupart des discussions auxquelles la distinction austinienne a donné lieu, les distinctions supplémentaires qui lui ont été apportées, l'argumentation favorisant son maintien ou tendant à l'abolir, etc. Ce qui de l'idée d'Austin est pertinent pour le propos général de ce texte ne s'en trouve cependant pas trahi.

²⁶ Austin n'était pas le premier à entreprendre cette croisade. Deux siècles et demi plus tôt, Berkeley avait marqué une offensive contre la conception visée: «(...) la communication des idées exprimées par les mots n'est ni la seule ni la principale fin du langage, comme on le pense couramment» (*Principes de la connaissance humaine*, Paris, Aubier, p. 197). Dans des termes presque identiques, Wittgenstein défend la même idée: «Le paradoxe ne disparaît que lorsque nous rompons radicalement avec l'idée que le langage ne fonctionne toujours que d'une manière et toujours pour le même but: traduire des pensées» (PU 304).

²⁷ Ce rôle reconnu par Austin au contexte n'est cependant précisé que de manière somme toute assez formelle: Austin parle sobrement de «circonstances» et de «situations» sans préciser ce qui y est pertinent au-delà de l'exigence de la «convenance» (il faut que les circonstances conviennent pour qu'une énonciation soit «heureuse»). Cette convenance ou cette «appropriété» sont des objets d'examen possibles pour une pragmatique.

²⁸ La définition peircienne de l'index, à laquelle on fait remonter l'idée des expressions indexicales et qui, des trois définitions de la classification générale des signes, est la plus achevée, comporte cette idée d'immédiateté: l'index est «un signe qui réfère à l'Objet qu'il dénote en étant réellement (c'est-à-dire immédiatement) affecté par cet Objet» (*Collected Papers*, 2:248).

²⁹ Une telle identification peut cependant retenir un contexte très variable. Considérons la phrase suivante: «On n'est pas mal ici». La référence de «ici» dépend manifestement de ce qui, pour le locuteur comme pour le destinataire, est «vécu» comme le contexte de la communication; cette phrase peut signifier qu'on n'est pas mal dans telle salle de l'université de Varsovie, dans telle ville de France, dans tel pays, sur tel continent, etc. Ce genre de référence est ce qu'on pourrait appeler une «référence-accordéon»: sa limite d'extension est déterminée par la conjonction du vraisemblable et de l'espace de jeu de l'exécutant. Il n'existe pas de moyens permettant de définir l'extension de cette référence indépendamment des circonstances de la communication tout entière. Une distinction entre ce qui peut théoriquement être invoqué comme contexte et ce que le locuteur constitue comme contexte est introduite au chapitre 6.

³⁰ Une telle situation ne serait du reste pas l'apanage de la pragmatique. Il est, par exemple, probable que si l'on faisait un recensement de travaux réputés être sémantiques, même à l'intérieur d'une même discipline (comme «la» linguistique ou «la» philosophie), une tendance analogue se ferait jour.

Chapitre 2
Peirce et Morris : semiosis et interprétation

1. Semiosis, interprétation et pragmatique

La première notion que Morris introduit pour assurer le fondement de la théorie des signes est celle de semiosis[1], globalement définie comme le processus dans ou par lequel quelque chose devient un signe et fonctionne comme tel. Cette section examine quelques aspects de la notion de semiosis, en s'attachant à sa genèse chez Peirce et en montrant comment et à quel titre l'idée d'interprétation peut constituer une des voies d'accès à la pragmatique.

Selon les *Fondements*, la semiosis est un processus de « prise de connaissance médiatisée », qui comporte trois composantes : le *véhicule du signe* désigne ce qui agit matériellement comme signe et induit la prise de connaissance, le *designatum* est ce à quoi le signe renvoie et dont connaissance est ainsi prise, tandis que l'*interprétant* désigne l'effet par lequel une chose agit comme le signe d'une autre sur un *interprète*. Morris présente d'abord comme facultative l'insertion de ce quatrième terme, mais celui-ci devient rapidement nécessaire, car c'est sur lui qu'une part importante de l'étude de la semiosis se fondera, à savoir la pragmatique, dont le statut oscille, on le verra, entre une science des interprètes et une science des interprétations[2]. Il faut cependant remarquer immédiatement que ce que ces termes désignent, ce ne sont pas des objets déjà constitués, mais plutôt différents aspects que l'on distingue dans un processus. Un signe n'est pas « composé » comme d'autant de parties d'un véhicule du signe, d'un designatum et d'un interprétant : il est au contraire présenté comme une relation ternaire interne à une production, qui doit être considérée comme la relation sémantique fondamentale, car c'est elle qui instaure les signes et les pose comme des unités qui sont relatives à un processus avant que d'exister comme des positivités établies qui ne poseraient que la question de leur description ou de leur analyse. Cette relativité fondamentale peut du reste être interprétée comme une présence généralisée — éventuellement intégrative — du pragmatique dans la totalité de la sémiotique. De nature exclusivement relationnelle, le signe partage avec la semiosis le fait de s'établir dans le temps, pour un interprète, en vertu de la prise qu'il a sur un objet qu'il désigne pour cet interprète. Cette mise en relation constitue le seul phénomène authentiquement premier et, pour élaborer une théorie du signe au-delà de ce processus primitif, il faut franchir un pas et dégager, analytiquement, des aspects relativement indépendants. Chez Morris, ce pas est très vite franchi, car dans la même section qui définit la notion de semiosis (section 2), certaines propriétés sont reconnues au véhicule du signe comme s'il s'agissait du signe lui-même (Morris écrit par exemple qu'on peut «référer à des objets au moyen de signes», etc.). Devant ce genre de glissement, on est tenté de faire une distinction (qui demeure cependant spéculaitve et ne peut s'embrayer directement sur un quelconque travail de description) entre deux types de relation que la semiosis peut entretenir avec le signe.

La notion de semiosis peut d'abord être invoquée pour définir le signe génétiquement: tout signe trouve son lieu d'origine dans la semiosis, mais il conquiert en quelque sorte son autonomie par rapport à elle, de sorte que c'est lui qui constituerait l'objet premier de la sémiotique et la semiosis serait alors reconduite à l'arrière-plan d'une origine dont rien de spécifique ne peut être dit. On peut par ailleurs essayer d'en maintenir le caractère original et de penser l'analyse des signes sur l'horizon de l'expérience que résume la semiosis; la caractérisation des signes et des structures de signes serait alors toujours relative à une «expérience» sémiotique authentiquement présente. Ces deux types de relations peuvent fournir deux façons de situer potentiellement la pragmatique à l'intérieur de la théorie des signes: selon la première, la pragmatique sera omniprésente mais elle sera condamnée à un mutisme total; selon la seconde, elle sera tout aussi omniprésente, mais pourra jouer un rôle actif et, éventuellement, spécifique à l'intérieur de la théorie.

Compte tenu de ce que la semiosis est invoquée au fondement de la totalité de la théorie des signes et de ce que les trois composantes de celle-ci sont définies à partir d'elle, il nous faut d'abord voir comment ses principaux aspects sont établis.

1.1. Les trois aspects de la semiosis et les trois dimensions de la sémiotique

A partir de la relation ternaire fondamentale, trois relations binaires sont dégagées par Morris: la relation des signes aux objets auxquels ils sont applicables, la relation des signes aux interprètes et la relation des signes avec d'autres signes. Ces relations fournissent respectivement la dimension *sémantique*, la dimension *pragmatique* et la dimension *syntaxique* de la semiosis et, partant, de la sémiotique chargée d'en rendre compte. C'est là la distinction «classique» des trois composantes traditionnelles, qui sera reprise par Carnap et se maintient largement jusqu'à aujourd'hui. Je reviendrai sur chacune de ces dimensions plus en détail dans la section suivante (section 2) et je me limiterai pour l'instant à quelques remarques sur la nature de cette distinction.

Il faut d'abord noter l'*ordre* de présentation des termes, qui a des répercussions sur les relations de présupposition et d'implication des diverses parties de la sémiotique. Le fait que ces relations soient définies à partir de la structure générale du signe explique que la dimension syntaxique soit posée en dernier lieu: d'après cette structure, l'exigence minimale formulée à l'endroit du signe est qu'il soit pourvu d'un objet et qu'il ait un interprétant. La dimension sémantique peut ainsi avoir le privilège d'être posée la première, car elle correspond au critère même du signe, à savoir le fait de représenter ou de désigner quelque chose. La dimension pragmatique, pour sa part, vient en deuxième lieu et appuie la dimension sémantique, le signe désignant l'objet par l'interprétant qu'il suscite. Dans l'organisation effective de la sémiotique telle qu'elle est présentée par Morris, cet ordre sera modifié et reproduira l'ordre historique du développement de chacune des disciplines responsables de ces dimensions. Cela indique une alternance entre deux types de relation des composantes de la sémiotique: une relation de préséance temporelle, qui correspond aux acquis et aux préoccupations principales d'une période donnée, et une antériorité théorique, de nature fondationnelle. La définition du signe à partir de la semiosis confère aux dimensions sémantique et pragmatique une priorité qu'elles perdent dans leur développement historique, où la syntaxe sera considérée comme la dimension fondamentale, suivie d'une sémantique contrôlée syntaxiquement, tandis que la pragmatique, plus ou moins marginalisée en dépit de l'urgence qu'on lui reconnaît, voit sa possibilité soumise à la réalisation d'une sémantique mûre. Cette superposition des «niveaux» ou des «disciplines» sémiotiques répond à l'ordre fondationnel habituel, mais lorsqu'on considère ces disciplines relativement au phénomène premier de la semiosis, on s'aperçoit cependant que cet ordre est tardif et qu'il est moins motivé par la nature de la semiosis que par la séquence historique des diverses conceptualités qui se sont constituées.

Le fait de séparer ces trois dimensions comporte ainsi une mesure d'abstraction relative, car ce n'est qu'analytiquement qu'il est possible d'isoler trois aspects : du point de vue de la semiosis, pour ainsi dire, ces aspects sont liés par une même expérience. L'existence d'instruments analytiques et de disciplines qui présupposent des phénomènes raisonnablement distincts peut inciter à imputer aux divers aspects identifiés dans la semiosis une distinctivité comparable à celle de ces instruments et de ces disciplines. Une prudence méthodologique minimale consisterait pourtant à penser que cette distinctivité ne se trouve pas inscrite dans la semiosis elle-même et qu'il peut exister un écart entre l'expérience du langage qu'elle résume et la reconstruction qu'en font les approches théoriques. Cette non-coïncidence n'est rien d'autre que la différence qui peut survenir entre la manière dont les phénomènes signitifs[3] existent pour les interprètes dans leur expérience du langage et les versions qu'en donnent les discours qui entreprennent de rendre compte des régularités qui y sont observées. S'il faut insister sur ce point somme toute banal, c'est certes que la question des interrelations des composantes de la théorie du langage se trouve encore posée sans qu'il soit possible d'entrevoir la forme d'une réponse, mais surtout parce qu'une tendance non négligeable de la pragmatique contemporaine consiste à « réifier » les objets qu'elle se donne à des fins théoriques. La question pragmatique, dans la mesure où elle a trait à une « naturalisation » du langage, se déploie dans l'espace plus ou moins large de l'écart qui peut survenir entre le point de vue de l'interprète et celui du théoricien. Il s'agit d'abord d'une question de type épistémologique, liée à l'interprétation que nous faisons des théories que nous construisons (interprétations qui vont du constructivisme, justement, au réalisme) et au statut que nous donnons aux objets que ces théories posent. Cette question est pressante à tous les niveaux où ce qu'on appelle « pragmatique » s'établit, mais il importe de voir qu'elle concerne en premier lieu la notion la plus fondamentale de la sémantique en trouvant la première manifestation de sa pertinence dans l'écart qui peut séparer le phénomène global de la semiosis et les aspects particuliers qui y sont découpés.

Les paragraphes qui suivent sont consacrés à un rapide examen de l'idée peircienne d'interprétation. Un tel détour par Peirce tient au fait que la définition du signe et de la semiosis que l'on trouve chez Morris fait explicitement référence à la pensée de Peirce[4]. En outre, l'idée d'interprétant élaborée par Peirce (et reprise par Morris) peut, théoriquement, fournir un accès à la pragmatique. Sans entrer dans des considérations exégétiques détaillées[5], j'examine quelques aspects de l'idée d'interprétation de manière à voir, d'une manière extrêmement libre, ce qu'elle permet de dire sur les relations possibles de la sémantique et de la pragmatique. La liberté de l'exploitation que je fais de cette idée ne se justifie que de l'éclairage nouveau qu'elle permet de la question de ces relations.

1.2. *L'interprétation chez Peirce*

Peirce écrit (1.541)[6]:

> Ma définition d'un representamen est la suivante: un *representamen* est le sujet d'une relation triadique avec un second appelé son *objet*, pour un troisième appelé son *interprétant*, cette relation triadique étant telle que le representamen détermine son interprétant à entretenir la même relation triadique avec le même objet pour quelque interprétant[7].

ou encore (2.274):

> Un *Signe*, ou *Representamen*, est un Premier qui a, par rapport à un Second, appelé son *Objet*, une relation triaditique authentique *(genuine)* telle qu'il peut déterminer un Troisième appelé son *Interprétant* à entretenir la même relation triadique à l'objet que celle qu'il a lui-même avec ce même objet[8].

Ces relations sont des relations authentiques en ce que les triades qu'elles posent ne peuvent, sans dégénérer (Peirce précise qu'il s'agit de «*non-degenerate triadic relations*»), être réduites à des dyades: une chose signifie si elle «est en relation, d'une part, à son objet, et d'autre part, à un interprétant, de façon à amener l'interprétant dans une relation à l'objet» (8.332). La relation de signification, ou la relation sémantique, est ainsi (à l'exception de quelques cas, considérés plus bas) une relation interprétative: c'est par l'intervention de l'interprétant qu'elle s'établit.

La relation qui tient entre le Representamen et l'Interprétant est cependant posée chez Peirce par un vocabulaire assez variable: le signe est dit *déterminer* son interprétant (1.541, 2.242, 2.274, 2.303, 4.531, 5.138, 6.347, 8177), le *produire* (5.473), lui *donner lieu (give rise to it:* 1.339), le *créer (create:* 2.228) ou l'*amener (bring)* à avoir une relation semblable à son objet (2.92, 6.344, 8.332). La solidarité irréductible du signe et de l'interprétant et celle de l'interprétation et de l'objet ne sont pas touchées par cette variation, mais la relation d'interprétation elle-même (c'est-à-dire la relation du signe et de l'interprétant) peut s'en trouver considérablement affectée. On peut en effet parler de l'engendrement de l'interprétant comme d'une relation de type causal[9] : le signe engendre l'interprétant dans la cause engendre l'effet, et ce qu'il faut alors penser, ce sont la nature et les conditions de cette causalité, en particulier son caractère plus ou moins contraignant. On peut aussi concevoir que la relation du signe à l'interprétant est d'un autre type, plus proche de ce qu'on entend habituellement par une relation d'« interprétation », qui unit des contenus.

Gilles Granger (1968 : 114) propose de représenter le fonctionnement de l'engendrement des interprétants peirciens au moyen de l'« image graphique » suivante :

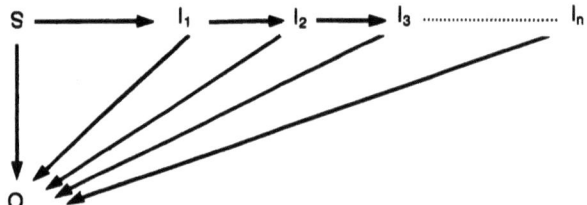

Ces relations sont généralement connues, depuis cette représentation, comme les « triangles sémiotiques » de Peirce. La question est de savoir comment ce processus d'interprétation doit lui-même être interprété.

Une première façon est de considérer que l'engendrement des interprétants définit, spécifie ou commente le signe inducteur[10], sans que celui-ci possède pour autant un sens indépendant des interprétants, car il n'est de signe qu'interprété. Une telle conception de l'interprétation suppose cependant une différence entre la relation que le signe entretient avec l'objet et celles que les interprétants entretiennent avec celui-ci, si tant est qu'on ne peut commenter que quelque chose dont le sens est déjà quelque peu établi. Il faut aussi avoir présent à l'esprit que les interprétants, dans la mesure où ils reprennent à leur compte (d'une manière « non dégénérée ») la relation du signe à l'objet, sont eux-mêmes de l'ordre du signe et sont interprétés à leur tour, cette interprétation étant (potentiellement) infinie. Ainsi, parler de l'engendrement des interprétants comme d'un commentaire présente un aspect positif et un aspect négatif. D'une part, aucune limite *a priori* n'est assignée à l'extension d'un commentaire, qui peut lui-même être glosé à l'infini (la seule limitation étant celle, en quelque sorte pragmatique, de l'épuisement, du désintéressement ou de quelque autre facteur pratique) et l'idée de commentaire est tout à fait en accord avec le caractère ouvert de l'interprétation. D'autre part — c'est là l'aspect négatif — un commentaire, dans la mesure où il définit le sens d'un signe premier, n'a pas la même relation que ce signe à l'objet car il a également le sens de ce signe pour objet (en un autre sens, il est vrai, du mot «objet»). La principale difficulté que pose cette version de l'interprétation tient au fait que quelque chose du sens du signe inducteur est présupposé et que seule demeure la question de la définition de ce sens. Cette version peut cependant être en accord avec certaines fins théoriques et certaines représentations familières de l'idée d'interprétation (par exemple l'organisation d'un dictionnaire unilingue, où chacun des mots qui articulent les définitions est lui-même défini par d'autres définitions). Selon cette conception, les interprétants peuvent être des expressions substituables au signe premier, elles-mêmes pourvues d'un sens parce que susceptibles d'être interprétées par d'autres interprétants. Dans le cas où le signe premier est une expression d'une langue naturelle, il est manifeste qu'une population donnée associe à ce signe certaines autres expressions, peut-être même en ce qui concerne ce qu'on appelle les «connotations»[11], et ce sont la convergence et la répétition de ces associations qui en assurent la cohérence et la permanence.

Un autre élément doit toutefois être pris en compte pour interpréter le processus de l'interprétation, à savoir *le fait* qu'une suite particulière d'interprétants s'établisse et qu'elle s'établisse de telle manière déterminée. Ce que la définition peircienne vise, c'est une conception *générale* du signe et non les interprétations spécifiques que les signes peuvent avoir et les exemples donnés par Peirce — qui sont du reste des exemples où il est facile de définir des interprétants bien identifiés — ont d'abord pour fonction d'illustrer la définition générale, de sorte que la question de la spécification effective d'interprétants particuliers ne se pose pas directement chez lui. On peut néanmoins tenter de lui faire une place, afin de voir comment elle est intuitivement voisine de la question pragmatique. L'idée est la suivante : si la définition générale du signe pose que l'engendrement des interprétants se fait (potentiellement) à l'infini, il n'en demeure pas moins qu'à un signe donné un nombre fini d'interprétants est effectivement associé, bien que ces interprétants puissent *toujours* être augmentés d'interprétants nouveaux. En considérant que l'interprétation définit la «portée sémantique globale» du signe, quitte à restreindre cette portée par la suite afin d'identifier un objet sémantique central ou prioritaire, on peut penser que le fait que la suite des interprétants prenne telle ou telle configuration est une donnée pragmatique, qui doit être distinguée du contenu sémantique. Ainsi, de la même façon que Récanati (1979), dans une perspective cependant bien différente de celle qui est adoptée ici, parvient à une formulation minimale de la présence du pragmatique dans le sémantique en disant qu'entre dans le sens d'un énoncé le fait de son énonciation[12], on peut penser, en transposant un peu brutalement cette idée au cas de l'interprétation, que le fait que certains interprétants soient effectivement suscités est irréductible à la portée sémantique qu'ils établissent et que cette portée sémantique est ainsi bordée d'une frontière pragmatique mobile qui en fait varier l'étendue en en rendant plus ou moins explicites les configurations. Autrement dit, ce pourrait être un trait du sens qu'il s'établisse par tels ou tels moyens, bien que ce trait ne puisse être imputé au sens tel que les interprétants le définissent. Une des conséquences de cette façon de voir les choses serait évidemment que, considérés du point de vue de leurs interprétants, deux signes ne pourraient jamais avoir le même sens pour deux interprètes ou pour un même interprète en deux occurrences différentes, ce qui risque d'être gênant pour une théorie sémantique, à laquelle ce genre d'héraclitéisme répugne naturellement.

Considérée du point de vue de la définition générale du signe, cette idée conserve néanmoins une certaine plausibilité, qui va dans le sens que favorise le présent essai, à savoir qu'une dimension pragmatique ainsi définie répond plus aux conditions d'apparition des phénomènes sémantiques qu'elle ne saisit des objets qui lui reviendraient en propre. Par ailleurs, une autre conséquence de cette idée est que ce qu'on appelle «sens» devient relatif à une dynamique productive autant qu'à des configurations réalisées. Quoi qu'il en soit de ces conséquences théoriques, il convient, avant de pousser plus loin la discussion des effets que l'idée d'interprétation peut avoir sur la distinction entre sémantique et pragmatique, de préciser ce que l'on peut entendre par «interprétant», à défaut de quoi la notion en demeurerait si indéterminée que rien ne pourrait en être conclu.

S'il utilise massivement la notion d'interprétant et en fait une des notions axiales de sa sémiotique tout entière, Peirce la thématise peu pour elle-même et il n'explicite pas de manière systématique le sens qu'il lui attache. Il y a en fait une discontinuité entre les éléments de définition générale qu'il fournit et les diverses distinctions et applications dont la notion a fait l'objet dans les élaborations successives de sa pensée. En ce qui a trait à la définition générale, deux points sont acquis: l'interprétant est un «effet» du signe sur l'interprète[13] et il constitue le sens *(meaning)* du signe, mais ce qui peut valoir comme effet du signe et, conséquemment, contribuer à son sens demeure, à ce niveau, assez imprécis. On trouve cependant dans les écrits de Peirce deux classifications des interprétants qui, compte tenu de ce que les classifications peirciennes sont en général précaires et qu'elles sont souvent reprises et corrigées, permettent une mise en ordre préliminaire.

Une première classification[14] répartit les interprétants en trois genres: l'interprétant *immédiat*, l'interprétant *dynamique* et l'interprétant *final* (aussi appelé l'interprétant *normal*). L'interprétant immédiat est «l'interprétant tel qu'il est révélé dans la compréhension correcte du signe lui-même, et est ordinairement appelé la *signification* du signe»[15] ou l'interprétant «représenté ou signifié dans le signe» (8.343). L'interprétant dynamique est «l'effet réel que le signe, en tant que signe, détermine réellement»[16] ou «l'effet produit véritablement dans l'esprit par le signe» (8.343). Pour sa part, l'interprétant final est défini comme «la manière dont le signe tend à se représenter lui-même comme étant en relation avec son objet»[17] ou «l'effet qui serait produit par le signe dans l'esprit après un développement suffisant de la pensée» (8.343).

Ces définitions un peu «cryptiques» deviennent plus claires si on considère les exemples qu'en donne Peirce dans une lettre à William James (8.313):

> Imaginez que je m'éveille un matin avant ma femme et qu'à son réveil elle me demande: «Quel temps fait-il aujourd'hui?». Cela (cette question) est un signe dont l'objet immédiat (l'objet tel qu'il est exprimé) est le temps qu'il fait à ce moment mais dont l'objet dynamique est l'impression que j'ai dû avoir en regardant au travers des rideaux de la fenêtre; et dont l'interprétant immédiat (ou l'interprétant tel qu'il est exprimé par ce signe) est la qualité du temps, mais dont l'interprétation est ma réponse à la question. Mais en plus de cela, il y a un troisième interprétant. L'interprétant immédiat est ce que cette question exprime, tout ce qu'elle exprime immédiatement. L'interprétant dynamique est l'effet réel que cette question a sur moi, qui suis son interprète. Mais le sens dernier, ou interprétant final, ultime, est ce que ma femme avait en vue, ou quelle était son intention en me posant cette question, quel effet ma réponse aurait eu sur ses projets concernant cette journée.

Ainsi illustrées, les distinctions de Peirce ont une proximité frappante avec certaines des distinctions qui sont faites de nos jours à l'intérieur de l'objet global «signification» et qui figurent dans le débat touchant la délimitation de la sémantique et de la pragmatique. On peut rapprocher l'interprétant immédiat de la signification conventionnelle ou linguistique (c'est ce qui est d'abord compris dans la considération «du signe lui-même»), tandis que l'interprétation dynamique est l'effet du signe tel qu'il produit une réponse, ayant été identifié comme une question, et il peut à ce titre être rapproché de cette partie de la signification intentionnelle qui correspond à l'identification d'un acte de langage particulier (une expression donnée pouvant effectuer plusieurs actes différents). Pour sa part, l'interprétant final peut (du moins d'après l'exemple qui en est donné dans la lettre à James) être comparé à la signification intentionnelle, prise globalement et rassemblant tous les effets et implications que le locuteur peut avoir en vue et qui se lient à la production du signe (Peirce (8.343) parle à cet égard du «purpose» du signe). Cet interprétant n'est final que parce qu'il est le plus englobant et non parce qu'il ne peut être développé plus avant; il ressemble en cela à ce que Strawson (1970) identifie comme la «signification intentionnelle-*cum*-situation».

La seconde classification répartit elle aussi les interprétants en trois espèces («trois» étant le nombre d'or chez Peirce); il s'agit cette fois des interprétants *émotionnels (emotional),* des interprétants *énergétiques (energetic)* et des interprétants *logiques.* Bien qu'elle soit antérieure à la précécente — elle est de 1907 — cette classification doit figurer en second lieu, car elle recoupe partiellement la première, les interprétants émotionnels et énergétiques pouvant être vus comme des raffinements de l'interprétant dynamique. En ce qui concerne l'interprétant logique, il ne se situe pas quant à la première classification.

En 5.475, Peirce écrit:

> Le premier signifié propre d'un signe est un sentiment que le signe produit. Il y a presque toujours un sentiment que nous finissons par interpréter comme étant la preuve que nous comprenons l'effet propre du signe, bien que le fondement de vérité en soit fréquemment très peu solide. Cet «interprétant affectif», comme je l'appelle, peut être beaucoup plus que ce sentiment de reconnaissance; et, dans certains cas, il est le seul effet signifié propre que le signe produit. Ainsi l'exécution d'un morceau de musique de concert est un signe. Elle communique, et ce intentionnellement, les idées musicales du compositeur; mais celles-ci d'ordinaire consistent simplement en une série de sentiments[18].

Cet interprétant affectif, ou émotionnel, est proche de ce qu'on a plus tard identifié comme *«emotive»* ou *«expressive meaning»,* mais il importe de ne pas l'assimiler à l'ensemble des évocations affectives que le signe peut provoquer. Peirce insiste d'une part sur le fait que cet interprétant est *intentionnel* et d'autre part, en particulier en 5.485, sur l'idée que l'interprétant affectif est, sous certains rapports, au fondement des deux autres: «(...) il serait facile de montrer (si cela en valait la peine) que l'interprétant logique est un effet de l'interprétant énergétique dans le sens où ce dernier est un effet de l'interprétant affectif»[19]. Or, du fait que tout signe trouve en quelque sorte sa «solution» dans l'index, c'est-à-dire dans une mise en rapport par contiguïté du signe et de son signifié, il ressort que l'interprétant affectif désigne d'abord ce qui réalise le contact entre le signe et son interprète et que ce contact ne peut être réduit à un simple halo affectif qui accompagnerait le signe. Peirce ajoute du reste, à la suite de l'extrait de 5.475 qui vient d'être cité:

> Si un signe produit un autre effet signifié propre, il le produira par le moyen de l'interprétant affectif, et ce nouvel effet impliquera toujours un effort. Cet effort peut être musculaire (...), mais il s'exerce beaucoup plus fréquemment sur le monde extérieur, il est un effort mental[20].

Cet «effort mental» a partie liée avec la dynamique de l'interprétation: il désigne ce qui, dans l'interprétation, appartient à l'activité cognitive des interprètes mais ne peut produire de concepts. C'est à l'interprétant logique que le concept revient. Ce troisième interprétant a d'abord un caractère de généralité: c'est une règle qui se manifeste en une habitude d'action. Il peut être associé à l'interprétant dynamique, dans la mesure où il fait référence à des actions spécifiques, mais on peut également le rapprocher de l'interprétant final, dans la mesure où il est produit par un raisonnement portant sur l'ensemble des déterminations et des effets des signes.

On s'aperçoit que la notion d'interprétant, tout en jouant un rôle extrêmement général dans la théorie peircienne du signe, se développe dans des directions assez diversifiées, qu'il n'est pas facile de rassembler sous l'unité d'une définition. Cette diversité tient à la richesse de la semiosis et, à travers elle, à la richesse de ce qu'on doit considérer comme «sens». Par ses définitions exploratoires, infiniment reprises, raffinées et augmentées par la prise en compte de dimensions et de phénomènes nouveaux, Peirce préfigure en quelque sorte la situation des théories contemporaines qui entreprennent de faire une place à ce qui déborde le sens conventionnel, où la relation de signification peut être ramenée à ce que Peirce appelle «interprétant immédiat», qui est le plus directement contrôlé et le plus facilement imputable à la systématique de la langue.

Le but de ce bref exposé de la conception peircienne de l'interprétant est de permettre de voir comment cette notion peut être exploitée en direction d'une articulation sémantique-pragmatique. Il apparaît, comme le premier chapitre a essayé de le suggérer, que le statut de cette distinction dépend d'abord et avant tout de la définition du sens et de l'ensemble des phénomènes jugés pertinents qui le constituent. La perspective adoptée par Peirce a pour effet que ces phénomènes pertinents sont beaucoup plus nombreux que ce qui est communément admis par les linguistes et les philosophes (il faut cependant garder à l'esprit que ceux-ci peuvent délibérément négliger ces phénomènes afin de sauvegarder leurs chances de parvenir à un traitement théorique de leur objet, qui risquerait autrement de fuir perpétuellement du lieu qu'on lui assigne). On verra maintenant comment cette diversité a des répercussions sur une théorie du sens qui négocierait les relations entre sémantique et pragmatique en fonciton de l'idée d'interprétant.

L'hypothèse à laquelle on est parvenu est qu'une partie du sens d'un signe provient du fait de la dynamique de son interprétation[21]. Selon cette hypothèse, le sens comporterait deux aspects: premièrement, il serait défini par les interprétants effectivement engendrés (sous réserve d'une conceptualité permettant d'en traiter); deuxièmement, il dépendrait du fait que les interprétants prennent telle ou telle forme et qu'ils la prennent dans telle ou telle circonstance. Cette distinction demeure, elle aussi, assez spéculative, car la dynamique de l'interprétation ne se manifeste toujours que par des interprétants réalisés qui, dès l'instant où ils deviennent objets de perception ou de discours, ont une organisation qu'ils peuvent ne pas avoir au niveau premier où ils fonctionnent. Lorsque la conscience réflexive intervient sur l'interprétation, la dynamique de celle-ci se trouve soumise à une discontinuité et une distinctivité qu'elle n'aurait peut-être pas autrement[22].

L'idée qui voudrait que la pragmatique soit afférente à la production des interprétants tandis que la sémantique s'occuperait des interprétants réalisés pose deux problèmes importants. Le premier est qu'une pragmatique ainsi définie ne pourrait se pourvoir d'objets qu'à la condition d'avoir recours à un discours positif, celui d'une psycho-sociologie par exemple, qui *expliquerait* comment et pourquoi les interprétants sont produits. Autrement, elle ne pourrait se constituer que par les objets sémantiques. Le second problème est que la sémantique, selon cette hypothèse, hériterait d'un ensemble d'objets qui pourrait être fort hétéroclite, si on tient compte de la diversité des phénomènes logés dans la catégorie «interprétants», qui s'étendent des représentations directement associées aux signes à des effets nourris par l'expérience intime des interprètes. Une sémantique aussi libéralement conçue étudierait ces interprétants à divers niveaux de structuration, tout ce qu'elle identifie comme sens venant augmenter son objet. Elle pourrait également choisir de restreindre son champ et de se limiter aux interprétants les plus intersubjectifs — comme c'est habituellement le cas en sémantique des langues naturelles — en laissant de côté la «frange» des interprétants plus lointains ou plus étroitement liés à l'expérience.

Si on renonce à la confier à des discours de type explicatif, la dimension pragmatique, alors dépourvue de discours propre, ne serait plus présente dans la sémantique que de deux façons: d'une part, elle rappellerait à la sémantique que les objets de celle-ci tirent leur origine de la semiosis et qu'ils lui sont toujours relatifs; d'autre part, elle serait présente dans l'ensemble des «gestes» qui définissent l'objet sémantique (ces gestes étant ceux qui consistent à retenir des interprétants particuliers, à opérer un découpage à l'intérieur de l'ensemble des interprétants concevables, etc.[23]). Cette façon de voir gonfle considérablement l'objet sémantique, interdit à la pragmatique de revendiquer une phénoménalité propre et la pose comme une omniprésence active, mais muette, à l'intérieur même du sémantique. Si cela présente l'avantage d'associer le pragmatique et le sémantique en une commune contribution au sens et de «régler» ainsi le problème de leur voisinage, cela présente en revanche le désavantage d'une dilution de la sémantique dans l'ensemble des phénomènes composant le sens et dont ni le nombre ni la nature ne sont fixés. Si l'on est surtout soucieux d'arriver à une théorisation de l'objet sémantique, cette situation peut à juste titre être jugée regrettable; si on pense plutôt aux conditions «naturelles» de cet objet, c'est-à-dire à la réalité présumée de l'expérience du langage, elle peut apparaître comme une conséquence normale du fait qu'il s'agit d'un objet aux déterminations d'autant plus diverses qu'elles sont produites dans la pratique humaine.

Une solution plus raisonnable serait sans doute d'exploiter la possibilité de distinguer, à l'intérieur de la visée sémantique globale, différents niveaux de structuration pour articuler autrement la distinction sémantique-pragmatique. On a insisté, au premier chapitre, sur le fait que c'est à l'intérieur d'une problématique du sens que cette question est le mieux posée et on a indiqué quelques-unes des formulations qu'elle trouve alors. L'idée peut ainsi venir de remédier aux problèmes de l'hypothèse précédente en assignant certains phénomènes interprétatifs à la sémantique et d'autres à la pragmatique. On distingue ainsi, dans ce qui a été dit des interprétants, deux tendances principales. L'une est relative à une problématique de la *signification*; l'autre, à une problématique de la *communication*. [Ces deux tendances ne sont pas distinguées par Peirce, qui s'attache à un objet unique *(meaning)*.] Même si cette distinction n'est pas tranchée lorsque vient le temps non plus seulement de la penser mais bien de l'appliquer, on peut l'utiliser pour mettre un ordre provisoire à l'intérieur de la catégorie des interprétants. Par problématique de la signification, on entendra la contribution que font les interprétants à ce qui est identifié comme le contenu des signes considérés en eux-mêmes (c'est par exemple le cas des interprétants immédiats), tandis que par problématique de la communication, on entendra les divers types d'interaction que les signes permettent ou dans lesquelles ils interviennent entre les individus.

Ainsi, lorsque Paillet (cf. note 11) utilise la notion d'interprétants pour distinguer deux «zones» de manifestation du contenu (qui sont, grossièrement, celle du sens standard ou dénotatif et celle du sens connotatif[24]), il se situe dans une problématique de la signification, la tâche du linguiste étant de définir les phénomènes qu'il juge pertinents pour rendre compte des corrélations expression-contenu qu'il observe et de les répartir sur des niveaux distincts. De même, Granger (1968:112sv.) a recours aux interprétants peirciens pour établir deux niveaux de structuration du contenu: un premier niveau, qu'il appelle *«sens»*, a trait aux rapports des signes aux objets (un «schéma purement désignatif», précise-t-il, n'étant cependant qu'un «cas-limite fictif: le signifiant renvoie toujours à un objet désigné *par rapport* à d'autres objets» (1968:114-15)), et un second niveau, où «par le jeu des interprétants — qui varie évidemment d'un récepteur à l'autre — des *significations* indéfinies sont associées au sens de l'«objet» qui est ici une structure canonique imposée par la langue à l'expérience» (1968:116). Il s'agit dans les deux cas d'une problématique de la signification, à l'intérieur de laquelle la question est posée de distinguer des niveaux.

Par contre, certains interprétants définis par Peirce, par exemple les interprétants dynamiques et finals, s'inscrivent plutôt dans une perspective de communication, comme le manifeste la situation décrite dans la lettre à William James. Ces interprétants, s'ils contribuent encore à fixer le sens, le font à l'intérieur d'un échange entre individus, de sorte qu'ils ne peuvent être déterminés que par la prise en compte d'un certain *contexte*. La nature et l'extension de ce contexte ainsi que le rôle qu'il peut jouer dans la définition du sens constituent les questions fondamentales sur lesquelles une pragmatique doit se prononcer. Elles sont examinées plus bas. Notons pour l'instant que ces interprétants se distinguent manifestement des interprétants immédiats par le fait que ceux-ci sont fournis par la compréhension du signe lui-même (il sont en cela voisins de ce que Granger appelle «sens») tandis que les interprétants dynamiques et finals comportent un «supplément» situationnel qui s'ajoute à l'interprétant premier et fait que la production du signe est une question, qu'elle appelle une réponse et que celle-ci a des conséquences pour la conduite des affaires en cours.

La problématique de la signification et celle de la communication, même aussi sommairement définies, ont quelque chose en commun: dans les deux cas, un objet premier, sens ou interprétant immédiat, est prolongé par d'autres interprétants qui assurent le «branchement» du signe sur l'expérience des interprètes. Une tendance fréquente est de définir la sémantique comme l'étude de cet objet premier et d'en abandonner la résidualité à (l'idée d') une pragmatique. Nous avons vu certaines raisons de penser que cette situation est insatisfaisante et c'est du reste à sa correction que la constitution de problématiques pragmatiques spécifiques est destinée.

Selon la distinction faite par Granger, on appelle «sens» la portion — ou le niveau d'identification — du contenu qui est définie par le système symbolique en raisons des interprétants immédiats: c'est ainsi qu'une langue peut être considérée comme l'ensemble des relations signifiants-signifiés qui constituent en quelque sorte son seuil d'existence et en font un système organisé. On appelle «significations» l'ensemble des aspects du contenu qui ne semblent pas pouvoir être imputés au système de la langue et qui lui sont ajoutés par son usage en contexte. Ce contexte étant nécessairement un contexte de communication — une situation sans locuteurs n'étant pas un contexte — il semblerait que ce soit là vocation de la langue à la communication qui entraîne le supplément des significations. Dire cela (ne dire que cela) ne mène pas bien loin, mais cette idée a néanmoins une certaine pertinence lorsqu'on la pousse au-delà de son évidence première[25].

La distinction entre sens et signification telle que formulée peut être rapproché de l'idée suggérée d'une distinction entre des éléments discontinus et des éléments continus. Considérées du point de vue de leur systématique, les langues sont discontinues par définition. La pratique analytique du linguiste (ou du théoricien en général) découpe des éléments sur la face signifiante et sur la face signifiée de la langue, établit des corrélations entre ces deux types d'éléments et transcrit ces corrélations au moyen d'une notation de type algébrique. Le sens qui est défini à ce niveau ne connaît d'autre pertinence que la distinctivité qu'il assure[26]. Du point de vue de la semiosis, c'est-à-dire du point de vue des interprètes, c'est-à-dire encore du point de vue de la communication, les contenus n'ont pas la même mesure de pertinence: tandis que les sens sont soumis à l'algèbre structurale de chaque système symbolique et ne visent qu'à assurer les différences constitutives de ces systèmes, la semiosis est soumise à l'ensemble des déterminations identifiées de la pratique linguistique et elle a la complexité et la mobilité de l'interprétation elle-même.

Les sens forment ainsi une des conditions de possibilité de la signification et de la communication, en ce que ce sont l'existence et l'organisation du système symbolique qui permettent la mise en acte du langage dans des situations particulières. Ce caractère des sens peut être modalisé selon deux conceptions. Une première conception, qu'on peut appeler «transcendantaliste», définit les sens comme des objets abstraits qui font partie des conditions régulatrices transcendantales de la communication. Une seconde conception, que le contraste invite à appeler «immanentiste», définit les sens comme une moyenne de significations, établie par observation des actions linguistiques. Ces deux conceptions ne s'opposent pas nécessairement, car elles s'établissent selon des points de vue différents : l'une est plutôt afférente à une philosophie du langage qui cherche à formuler la forme d'une explication du fonctionnement linguistique, tandis que l'autre adopte le point de vue d'une description des actions verbales. Les mêmes objets linguistiques peuvent être revendiqués par chacune d'elles : un théoricien aux penchants transcendantalistes présentera comme des objets abstraits dont il imputera la définition à l'organisation cognitive des locuteurs ce que le théoricien de tendance immanentiste verra simplement comme un construit élaboré à partir de l'observation du comportement.

Ces deux conceptions font cependant une différence lorsqu'il s'agit de définir ce qui de l'objet sémantique appartiendrait à la pragmatique. Selon la première conception, la pragmatique s'occuperait des conditions (régulatrices) empiriques de la communication telles que les manifestent, par exemple, les interprétants dynamiques ou finals, tandis que la sémantique aurait pour objet les contenus abstrait des signes. Selon la seconde, sémantique et pragmatique ne différeraient que par l'attention plus ou moins grande qu'elles accordent à la finesse de réalisation des construits et par les perspectives qu'elles adoptent sur ces construits : sera sémantique ce qui est défini par neutralisation de certains facteurs constituant la situation de communication et sera pragmatique ce qui laisse une place à ces facteurs et leur reconnaît un rôle actif dans la communication.

La frontière entre sens et signification dépend ainsi de l'importance reconnue à la communication dans la construction de ce qui est considéré comme «contenu», du «taux» d'abstraction autorisé par la sémantique et des assises que l'on donne à ses objets. Si l'observation des situations de communication permet de dégager des contenus susceptibles d'être reproduits, sans trop de pertes, d'une situation à une autre et sans qu'il soit pour autant nécessaire de spécifier des traits de ces situations, alors on peut considérer ces contenus comme des sens indépendants des situations de communication et les assigner à la sémantique. Mais ce que ces sens résument, ce sont les constantes qui assurent la communication et qui sont définies à partir de moyennes des situations observées. Les objets sémantiques seraient alors produits par la convergence de tendances pragmatiques, par rapport auxquelles ils conquerraient une autonomie relative du fait de leur permanence. Les significations deviendraient, dans cette perspective, soit les aspects du contenu qui doivent être réactivés dans des situations de communication données, soit la «coloration»[27] que l'expérience de la communication confère aux sens. Il demeurerait difficile, dans tous les cas, de considérer que cette frontière est fixée une fois pour toutes.

Les significations peuvent en effet avoir tendance à se conventionnaliser, du fait de la reprise, par une population donnée, des mêmes itinéraires interprétatifs. La distinction qui est faite entre le sens conventionnel (qui correspond plus ou moins aux interprétants immédiats) et le sens intentionnel (qui correspond aux interprétants finals) est mise en question dans des cas où des expressions qui ont d'abord un sens intentionnel en viennent, après un temps, à avoir un sens conventionnel[28], de la même façon que des connotations peuvent se rapprocher progressivement du cœur sémantique des signes auxquels elles étaient auparavant associées de manière plus lointaine. Du point de vue de la communication, l'activité des interprètes consiste d'abord en des «calculs interprétatifs» dont la fonction est d'identifier les messages qui leur sont transmis. Ces calculs peuvent être plus ou moins riches et se situer en différents points d'une échelle de finesse. Il est facile de concevoir des situations où tout signe, quel qu'il soit, signifie pour son interprète la seule existence d'un émetteur, sans que ses interprétants conventionnels soient pris en compte[29]. Dans d'autres situations, la portée sémantique ne sera fixée que par le sens conventionnel, dans d'autres celui-ci sera complètement oblitéré par le sens intentionnel[30]. Les énoncés en langue naturelle (si même d'autres sortes d'énoncés sont concevables *qua* énoncés) comportent toujours des significations qui se superposent à leur sens et l'emportent souvent sur eux pour ce qui est de l'établissement du «*purpose*» de l'énoncé, qui met un terme, relatif, à son interprétation. Cette superposition tient au seul fait de l'occurrence des énoncés, qui surviennent dans des contextes de communication.

Si l'on choisit de confier les sens à la sémantique et les significations à la pragmatique (ce que est théoriquement concevable), on pose la question de savoir au moyen de quel vocabulaire théorique on peut parler des significations, ainsi que celle des relations que sens et significations sont susceptibles d'entretenir les uns avec les autres. Une réponse à ces questions met en jeu deux types de considérations. La question de savoir quel type de vocabulaire peut assumer une théorie des significations mobilise en engagement quelconque vis-à-vis des facteurs psychologiques et sociologiques. Le jeu des connotations, dans lesquelles on voit souvent une formulation de cet ajout de significations variables à des sens relativement stables, exige, du moins si on souhaite en préciser la notion, autant une quelconque idée de ce que l'organisation sociale a comme effet sur la signification des signes qu'une doctrine de l'interprétation, qui comprend comme une de ses prémisses une forme de causalité. La question de définir les relations des sens aux significations appelle une prise de position sur la frontière qui sépare l'intentionalité de la conventionalité et sur le jeu relativement complexe qui les unit[31].

Granger (1977) a suggéré que si l'idée peircienne des interprétants constitue une voie d'accès possible à la pragmatique, elle en constitue du même coup une voie de garage. Cela signifie moins que les interprétants sont inaptes à articuler une quelconque réalité (ce qui n'est certainement pas le cas) qu'ils laissent entier le problème de la distinctivité pragmatique. La formulation de la question de la délimitation en termes d'interprétants conventionnels (ou centraux) et d'interprétants liés à l'intentionalité (interprétants situationnels ou périphériques) motive une remarque analogue, car cette formulation ne rend pas compte des contraintes qu'adressent les systèmes linguistiques aux divers interprétants possibles. Il est en effet nécessaire que les interprétants ne contreviennent pas à ce qui constitue les systèmes symboliques comme systèmes, à savoir leur caractère conventionnel et, à ce titre, contraignant. Les interprétants, en tant qu'effets induits chez les auditeurs, doivent être compatibles avec la « grammaire » du locuteur. Une telle grammaire peut être considérée comme relativement stable, ou idéale, ou comme mobile, et concrète. Si on la considère comme stable ou idéale, l'étude des interprétants se confond avec une sémantique ou si on tient au mot, avec une pragmatique conventionnelle, dans laquelle il n'y a pas de place pour les significations. Si on la considère comme mobile et concrète, la grammaire des interprétants met en jeu pour son explicitation l'ensemble des facteurs qui sont pris en compte dans l'interprétation des signes, y compris la rationalité des locuteurs, leur respect d'un certain nombre de principes pratiques, leurs aptitudes interprétatives, les croyances qu'ils entretiennent, etc. L'objet pragmatique sera alors moins les interprétants que leurs conditions d'apparition et il se trouvera déporté en direction d'une étude de ce qu'on estimera être le comportement rationnel, de ce qui assure la cohérence des pratiques langagières et en fonde aussi bien l'interprétabilité que la reproductibilité.

Le rôle central que la sémiotique de Peirce accorde à la notion d'habitude connaît peut-être ainsi sa juste place : l'habitude, qui fait autant la permanence des interprétants que leur relative nécessité dans la vie collective, se trouve au fondement de l'interprétation et c'est d'elle que les constantes interprétatives tiennent leur caractère de *loi*. Si l'objet pragmatique est ce qui soutient cette habitude et se soutient d'elle pour régler la convergence des pratiques, il se pose comme la condition générale de tout ce qu'il y a à observer et à penser dans la manière dont les signes fonctionnent et nous affectent.

Avant de passer au parti que Morris a tiré des distinctions peirciennes en saisissant le langage comme un ensemble d'habitudes de comportement, résumons ce qu'on peut retenir des interprétants peirciens pour ce qui est de la définition de la pragmatique.

1. Les interprétants confèrent aux signes leur capacité de signifier. Une hypothèse consiste à confier l'ensemble (ouvert) des interprétants à la sémantique et à réserver à la pragmatique la dynamique qui les engendre. Cela a pour effet de retirer à la pragmatique toute phénoménalité apparentée au sens et de livrer à la sémantique un domaine qui a la diversité des interprétants eux-mêmes.

2. Une autre hypothèse est de définir la sémantique comme l'étude de certains interprétants, considérés comme centraux ou structuraux, et de confier à la pragmatique l'étude de la résidualité de ces interprétants. Non seulement une telle façon de faire présente l'inconvénient d'une définition négative de la pragmatique, elle laisse de plus dans l'ombre, tout comme l'hypothèse précédente, la question de savoir à quoi tient l'engendrement des interprétants.

3. L'objet pragmatique se trouverait alors moins dans les coordonnées que dans les conditions du sens. Si l'on choisit de résumer ces conditions au moyen du mot «habitudes», ce sont les paramètres définissant ces habitudes qui peuvent le mieux prétendre à une spécificité pragmatique. La question est alors double: il faut savoir 1) de quelle manière il est possible d'en faire état et 2) dans quelle mesure ils peuvent être distingués d'un objet sémantique naturel. Il n'est en effet pas facile, comme on le verra, de faire la part de la définition d'un objet et des conditions de cette définition.

4. A supposer que l'on soit réticent à fonder une pragmatique des interprétants sur une causalité psychologique ou sociologique, la question de la pragmatique demeure entière, à ceci près qu'on est arrivé à considérer les objets dans lesquels on chercherait une assise pragmatique comme participant directement à ce qu'on tient à considérer comme sémantique.

5. On peut tirer parti de cette idée pour penser que le pragmatique n'a pas de nature autonome et qu'il intervient, à titre de condition,

aux différents niveaux de ce qui a été repéré comme pertinent pour une théorie du sens.

6. Cette condition est à la recherche de sa conceptualisation. On peut penser que c'est la dimension de communication qui la permettra au premier chef, en ce sens que c'est parce que les signes permettent des activités de communications que diverses strates de significations s'ajoutent au sens premier, que des interprétants comme les interprétants dynamiques surviennent et que la question du voisinement de la sémantique et de la pragmatique se trouve posée[32].

7. L'idée peircienne des interprétants comporte des éléments pertinents dont une pragmatique (ou quoi que ce soit qui se présente comme tel) devrait tenir compte. Le plus important est sans contredit la diversité des interpétants. Une théorie sémantique qui choisit de faire sa place à ce que les interprétants indiquent d'une éventuelle pragmatique doit faire face à une situation inflationniste, qu'elle peut estimer gênante, car elle n'est pas forcément prête à voir s'enfler autant un objet qu'elle cherchait simplement à saisir dans de meilleures conditions de réalité. Un deuxième élément vient immédiatement contrebalancer ce que ce premier élément risque de présenter comme exclusivement négatif : la diversité des interprétants doit être interprétée moins dans le sens d'une multiplicité des phénomènes dont une théorie devrait traiter que dans celui d'une relativité des phénomènes retenus comme centraux par rapport aux conditions naturelles de leur constitution. La sémantique (pragmatique) qui entreprendrait de traiter des tendances centrales de l'interprétation des signes devrait tenir compte de ce qui en tisse les configurations avec les coordonnées variables des finalités de l'action. Les interprétants ne sont pas produits comme autant de petits existants isolés et indépendants des conditions qui les voient ou les font naître, de sorte que le discours qui entreprendrait de les décrire ne peut passer outre le fait de cette solidarité. Un troisième élément a trait à la réticence de Peirce à assigner les interprétants à un substrat mental. Cette réticence tient moins à une mise en doute d'une quelconque réalité psychologique (ou autre) des interprétants qu'à un refus de loger les mécanismes de l'interprétation dans une intériorité du sujet comme dans leur lieu le plus adéquat. L'insistance de Peirce sur ce que l'interprétation doit à l'habitude cherche plutôt à répartir dans diverses configurations externes ce qu'une version mentaliste tend à rassembler dans un esprit dont l'obscurité, en tant qu'il peut être exploité comme ressort explicatif, est d'autant plus grande que la source de ses pouvoirs demeure elle-même inexpliquée. Une pragmatique qui évaluerait sa puissance à sa capacité de saisir

une réalité explicative pourrait retenir ce qui, de cette réticence, marque une certaine sobriété en matière de réalisme et une certaine prudence en matière d'explication.

2. L'organisation de la sémiotique selon les *Fondements de la théorie des signes*

Bien qu'ils présentent davantage un programme de recherche qu'ils ne font état de résultats acquis avec certitude, les *Fondements* prennent une position ferme, quoique nuancée sur plusieurs points, quant aux relations unissant les provinces théoriques qu'ils distinguent. L'intégration de perspectives visée dans ce projet d'une sémiotique générale[33] et la reprise de ses formulations par plusieurs des traditions qui ont suivi invitent à un bref examen de la syntaxe, de la sémantique et de la pragmatique telles que Morris en a conçu l'idée.

2.1. *La syntaxe*

La caractéristique la plus marquante de la position adoptée par les *Fondements* sur la syntaxe est la volonté d'un rapprochement entre les procédures formelles mises en œuvre en logique[34] et un certain nombre de procédures d'analyse des langues naturelles. Même si ce rapprochement a été plus désiré que réalisé par Morris, il faut noter la relative nouveauté de ce projet pour l'époque, où logique et linguistique avaient tendance à s'exclure mutuellement. C'est du reste un des mérites incontestables de l'*Encyclopédie* que d'avoir, par le projet d'une sémiotique qui embrasserait plusieurs types de langage, favorisé la mise en rapport de méthodes d'analyse et d'objets différents.

Le modèle syntaxique qui a joué le rôle le plus déterminant pour Morris est indubitablement celui de la syntaxe logique de Carnap (1934, 1937). Tout en en reconnaissant l'importance et la nouveauté, Morris suggère de l'étendre à d'autres langages que ceux pour lesquels les dipositifs analytiques mis de l'avant par Carnap avaient été pensés et de rendre ceux-ci sensibles à certaines déterminations de l'usage des langues naturelles, qui ne trouvaient guère de place dans le modèle carnapien[35]. Ces analyses ont, selon Morris, tout à gagner de ce rapprochement : le grammairien s'inspirera de la logique pour donner plus de rigueur à ses procédures — dont Morris dit (FTS 5) qu'elles sont souvent inconscientes — tandis que le logicien, disposant d'une base théorique solide, y trouvera l'occasion d'adapter et de raffiner ses instruments au contact des objets extraordinairement complexes que sont les langues naturelles. Même si Morris adopte une attitude assez confiante sur cette question et si le traitement qu'il en donne est en deçà de sa complexité réelle, il met en lumière certains points où l'analyse syntaxique fait l'épreuve de l'usage du langage.

L'analyse syntaxique se caractérise de ce qu'elle est formelle, c'est-à-dire qu'elle ne fait appel ni à l'usage ou à l'usager des signes ni à leur sens; c'est dans le maintien de cette caractéristique que la syntaxe cherchera son indépendance. Selon l'idée développée par Carnap, la syntaxe (logique) est composée de deux classes de règles: les *règles de formation* et les *règles de transformation*. Les premières définissent des suites initiales bien formées pour un langage donné, les secondes assurent la dérivation d'autres suites à partir de ces suites initiales, de façon à définir les propositions primitives, les propositions analytiques et synthétiques, les propositions contradictoires, les démonstrations, les dérivations, etc. à l'intérieur du système ainsi constitué. On considère que, d'un point de vue syntaxique, un langage est défini par l'ensemble de ces règles. Cette syntaxe logique, en raison de sa productivité théorique, est l'inspiration principale de la partie syntaxique de la sémiotique à construire, mais elle n'en couvre pas la totalité, car «il y a (...) des problèmes syntaxiques dans les domaines des signes perceptuels et esthétiques, dans ceux de l'utilisation pratique des signes et de la linguistique générale, qui n'ont pas été traités dans le cadre de (...) la syntaxe logique» (FTS 5).

Morris ne s'engage pas très avant dans la présentation des aspects syntaxiques de langages autres que les langages logiques. Il se contente, pour les besoins des *Fondements*, de l'analyse d'une phrase en langue naturelle, analyse qui est par conséquent très restreinte, mais qui contient quelques éléments pertinents pour ce qui est des interfaces syntaxe-sémantique et syntaxe-pragmatique. La phrase analysée est «Ce cheval blanc court lentement». Etant donné que la syntaxe doit d'abord définir les catégories qui constituent son vocabulaire, la première démarche analytique consiste à dégager la structure de la phrase et à la décrire au moyen de ces catégories. Les trois catégories retenues par Morris sont celles des *signes indexicaux*, des *signes caractérisants* et des *signes universels* (l'universalité d'un signe tenant au fait qu'il n'a pas de désignation particulière: les exemples donnés par Morris sont des signes comme «quelque chose», «objet», «entité»). La phrase à analyser contient un signe indexical («ce») et des signes caractérisants. A l'intérieur de cette catégorie, Morris introduit une distinction entre les signes *dominants* et les signes *spécificateurs*. L'ensemble de ces catégories est défini, dans la perspective behaviorale adoptée par Morris, selon les attentes qui correspondent à chacune chez l'usager : les signes indexicaux amènent des attentes particulières, les signes caractérisants des attentes dont l'extension est fixée par les signes indexicaux et par les signes spécificateurs qu'ils contiennent (en particulier, les adjectifs et les quantificateurs), tandis qu'aux signes universaux ne correspond aucune attente définie. De ce point de vue et à ce niveau de l'analyse, les catégories syntaxiques ont des correspondants qui sont à la fois sémantiques (leurs désignations) et pragmatiques (les attentes induites). L'appartenance des signes à ces catégories varie selon les phrases : un signe dominant peut ainsi être le spécificateur d'un autre signe. La phrase citée, «prononcée dans un contexte situationnel donné, éclairée par des gestes indicateurs (indexicaux) », peut être analysée de la façon suivante : « court » en tant que signe dominant et « lentement » en tant que signe caractérisant spécificateur de ce signe sont spécifiés par «cheval» (qui restreint les cas auxquels «courir lentement» s'applique), lui-même spécifié par «blanc», tandis que «ce», associé à des gestes indexicaux, est un signe indexical qui sert à situer l'objet auquel s'applique le signe dominant ainsi spécifié [36].

Ce type d'analyse, qui n'a guère de nouveau que la terminologie utilisée, n'est pas sans relativité, car Morris mentionne la possibilité que des conditions d'énonciation particulières viennent modifier les relations décrites, «de sorte que des conditions pragmatiques déterminent ce qui est en réalité le signe dominant». Morris ne développe pas l'idée de ces interactions, mais on peut voir dans l'influence mentionnée de la pragmatique sur la syntaxe une première version de problématiques apparues plus tard en linguistique, qui, pour choisir des exemples assez variés pour être parlants, vont de la question de savoir quels éléments constituent le thème, le foyer ou le propos d'une phrase, à des questions plus locales comme l'influence de l'empathie des locuteurs sur les structures syntaxiques (Kuno (1977)), ou des actes de langage performés sur le choix des quantificateurs (R. Lakoff (1969)). Il s'agit de développements très tardifs, et qui ne doivent rien à Morris, mais qui illustrent bien la diversité des directions que peut emprunter une étude des structures syntaxiques qui se rend attentive aux phénomènes énonciatifs.

Par ailleurs, le fait que l'exemple comporte un déictique constitue une autre dimension pragmatique possible. Chez Morris, l'indexicalité incombe aux trois composantes de la sémiotique : la syntaxe identifie la *catégorie* des signes indexicaux, la sémantique s'occupe de la désignation des expressions dans lesquelles ils figurent, tandis que la pragmatique, moins sous la forme d'un discours que sous celle de « données », intervient dans ces deux dimensions pour les modifier ou les orienter selon les contextes. Ainsi, la référence d'un signe indexical dépend, chez Morris comme chez les autres théoriciens qui se sont occupés de cette question, de la situation d'énonciation, mais, en choisissant de déporter la pragmatique vers une science des interprètes et de ne considérer qu'une sémantique extensionnelle, Morris crée les conditions d'une syntaxe relativement autonome. L'idée que l'énonciation puisse exercer une influence sur la syntaxe conserve néanmoins son importance : la discrétion avec laquelle Morris fait cette suggestion n'enlève rien à sa pertinence de principe.

La tâche d'une syntaxe est de constituer (dans le cas des langages formels) ou de reconstituer (dans le cas des langues naturelles) l'ensemble de leurs règles constitutives. Selon les *Fondements*, les langages formels n'ont de dimension pragmatique que par les usages auxquels ils servent et non dans leur définition, tandis que les langues naturelles ont une dimension pragmatique d'autant plus importante qu'elle est fournie aussi bien par les facteurs psychologiques et sociologiques qui accompagnent l'usage de leurs signes que par leur sensibilité au contexte de l'énonciation. On peut penser que les facteurs sociaux sont peu susceptibles d'exercer une influence réelle sur la syntaxe des langues naturelles [37], tandis que l'énonciation se marque de plusieurs façons dans la forme même des langues (déixis, échelles argumentatives, aspects, etc.). La question reste de savoir ce qui de cette forme échappe à la syntaxe et à la sémantique pour constituer un objet pragmatique. Dans la mesure où il s'agit de régularités de la forme, l'objet risque d'être entièrement syntaxique, le seul élément pragmatique étant ce relativement à quoi cette forme est décrite. Cet élément ne permet pas de conclure à l'existence d'un discours chargé d'en traiter et peut ne concerner que les conditions dans lesquelles la caractérisation syntaxique est effectuée.

2.2. La sémantique

Définie sur la base de la semiosis, la sémantique est l'étude des relations existant entre les signes et les objets qu'ils désignent ou qu'ils peuvent désigner. Du fait que c'est surtout par rapport à elle qu'on cherche maintenant à définir la pragmatique, elle revêt certes une importance particulière dans la question de la délimitation, mais le fait d'évaluer la pragmatique par rapport à la sémantique rencontre d'entrée de jeu une difficulté : ce qui est considéré comme sémantique correspond souvent à des théories qui sont incommensurables les unes par rapport aux autres et la sémantique contemporaine, si elle maintient certaines idées pratiquement ancestrales, se distingue sur plusieurs points de celle qui a vu naître la pragmatique chez Morris. C'est pourquoi ne seront retenus ici que les principaux éléments théoriques permettant de prendre la mesure des positions de Morris, sans approfondir le devenir historique que ces éléments ont connu.

Les idées de Morris sur la sémantique se caractérisent par la convergence de trois principales tendances observées d'abord en philosophie, mais aussi en linguistique et en psychologie. Il s'agit de la tendance «correspondantiste» (ou «référentielle»), de la tendance «idéationnelle» (au sens du mot anglais *ideational*) et de la tendance behaviorale. Malgré leur fluctuations et en dépit du fait qu'elles ne sont pas toujours radicalement distinctes les unes des autres, ces trois tendances résument, dans leurs grandes lignes, les possibilités offertes à la théorie du langage, au chapitre du sens, dans les années trente.

a) La tendance «correspondantiste»

Cette tendance a joué un rôle déterminant dans la naissance des idées pragmatiques: ce sont en effet d'abord les cas où la relation de correspondance posée entre le langage et le monde était prise en défaut qui ont fourni, et continuent de fournir, la matière première qui soutient l'idée d'une pragmatique. Cette tendance peut être résumée de la façon suivante: la relation proprement sémantique est la relation qui unit les phrases aux états de choses ou aux situations qu'elle *représentent* et les signes qui composent ces phrases aux objets qu'ils *désignent*. Comme l'indique Morris (FTS 7), cette conception sémantique présuppose un certain état de maturité de la syntaxe, dans le mesure où la position correspondantiste rend la désignation des signes relative aux structures phrastiques dans lesquelles ils figurent; la dépendance des phrases et de leurs unités composantes est mutuelle: la relation des signes aux objets est fonction des phrases qu'ils composent et la relation des phrases aux états de choses est fonction des relations sémantiques de chacun des signes constituants.

Il est cependant évident que tous les signes n'ont pas le même type de relation à des objets: certains signes, par exemple les noms propres, désignent des objets uniques[38], d'autres, comme ceux que les *Fondements* appellent «signes universaux», ne désignent pas d'objets spécifiques, d'autres enfin, comme les constantes logiques (et ce que *Signs, Language and Behavior* identifiera comme des «signes formateurs») ne désignent rien et jouent un rôle essentiellement syntaxique. De plus, des signes peuvent être utilisés pour désigner des objets sans qu'il existe de fait d'objets désignés. La relation référentielle peut ainsi être subordonnée à une dimension d'*usage*.

Tout en acceptant l'idée générale du correspondantisme (en particulier dans les versions qu'en ont données Reichenbach, Ajdukiewicz et Carnap), Morris apporte deux correctifs à une conception correspondantiste stricte: 1) les difficultés qu'on a éprouvées à «trouver une corrélation sémantique complète entre les signes linguistiques et les autres objets» (FTS 8) tiennent à la sur-simplification des aspects syntaxiques de la semiosis, car certains signes ont pour fonction «d'indiquer les relations syntaxiques d'autres signes du langage» *(ibid.)*, ce qui équivaut à une espèce de hiérarchisation des relations sémantiques, et 2) il ne faut pas confondre le *designatum* d'un signe (ce à quoi il renvoie) avec son *denotatum* (l'objet désigné qui existe effectivement tel que désigné) (cf. FTS 2).

La théorie de la référence en philosophie du langage a apporté, de Meinong à Strawson, un soin considérable à la discussion des conditions dans lesquelles les expressions peuvent avoir une référence et à l'examen des fondements de cette relation référentielle. Il n'est pas nécessaire pour les besoins présents de l'exposé d'entrer dans le détail de ces discussions et il suffira d'indiquer qu'elles ont été principalement marquées par deux positions extrêmes: la première exige que des existants réels correspondent aux expressions référentielles, à défaut de quoi les propositions qui les contiennent sont fausses ou chutent au non-sens; la seconde soutient que les expressions référentielles qui ne font pas référence à des existants réels peuvent néanmoins avoir un sens, parce qu'elles sont *utilisées pour* faire référence. A un niveau général, cette seconde position peut prendre deux accents: elle peut d'abord estimer, comme le fait Meinong — que Morris critiquera — qu'à défaut d'exister les objets auxquels on fait ainsi référence «subsistent», en superposant ainsi au niveau de l'existence empirique un domaine de subsistance idéelle; elle peut ensuite, d'une manière plus sobre pour ce qui est de l'ontologie, n'insister que sur la dimension pragmatique de l'usage référentiel (par opposition à ce qui demeure chez Meinong une forme de sémantique).

b) La tendance «idéationnelle»

La formulation la plus générale de cette tendance est que le sens des signes et des phrases leur est fourni par les «idées» qui leur sont associées. Cette tendance a derrière elle une longue tradition qui, comme l'indique Morris (FTS 8), semble parler en faveur de sa plausibilité. Sans entrer ici non plus dans le détail de cette tradition, qui s'étend au moins d'Aristote à Locke, lequel a donné à cette tendance son expression la plus classique, mentionnons les problèmes les plus immédiats qu'elle pose à une approche comme celle qui est favorisée par Morris.

Le premier problème est de savoir quelles sont les idées qui peuvent correspondre à des signes de types différents. Il apparaît nettement que si une idée assez définie peut correspondre à des signes comme «chien» ou «protozoaire» (dont on peut du reste donner relativement facilement une définition extensionnelle), un autre type d'idées est requis pour des signes comme «matière» ou «entité» ou pour des «signes syntaxiques» comme les constantes logiques, sans oublier ces signes dont Reichenbach (1947) dira qu'il ont uniquement une dimension pragmatique (à savoir des signes «expressifs» comme «s'il vous plaît» ou «heureusement», déjà identifiés par Morris pour leur caractère singulier[39]).

Un deuxième problème consiste à savoir comment est assurée l'intersubjectivité de significations ainsi formulées. D'une part, à défaut d'une manifestation objective, ces idées peuvent n'être que fictives ou, du moins, privées; d'autre part, à défaut de règles d'usage des signes chargés de les véhiculer, elles risquent d'être si variables d'un individu à un autre que la communication ne pourrait être expliquée par elles, de même que la convergence des interprétations.

Un troisième problème, relié aux précédents mais qui mérite une mention particulière du fait qu'il a déjà été amené par les interprétants peirciens, a trait au caractère plus ou moins flou des idées répondant même aux signes dont le sens semble être le plus simple et le plus clair. Des psychologues comme Osgood (1957) et des linguistes comme G. Lakoff (1972) ont en effet montré comment des items lexicaux familier s'associent à des représentations qui, si elles peuvent être relativement constantes pour une population étendue, varient considérablement d'un individu à un autre.

Au vu des ces difficultés, la réaction de Morris est de tirer le plus grand profit possible de l'usage des signes: c'est par les usages auxquels ils servent que les signes obtiennent leur signification. Cette idée, qui a connu une fortune considérable par la suite, dans la tradition de la philosophie analytique anglo-saxonne, sert chez Morris à faire l'économie de toutes les entités qui n'ont pas de marques observables, ou qui ne peuvent être traduites en des termes qui ont de telles marques. La façon de réaliser cette économie consiste, comme cela a été le cas en syntaxe, à produire la notion de règle sémantique, définie comme la règle qui détermine dans quelles conditions un signe peut être appliqué à un objet ou à une situation. Morris prend soin d'ajouter :

> Les règles d'utilisation des véhicules du signe ne sont habituellement pas formulées par les utilisateurs du langage, ou ne le sont que partiellement, elles existent plutôt comme des habitudes de comportement, de sorte (...) que seuls certains signes sont appliqués à certaines situations. (FTS 7)

Le recours à l'usage et à la situation (qui sont des notions éminemment pragmatiques) vise à rendre publiques et objectives les relations sémantiques effectivement établies, au lieu de les loger dans l'intériorité des individus, comme le fait le mentalisme dont la tendance « idéationnelle » est souvent assortie. Les règles sémantiques des signes, insiste Morris, ne sont pas formulées par les utilisateurs du langage ; on est tenté d'ajouter qu'elles ne doivent pas l'être, en raison du piège de la réflexivité et du fait que cela pourrait présenter la conceptualité de la représentation comme ayant trait à l'intériorité du sujet. Morris ne précise guère au-delà de sa généralité la plus extrême ce qu'il faut entendre par le terme « usage », mais son imprécision n'empêche pas qu'il puisse être avantageusement substitué à la conceptualité idéationnelle, en la contraignant par une dimension de conventionnalité.

La tendance idéationnelle peut être opposée à la tendance correspondantiste en ce que ces deux tendances situent respectivement dans l'esprit (à défaut d'un terme moins obscur) et dans le monde (à défaut d'un terme moins mystique) le « lieu » de la signification *(locus of meaning)*. Morris reproche à la tendance correspondantiste de ne pas faire sa place au rôle que joue l'activité des individus dans l'établissement des relations sémantiques et à la tendance idéationnelle de ramener à l'idée ce que ces relations ont d'intersubjectif. Ce faisant, il retient d'une certaine manière un trait intéressant de la tendance idéationnelle dans ce qui l'oppose à la tendance correspondantiste, à savoir le fait que, si les règles sémantiques existent comme des habitudes de comportement, leur utilisation exige que les individus en aient une représentation quelconque, c'est-à-dire qu'ils ne se contentent pas de les appliquer et qu'ils ont une « idée » de ce qui détermine leur emploi. Cette différence a été exprimée, plus près de nous, par la célèbre distinction faite entre « knowing how » et « knowing that » ou par celle qui sépare le « comportement conforme à des règles » et le « comportement gouverné par des règles ». Ce que ces distinctions cherchent à exprimer, c'est une différence entre deux types de savoir que l'on peut imputer aux individus (dans le cas présent, les usagers d'une langue) : un savoir en quelque sorte réflexif, où la connaissance de la règle serait antérieure à son application, du fait qu'elle aurait d'abord été comprise ou maîtrisée («knowing that») et un savoir qui serait, pour ainsi dire, immanent à l'usage ou au comportement qu'il semble autoriser et qui ne serait qu'une hypothèse du théoricien qui veut rendre compte des régularités qu'il observe («knowing how»). La résistance avouée de Morris à accepter un cadre d'explication comme le behaviorisme watsonien (cf. FTS 2) pour rendre compte des comportements signifiants incite à penser que le savoir requis pour l'usage des signes ne coïncide par pour lui avec le seul comportement manifeste. Il serait sans doute excessif de dire que c'est là une position proche de l'idéalisme (en quelque sens de ce mot que ce soit), mais on peut rapprocher cette position du refus de la tendance idéationnelle d'assimiler la relation sémantique à une simple relation entre les signes et les objets: l'usage et la connaissance que les individus en ont remplacent ce que l'idéalisme veut situer dans l'esprit au titre de médiation. Ce remplacement ne va cependant pas sans problèmes, comme le montre l'examen de la troisième tendance.

c) La tendance behaviorale

Malgré ses réticences à adopter le cadre explicatif d'un behaviorisme étroit — réticence qui semble cependant plus grande dans les *Fondements* que dans *Signs, Language and Behavior* — Morris est enclin à avoir recours à la psychologie du comportement lorsqu'il s'agit de traiter des aspects sémantiques de la semiosis. Lointainement inspirée par Peirce, dont la pensée lui est largement parvenue par le truchement de ses successeurs, cette inclination répond à un désir de reformuler les positions idéalistes dans des termes conciliables avec les exigences de l'observation. Dans l'Amérique des années trente et quarante, et sous l'influence partielle d'un certain positivisme [40], plusieurs modèles du type stimulus-réponse ont été proposés pour l'explication du comportement verbal.

Une formulation typique de la tendance behaviorale en sémantique consiste à dire que la signification des éléments linguistiques est fournie par les réponses auxquelles leur occurrence donne lieu, dans une situation déterminée. Par exemple, Leonard Bloomfield, un des principaux représentants de cette tendance, écrit: «Nous avons défini la *signification* d'une forme linguistique comme la situation dans laquelle le locuteur l'énonce et la réponse qu'elle provoque de la part de l'auditeur» (1933; 1970:132)[41]. On s'aperçoit rapidement que cette définition est plus raisonnable dans la correction qu'elle cherche à apporter à une sémantique intimiste que dans ce qu'elle affirme effectivement, car il est manifeste qu'un nombre indéterminé de réponses et de situations peuvent convenir à la plupart des «formes linguistiques», de sorte que la signification doit être minimalement distincte de la réponse et de la situation prises ensemble, n'en jugerait-on que par le fait que quelque chose de la signification de la forme linguistique doit être compris pour que cette forme suscite une réponse dans une situation donnée. On doit par ailleurs admettre qu'une forme peut parfaitement être comprise sans provoquer pour autant de comportement manifeste.

L'assimilation sans résidus de la signification aux réponses effectivement engendrées posant des problèmes dirimants, la définition doit être modifiée. La façon la plus simple de le faire est de dire que la signification d'une forme linguistique est fournie non pas par les réponses manifestes qu'elle suscite, mais par celles qu'elle peut susciter ou qu'elle suscite habituellement: c'est la solution adoptée par *Signs, Language and Behavior*, où la signification d'un signe est définie comme la « disposition à répondre » qui l'accompagne normalement [42]. Pour sa part, les *Fondements*, tout en accordant à la notion de comportement une importance de premier plan (les règles syntaxiques, sémantiques et pragmatiques sont définies toutes trois comme des habitudes de comportement), ne précisent guère quels éléments ou quels aspects du comportement doivent particulièrement être pris en compte. Le comportement y est plutôt posé comme le terme, évident mais indéfini, auquel doivent être ultimement ramenées toutes les propriétés reconnues au langage, à défaut de quoi elles demeureraient irrémédiablement abstraites. Si la référence au comportement ou à l'usage est une condition suffisante du pragmatique, il s'agit d'une version généralisée, qui ne parvient pas à isoler un objet sémantique qui soit raisonnablement distinct des données considérées comme pragmatiques. Dans le cas des *Fondements*, le caractère ouvert et indéfini de la notion de comportement et l'imprécision de la relation qu'elle a avec celle de règle ont d'abord pour conséquence la circularité de la définition de la règle sémantique, puis l'externalisation de la pragmatique pour ce qui est de son articulation sur une théorie du sens.

La définition de la règle sémantique est circulaire en ce que les deux éléments qu'elle comporte se présupposent l'un l'autre. Il est d'abord dit que les règles (syntaxiques, sémantiques et pragmatiques) existent comme des habitudes de comportement — ce sont des régularités inscrites dans la pratique des individus — et elles sont ainsi immanentes à cette pratique. Dans le cas des règles sémantiques, il est dit que le rôle qui leur est reconnu consiste à « déterminer dans quelles conditions un signe peut être appliqué à un objet ou à une situation » (FTS 7). En rassemblant ces deux éléments, on obtient le tableau suivant: l'usage des signes (en tant que forme de comportement) manifeste des règles, lesquelles établissent des relations sémantiques, qui définissent les conditions de l'usage. L'usage des signes, ou le comportement signifiant, se trouve ainsi être à la fois le *definiens* et le *definiendum* (ou, dans une perspective explicative, l'*explicans* et l'*explicandum*) de la définition de la règle sémantique.

L'élément le plus important de cette définition est vraisemblablement la notion de «conditions d'usage», car la fonction essentielle de la règle sémantique est de déterminer ces conditions. Or, une des questions cruciales auxquelles une pragmatique (ou une sémantique sensible au pragmatique) doit aujourd'hui faire face est celle de savoir dans quelle mesure les conditions effectives de l'usage des signes peuvent être spécifiées. On ne trouve pas d'indications dans les *Fondements* quant à la nature éventuelle de ces conditions, mais il est certain qu'elles débordent la relation de désignation elle-même. En effet, cette relation unit le signe et son designatum (le genre *(kind)* ou la classe des denotata, dont l'extension varie en fonction des types de signes), tandis que la règle sémantique définit les conditions auxquelles cette relation de désignation (la dimension sémantique authentique, selon Morris) est soumise ou grâce auxquelles elle se réalise. Dans la mesure où Morris cherche à considérer la conception correspondantiste de la sémantique dans une perspective liée à l'usage, on ne peut identifier la relation de désignation à ses conditions. Il est toujours possible de passer ces conditions sous silence et de se contenter de dire que la relation de désignation répond à des contraintes situées hors d'elle (mais relativement auxquelles elle s'établit) sans entreprendre de les spécifier. L'usage et les conditions qui le définissent sont alors posés dans une règle sémantique d'autant plus riche qu'elle ne peut être décrite mais seulement reconnue dans ses effets, lesquels sont en nombre indéfini[43].

Morris précise cependant que le «signe dénote tout ce qui est conforme aux conditions stipulées *(laid down)* par la règle sémantique» (FTS 7), de sorte que les règles sémantiques doivent être spécifiables et toute la question gravite alors autour de la manière dont cette spécification peut être faite et du vocabulaire utilisé pour en faire état. Bien que les *Fondements* n'indiquent pas comment cette question peut être résolue, on peut penser que l'objet d'une théorie sémantique du type de celle dont le principe est esquissé est tout uniment l'ensemble des relations sémantiques qui unissent les signes d'un langage avec les objets et situations dénotés, et les conditions dans lesquelles ces relations sont effectivement instaurées. Dans la mesure où l'étude de ces conditions est maintenant l'un des domaines fortement revendiqués par une pragmatique et dans la mesure où ces conditions ne sont pas indépendantes du sens (en quelque acception que ce soit de ce mot), la définition de la règle sémantique proposée par Morris a des conséquences assez lourdes.

Elle conduit à l'externalisation de la pragmatique: l'objet de la sémantique comportant le double aspect de la relation de désignation (ou de la conception correspondantiste) et des conditions d'usage qui établissent cette relation, la pragmatique (en tant qu'autre de cette sémantique) ne peut avoir de prise sur le sens et se trouve ainsi condamnée à saisir le langage dans ses causes et dans ses effets, par exemple d'un point de vue psychologique, sociologique ou socio-politique. C'est du reste ce qui permet à Morris de conclure son exposé de la sémantique en disant: «(...) syntaxe et sémantique, prises ensemble ou séparément, peuvent avoir un degré d'autonomie relativement élevé» (FTS 8): la pragmatique ne vient plus s'ajouter à elles que pour assurer la complétion de l'édifice sémiotique.

En définissant la règle sémantique en fonction de l'usage, on s'expose ensuite, pour peu qu'on ait une conception quelque peu naturelle ou libérale de cet usage, à ruiner le projet d'une théorie sémantique ou, du moins, à limiter sa réalisation à la production de définitions générales (comme celle qui est donnée de la règle sémantique) ou à un examen philosophique d'un certain nombre de principes. Cette conséquence peut sans doute être allégée par le fait de choisir de ne définir que des relations sémantiques «standardisées», de façon à réduire au minimum la dépendance du sens par rapport aux usages réels. Si une théorie sémantique peut ainsi accroître ses espoirs de réalisation, l'adjonction de l'usage à la relation sémantique perd néanmoins en puissance et en intérêt à proportion de cette standardisation, et il ne s'agit plus alors que d'un usage qui est la projection sur le comportement des relations sémantiques jugées normales, le reste pouvant être considéré comme pragmatique.

Il est donc nécessaire de préciser la notion de comportement ainsi que sa relation à l'objet sémantique. L'assimilation de la signification aux comportements observés et aux situations où ces comportements surviennent, en plus d'exposer les signes à ne plus avoir de signification si aucun comportement n'est réputé être provoqué par eux, rencontre le problème de savoir ce qu'est une situation et quel type de description il convient d'en donner. La position de Morris est à cet égard quelque peu ambiguë: il retient des comportements leur forme générale (les «habitudes de comportement») et y voit la nature même des règles, mais il ne définit pas les situations dans lesquelles ces comportements s'inscrivent[44]. Le principe d'une approche behaviorale est accepté, mais la portée en demeure obscure : le comportement englobe la totalité de la distinctivité du langage.

D'un point de vue en quelque sorte stratégique, cela présente un énorme avantage, essentiel au projet de Morris de même qu'à plusieurs des entreprises auxquelles il s'apparente, qui est de permettre de faire l'économie de la notion même de signification. La section 12 des *Fondements* est consacrée à cette notion. Après avoir reconnu que le mot «signification» s'applique à des phénomènes très divers («Dans certains cas, le mot 'signification' fait référence aux designata, dans d'autres cas aux denotata, parfois à l'interprétant, dans d'autres cas à ce qu'un signe implique, dans certains usages ou processus de la semiosis en tant que tel, et souvent à la 'signifiance' *(significance)* ou à la valeur»), Morris recommande que ce soit la sémiotique tout entière (et non l'une quelconque de ses parties) qui soit chargée de traiter de ces phénomènes, de façon à éviter que ne soient invoquées les ombres d'une signification «en principe personnelle, privée ou subjective» et à laisser jouer un rôle à la totalité de la situation de comportement.

La signification se trouve alors reconduite pour son traitement à l'ensemble de ses conditions de possibilité et elle n'a plus que la commodité d'un nom pour ce qui est de son rapport à ces conditions. En dépit des dénégations de Morris, cette position est très proche d'un behaviorisme de type watsonien (en général taxé de «réductioniste»). Watson écrit en effet :

> Si vous admettez que le mot «signification» n'est qu'une manière de dire que, parmi toutes les façons qu'a un individu de réagir à un objet à un moment donné, il en choisit une, alors je n'ai rien à redire à ce mot... En d'autres termes, lorsque nous découvrons l'origine de toutes les formes du comportement d'une personne, connaissons les diverses variétés de son organisation, pouvons arranger ou modifier les situations qui susciteront une forme ou une autre de cette organisation, nous n'avons plus besoin du terme «signification». La signification n'est qu'une manière de dire ce que l'individu fait. Le behavioriste peut ainsi renvoyer la charge de la preuve à ses critiques. Ceux-ci ne peuvent expliquer ce qu'est la signification. Le behavioriste le peut, mais il ne croit pas que ce terme soit nécessaire ou même qu'il soit utile, sauf comme expression littéraire (1925 : 200-201).

La connaissance décrite par Watson qui rendrait superflu l'emploi du terme «signification» est considérable, si on en juge par l'ampleur des mesures assurant la prédictibilité de ce que recouvre ce terme. Quoi qu'il en soit, la signification perd selon cette approche tout privilège d'homogénéité ou de particularité qui en ferait un objet de recherche singulier.

Ces remarques conduisent à examiner de plus près le statut de la pragmatique dans les *Fondements* et les conditions de son «degré d'autonomie relativement élevé» par rapport à la sémantique (et à la syntaxe). C'est par l'ajout de cette pragmatique chez Morris que le coup d'envoi a été donné à la quête dans laquelle la théorie du langage est maintenant engagée et c'est à la suite de cette intuition de Morris que diverses propositions ont été faites pour remplir l'espace dont il a défini une des formes possibles.

2.3. La pragmatique

L'ensemble des propositions, des définitions, des thèses que Morris présente dans chacun des domaines qu'il distingue poursuit deux buts. Il s'agit, d'une part, de définir ces domaines de façon à ce que des problématiques aussi spécifiques que possible puissent y être élaborées et, d'autre part, d'intégrer les domaines ainsi définis à la structure d'ensemble de la sémiotique. La pragmatique esquissée dans les *Fondements* répond à ce double objectif.

Un des effets majeurs de l'idée contemporaine d'une pragmatique a été d'ébranler la conception habituelle de la systématicité et de l'autosuffisance d'une théorie du langage composée des seuls domaines de la syntaxe et de la sémantique. (C'est du reste ce qui fait que la pragmatique est en quelque sorte réactionnaire aussi bien que révolutionnaire : elle s'insurge contre une conception du langage qui pour certains incarne l'idée même du progrès : une syntaxe mûre et une sémantique en plein essor.) Pour de nombreux théoriciens, l'admission de la pragmatique semble devoir signifier la fin des entreprises qui tiennent le langage pour une construction systématique, de sorte qu'il conviendrait plus de neutraliser les aspects pragmatiques, ou du moins de les traiter dans les cadres déjà établis, que de définir pour eux une conceptualité nouvelle. Pour sa part, Morris — c'est là une part essentielle de son apport — a maintenu l'importance et l'irréductibilité de la pragmatique, tant dans l'optique programmatique des *Fondements*, où les trois composantes reçoivent un accent égal, que dans *Signs, Language and Behavior*, où l'abandon de la distinction entre syntaxe, sémantique et pragmatique est l'occasion de généraliser la dimension pragmatique à la totalité de l'étude du langage. Compte tenu de ce que nous avons vu de la dimension sémantique de la semiosis, dans quels types de questions la pragmatique proposée par Morris trouve-t-elle à se constituer ?

A la lecture des sections 9, 10 et 11 des *Fondements*, consacrées à la pragmatique, on peut repérer trois «instances» dans lesquelles l'idée d'une pragmatique se constitue; ces trois instances témoignent de l'extension variable du domaine dans le programme défini par Morris.

La première est la plus englobante: c'est celle qui définit la totalité du langage en termes de comportement. Selon cette instance, la pragmatique a un statut différent des deux autres composantes sémiotiques, car les relations établies par la syntaxe et la sémantique ainsi que les règles qui les gouvernent, étant décrites comme des formes de comportement, sont alors considérées comme des abstractions élaborées à partir d'une réalité pragmatique. Cette version est particulièrement manifeste dans le cas de signes qui ne sont pas construits délibérément pour des fins particulières (comme le sont les langages formels) et qui sont enchâssés dans la pratique humaine. Cette instance correspond à ce qui, chez Morris tire parti du pragmatisme américain (Peirce, Mead, Dewey, James) et du développement du behaviorisme pour fondre ensemble les deux mouvements de pensée. L'état indéfini des notions d'usage et de comportement fait de cette version la plus indistincte de toutes celles que la pragmatique peut recevoir. Elle se fonde sur l'idée avancée par Peirce que l'interprétant est en dernière analyse une habitude, pour généraliser ce caractère d'habitude à tout ce qui peut être distingué dans l'analyse du langage. Elle ne permet guère d'autre spécificité pragmatique que l'évidence de l'usage du langage, même si on estime que la réalité de cet usage marque effectivement les objets dont la syntaxe et la sémantique s'occupent. Pour que cette spécificité trouve à se constituer, il faudrait que l'influence que la dimension pragmatique exerce sur ces objets soit explicitée, ce qui n'est que ponctuellement le cas. Les aspects pragmatiques demeurent omniprésents, mais relativement banals[45].

La seconde instance est celle qui, quoique avec une généralité encore considérable, a le plus façonné la pragmatique telle qu'elle apparaît à une fraction importante de ceux qui la pratiquent de nos jours: il s'agit d'une pragmatique qui a pour but d'étudier «les aspects 'biotiques' de la semiosis, c'est-à-dire (...) tous les phénomènes psychologiques, biologiques et sociologiques qui apparaissent dans le fonctionnement des signes» (FTS 9). La pragmatique devient alors un domaine occupé par des disciplines empiriques qui consacrent son état d'externalité: elle vient redoubler, en les enrichissant mais sans les modifier, les aspects du langage dont s'occupent les disciplines théoriques. Il n'y a pas de raison de limiter *a priori* le nombre de ces disciplines à celles qui sont mentionnées par Morris, car, selon le critère général de la relation à l'interprète, seraient admissibles au titre de disciplines pragmatiques tous les champs d'étude qui traitent d'une quelconque réalité de la pratique du langage[46].

Chez Morris, le fait de confier à la psychologie et à la sociologie et, comme fondement de cette dernière, à la biologie le soin de réaliser la pragmatique visée a pour effet, par un recours à des discours positifs, de donner aux interprétants peirciens une fermeté contrôlable par des rationalités (théoriquement) scientifiques et de limiter leur progression — dont on a vu qu'elle est passablement ouverte — à ceux qui permettent d'aménager la notion peircienne d'habitude sous une forme immédiatement accessible à une consignation factuelle. Les interprétants deviennent alors des existants bien déterminés qui, avalisés par un traitement scientifique, permettent à la pragmatique de trouver un domaine où s'affirmer sans trop de collusions avec la syntaxe et la sémantique, même si le prix à payer est une irrémédiable externalisation pour ce qui est du sens. Relativement à l'intention de Morris, qui est de rappeler aux approches formelles l'existence d'une autre dimension des signes, cette situation présente des aspects positifs, mais considérés du point de vue de l'établissement de la pragmatique comme une étude du sens, elle est plutôt insatisfaisante.

Une part importante du projet de Morris est de considérer la science d'un point de vue sémiotique, c'est-à-dire en tant que constructions signifiantes, et de mettre ainsi la philosophie en position d'aspirer au même statut que ces sciences[47] grâce à l'*organon*[48] de la sémiotique. Son optimisme quant à la puissance conciliatrice de la philosophie comme arbitre des rationalités, associé au caractère encore programmatique de l'entreprise, favorise une attitude ouverte quant à l'accueil des disciplines appelées à fournir les différentes pièces de l'édifice sémiotique. L'existence de conceptualités immédiatement disponibles, et plus assurées de leurs moyens que d'autres versions concevables de la pragmatique, permettant une formulation où l'intuition trouve tout de suite des images familières sur lesquelles s'appuyer, la psychologie et la sociologie se trouvent assez naturellement choisies comme disciplines pragmatiques exemplaires et fondatrices.

La troisième instance, qui ne se manifeste guère dans les *Fondements* que par quelques exemples, n'en est pas moins indicative d'une tendance centrale de l'intuition pragmatique : Morris mentionne quelques phénomènes, cette fois inscrits dans l'expression linguistique et non dans ce qui cherche à l'expliquer, devant lesquels une sémantique correspondantiste doit manifestement s'arrêter. Les exemples qu'il considère sont des formules impératives, des termes de valeur *(value terms*) — par exemple, des termes d'appréciation comme «heureusement» qui manifestent l'attitude du locuteur eu égard à un état de choses —, ou des exclamations comme «Bonjour!», etc.. On ne peut rendre compte de telles expressions en ayant recours à la représentation instaurée par une quelconque relation sémantique, mais seulement en posant une autre fonction du langage, la fonction d'expressivité. Cette fonction est en accord avec la définition générale de la dimension pragmatique : d'un point de vue pragmatique, les signes, écrit Morris, expriment leurs interprètes. Comme on le verra[49], d'autres auteurs trouveront dans cette expressivité la spécificité pragmatique véritable. Cette troisième instance permet de donner une version raisonnablement plus étroite de la pragmatique, car celle-ci est alors invoquée pour s'occuper de phénomènes qui correspondent à certaines formes de l'expression. On ne sait cependant trop quelle extension leur accorder, car il est possible que toute expression et tout énoncé comportent une dimension d'expressivité (un peu comme, a estimé Austin, tout énoncé comporte une dimension illocutoire), de sorte que la dimension d'expressivité serait plus générale que ce que permettraient de conclure les phénomènes d'abord identifiés. Notons de plus que la question se pose de savoir quelle est la nature de cela qui est exprimé et de quel type doit être le vocabulaire qui peut en rendre compte.

Une quatrième instance peut d'ailleurs à cette occasion être ajoutée aux trois précédentes : elle serait fournie par l'existence d'un vocabulaire théorique. Morris avance l'idée que, au nombre de tous les termes qui constituent l'armature conceptuelle de la sémiotique, certains sont spécifiquement pragmatiques. Les exemples qu'il présente sont les termes de «prise de connaissance», «interprète», «interprétant», «convention», «vérification», et «compréhension» (FTS 9). Ce qui permet de définir ces termes comme pragmatiques, c'est le fait qu'ils nomment des aspects de la semiosis qui sont relatifs à l'usager des signes. Cette spécificité pragmatique est cependant définie négativement, de ce que ni la syntaxe ni la sémantique (en un sens normal) ne peuvent en rendre compte; c'est par conséquent à la pragmatique qu'il reviendrait de les théoriser. C'est cependant plus la philosophie du langage tout entière qu'une quelconque pragmatique qui s'est occupée de la théorisation ou de l'analyse de ces termes. Morris mentionne par ailleurs une autre série de termes, qui appartiennent cette fois à la généralité de la sémiotique en tant qu'elle ne peut être réduite à la somme de ses parties constituantes. Il s'agit des termes «signe», «langage», «vérité» et «connaissance», dont il est dit qu'ils comportent «des composantes pragmatiques importantes» (FTS 9). Les deux premiers termes doivent leurs aspects pragmatiques à ce qu'ils ont trait à la totalité de la théorie, tandis que les deux autres, colorés par ce qui chez Morris associe positivisme européen et pragmatisme américain, tirent justement ce caractère allégué de cette association : que la vérité et la connaissance comportent des aspects pragmatiques tient à une philosophie générale de la vérité et de la connaissance, qui n'est malheureusement pas développée dans les *Fondements*. La visée d'une telle philosophie est toutefois nette : elle consiste simplement à ne rien négliger de ce qui est jugé pertinent dans le fonctionnement des signes, et des termes comme «usage» et «comportement» ont pour fonction de recueillir tout ce qui est afférent à l'action et d'assurer minimalement cette généralité.

2.4. Evaluation

Morris reprend la notion peircienne d'interprétant, en donne une formulation qui convient à l'existence de rationalités établies (psychologie et sociologie) et fonde sur elle la portion de la sémiotique qui s'appelle «pragmatique». Ce faisant, il pose deux possibilités relationnelles : 1) les notions pragmatiques redoublent les notions sémantiques (les relations sémantiques existent dans l'usage du langage), 2) elles ont trait à une réalité autre, sans relation, ou du moins sans relation directe, avec l'objet sémantique. Dans l'exposé de Morris, ces deux possibilités s'entrecroisent. La première fixe l'orientation pragmatique de toute son approche et pose que les relations doivent globalement être ramenées aux usages qui les autorisent. La seconde vise à faire passer cette pragmatique de la perspective au discours : il ne suffit pas de considérer les relations sémantiques dans l'optique de l'usage, il faut de plus pourvoir cette perspective d'une conceptualité qui lui soit propre, de manière à ce qu'elle parvienne à désigner une réalité distincte. Cette réalité, Morris la trouve dans l'habitude de comportement (objet général) et dans les facteurs psychologique et sociologique qui la déterminent (objet spécifique). L'objet général ne réussit qu'à ancrer un projet plus.ou moins philosophique, tandis que l'objet spécifique est confié à des discours déjà accessibles[50]. Cette oscillation de la perspective au discours se montre bien dans le passage suivant :

Comprendre un langage, c'est employer uniquement ces combinaisons (...) de signes qui ne sont pas interdites par l'usage du groupe social en question, c'est dénoter les objets et les situations comme le font les membres de ce groupe, c'est avoir les attentes que les autres ont quand certains véhicules du signe sont employés, et c'est exprimer son propre état comme les autres le font; bref, comprendre un langage ou l'utiliser correctement, c'est suivre les règles d'usage (syntaxiques, sémantiques et pragmatiques) acceptées dans la communauté sociale (FTS 10).

Version sociologique du conventionnalisme linguistique, cette position revient soit à dire qu'il n'y a pas d'idiolecte pur et que chacun parle un peu comme autrui soit à définir la totalité d'une recherche, celle qui consisterait à définir quelles sont en fait les règles syntaxiques, sémantiques et pragmatiques d'une communauté. Si le pragmatique est généralisé de telle manière que toute régularité observée est finalement affaire de comportement, alors c'est le redoublement qui caractérisera les relations de la pragmatique avec son altérité présumée. Par contre, si on souhaite que la pragmatique trouve sa spécificté dans une réalité propre, l'espace pragmatique peut être occupé par les différents facteurs qui assurent la convergence des pratiques sociales. La place est alors ouverte à tous les discours qui entreprennent de prendre en charge les divers types de causalité, de contrainte, de finalité qui seront reconnus comme actifs dans l'établissement de cette convergence.

Si l'entreprise de Morris n'est pas parfaitement concluante pour ce qui est des relations que sémantique et pragmatique sont susceptibles d'entretenir, il n'en demeure pas moins que ce qui fait l'originalité de sa contribution ne saurait être réduit à néant: ce n'est pas parce que la pragmatique est perplexe quant à sa propre nature ou parce que ses relations de voisinages sont problématiques que le souci devrait s'en abolir. Au-delà de ce qui présente la commodité d'un nom ou l'exhortation à une perspective (considérer les objets linguistiques selon leur usage), Morris a signalé aux syntacticiens et aux sémanticiens, facilement oublieux, qu'il existe un autre aspect des signes et les a invités à l'intégrer à l'intérieur de l'édifice global de la sémiotique. Que cet aspect soit à la recherche de son identité et de sa conceptualité ne rend pas entièrement inexistant ce qu'il a tenté d'identifier.

NOTES

[1] L'appellation et l'« esprit » de la semiosis sont peirciens. Peirce écrit : « il est important de comprendre ce que j'entends par 'semiosis'. Toute action dynamique ou toute action de force brute, physique ou psychique, se joue entre deux sujets (...) ou résulte d'une action entre paires. Mais, par 'semiosis' j'entends au contraire une action ou une influence qui est ou qui implique une action entre trois sujets, tels qu'un signe, son objet qui est ou qui implique une action entre trois sujets, tels qu'un signe, son objet et son interprétant, cette influence tri-relative n'étant en aucune façon réductible à des actions entre paires. » (*Collected Papers* 5.484; trad. Deledalle, *in* Peirce (1978)).

[2] Ce caractère facultatif de l'interprète se trouve également chez Peirce : de la même façon qu'il est extrêmement difficile d'établir si l'interprétant peircien est ou non de nature mentale, l'anthropologie supposée par l'ensemble de la sémiotique peircienne demeure ambiguë, car l'effet du signe est dit s'exercer « sur une personne », mais Peirce confesse qu'il s'agit là d'un ajout, qu'il a fait « comme pour jeter un gâteau à Cerbère » (*Letters to Lady Welby*, p. 29), désespérant de se faire comprendre autrement.

[3] J'utilise ce terme curieux pour désigner ce qui, indépendamment du découpage que sémantique et pragmatique appliquent diversement au sens, joue un rôle, à quelque niveau que ce soit, dans l'expérience du langage. Ce terme est par conséquent extrêmement vague et doit être explicité par des distinctions ultérieures.

[4] Cette filiation a cependant fait l'objet de nombreuses contestations pour ce qui est du respect de la pensée de Peirce, que Morris aurait trahie; cf. en particulier Dewey (1946). En ce qui concerne la position de Morris quant à cet héritage, voir Morris (1937a) et (1937b).

[5] Il faut néanmoin souligner la nécessité d'une exégèse minutieuse dans le cas des écrits de Peirce, car rarement pensée fut aussi mal et partiellement comprise. Cette remarque peut s'appliquer aussi à l'auteur de ces lignes.

[6] Les chiffres entre parenthèses font référence aux *Collected Papers of C.S. Peirce*; le premier chiffre renvoie au volume, les chiffres suivants au paragraphe.

[7] Trad. Deledalle, *in* Peirce (1978 : 117).

[8] Je traduis. D'autres variantes sont souvent citées, par exemple par Granger (1968 : 114) : « Un signe ou 'representamen' est « une chose reliée sous un certain aspect à un second signe, son 'objet', de telle manière qu'il mette en relation une troisième chose, son 'interprétant', avec ce même objet, et ceci de façon à mettre en relation une quatrième chose avec cet objet, et ainsi de suite *ad infinitum*... ». Ces variantes importent peu pour l'usage qui est fait ici de la définition générale. Notons cependant que l'engendrement des interprétants est, selon le fragment cité par Granger, ouvert *ad infinitum*. En 2.274, Peirce stipule que « le Troisième doit en fait avoir une telle relation [à l'objet] et doit ainsi pouvoir déterminer un Troisième qui lui est propre *(of its own)* (...). Cela doit également être vrai des Troisièmes du Troisième, et ainsi de suite, sans fin *(endlessly)* ». Cet élément de la définition est important, dans la mesure où une théorie pragmatique du sens qui s'inspirerait d'une telle définition se verrait soumise à un état d'ouverture auquel elle devrait mettre fin d'une manière ou d'une autre, à défaut de quoi elle se verrait ravir perpétuellement la promesse de son achèvement ou même la saisie d'un quelconque objet. En vertu de cette définition, notons-le, l'ouverture infinie (ou indéfinie) des interprétants est une propriété essentielle de la relation de signification et non un accident qui la frapperait parfois.

[9] C'est sur cette voie que Morris s'engagera, de manière assez neutre dans les *Fondements*, où la conception causale de la signification n'est étayée que par la possibilité d'une utilisation du cadre conceptuel de la psychologie behaviorale, et d'une façon beaucoup plus marquée dans *Signs, Language and Behavior* — qui est en quelque sorte une « grammaire de la causalité » — en considérant le signe comme la cause d'un

comportement, en comprenant l'interprétation comme la réalisation d'un comportement manifeste, etc. Certaines idées peirciennes (un recours important à la notion d'habitude, la définition de l'interprétation comme une disposition à agir) s'ajoutent à l'orientation radicalement anti-mentaliste de Morris pour conférer chez lui à l'interprétant une solidité positive qu'il a moins nettement chez Peirce.

[10] Cette idée se trouve dans Granger (1968:115): «L'interprétant est un *commentaire*, une définition, une glose sur le signe dans son rapport à l'"objet'. Il est lui-même expression symbolique». L'interprétant participe ainsi à la fois du signe, dont il «commente» le rapport à l'objet, et de l'objet (qui, chez Peirce, est moins une chose qu'une «idée») qu'il élabore. Il faut insister, à la suite de Granger, sur le fait que l'interprétant est lui-même inscrit dans une structure symbolique plutôt que d'être, comme on semble parfois le penser, une évocation totalement indépendante de l'expression. Il demeure néanmoins que le mot «commentaire» présente des difficultés qui ne sont pas totalement réduites par cette inscription dans le symbolique.

[11] Dans un article sur la représentation du contenu en linguistique, J.P. Paillet (1974) suggère la représentation spatiale suivante de l'interprétation:

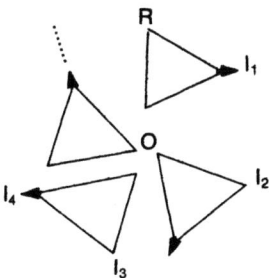

Le problème qui occupe Paillet est de savoir comment aménager dans une description du contenu les unités qui manifestent une proximité relative dans la structure globale de la signification. Il trouve dans la définition de Peirce une «justification de [sa] réticence à distinguer une composante centrale et bien attestée, dans l'ensemble de la signification» (1974:45) et choisit de placer le representamen (R) sur le même plan que les interprétants: «Le tableau de la situation de la linguistique qui se dégage est le suivant: le fondement de notre objet d'étude semble être la semiosis elle-même, dans laquelle la prise en compte d'un objet sonore médiatise de nouvelles prises en compte (...) des mêmes objets, et ainsi de suite. Du point de vue de l'observation, la succession des prises en compte successives est de plus en plus difficile; en conséquence, il est concevable que le renforcement mutuel, dans une communauté, de ces 'interprétants lointains' sera beaucoup plus faible, et leur apparition et persistance dans un individu, moins probables» (1974:45-46). «Du point de vue de l'observation», comme l'écrit l'auteur, et par conséquent du point de vue de la description, on a une distribution quasi continue des interprétants avec un affaiblissement progressif, sinon de leur relation à l'objet, du moins de leur possibilité d'occurrence. Les interprétants les plus «lointains» sont voisins de ce qu'on appelle (pour utiliser ce mot un peu surmené) les connotations, en ce qu'il devient impossible de distinguer de manière catégorique un «sens dénotatif» et un «sens connotatif». En favorisant les tendances interprétatives les plus marquées, le théoricien tronque nécessairement les suites d'interprétants, sans forcément supposer pour autant qu'une dichotomie entre deux types ou deux régimes de sens existe dans la «réalité» de la pratique linguistique. L'intérêt qu'il y a à présenter l'interprétation comme un processus de plus en plus «étalé» et qui inclut la saisie du representamen lui-même vient de ce que le signe inducteur ne doit plus le privilège de sa «primarité»

(firstness) qu'au fait qu'il a été isolé le premier dans la chaîne interprétative, de sorte qu'il a quant à l'objet un rapport plus direct que les autres interprétants, dont il ne se distingue pas autrement. De ce point de vue, l'objet potentiel de la description sémantique, pour s'en tenir aux préoccupations de l'auteur, est bien l'*ensemble* des interprétants. C'est l'analyste qui peut choisir de limiter son attention à la seule relation du representamen à l'objet, qui peut être présentée comme une relation de désignation ou de représentation.

[12] La formulation utilisée par Récanati *(passim)* est que «dans le sens d'un énoncé se réfléchit le fait de son énonciation«». La manière dont cette réflexivité est effectivement active dans le sens de l'énoncé est fonction de la dépendance plus ou moint forte que le sens de l'énoncé a par rapport au contexte où son énonciation survient. Les cas étudiés par Récanati sont des cas de dépendance forte (performativité et indexicalité), mais on peut estimer que, si le contexte ne peut jamais être réduit à une absolue neutralité, cette réflexivité est toujours présente et potentiellement active.

[13] Dans une lettre à Lady Welby, Peirce définit le signe comme «toute chose qui est déterminée d'une certaine manière par une autre chose (...) et qui détermine à son tour un «effet» sur une personne, effet que j'appelle son 'interprétant'».

[14] Cette première classification semble dater de 1908.

[15] 4.536; trad. Deledalle, *in* Peirce (1978:189).

[16] *Ibid.*

[17] *Ibid.* Peirce ajoute: «J'avoue que ma propre conception de ce troisième interprétant est encore quelque peu nébuleuse».

[18] Trad. Deledalle, *in* Peirce (1978:130).

[19] Trad. Deledalle, *in* Peirce (1978:135).

[20] Trad. Deledalle, *in* Peirce (1978:130).

[21] La dynamique dont il est question ne doit pas être assimilée aux interprétants dynamiques de Peirce. Elle cherche à désigner ces aspects de l'interprétation qui ne sont pas assignables à des interprétants spécifiques et qui en sont le moteur.

[22] L'exemple des associations «libres» dont on doit une première élaboration à Sir Francis Galton (cf. Galton (1879) et (1907)) peut être invoqué comme un cas-limite de cet écart. Galton avait l'habitude — comme le rapporte G.A. Miller dans sa préface à Crovitz (1970) — de faire quotidiennement une promenade sur une distance donnée à Pall Mall, Londres, et de noter soigneusement les pensées qu'il associait à ce qu'il voyait. Quoique ces associations n'aient pas été contrôlées par un quelconque critère sémantique, même en un sens très large, et qu'elles s'effectuaient dans une activité mentale nourrie de toute l'histoire du sujet, on peut les rapprocher des interprétants: elles produisent ou élaborent, d'une manière plus ou moins idiosyncrasique, le sens des objets-signes observés. L'idée est que la liberté de l'association qu'il s'agit de saisir est pondérée par le fait que Sir Galton *note* ses associations sur ses carnets: alors qu'il s'agissait de capturer la dynamique «naturelle» de l'interprétation (c'est en ce sens que ces associations sont libres), la notation et la relative réflexivité qu'elle suppose introduisent dans le paysage mental inscrit une distinctivité qui ne se trouve pas forcément dans la dynamique des associations suscitées. Galton écrit et impose ainsi au flux de ses associations une forme née de la réflexivité et marquée par la discontinuité inhérente à l'écriture.

[23] Une telle pragmatique, si elle était explicitée, ou même explicitable, serait en fait plus une pragmatique du discours sémantique qu'une pragmatique «de premier degré».

[24] Paillet est d'une grande prudence dans le maniement de cette distinction: «En somme», conclut-il après en avoir présenté quelques aspects disputés, «on pourrait dire que les avatars de la connotation résultent de la manie dichotomique: ayant identifié un aspect d'un objet d'étude, on lui donne un nom, ce qui est légitime; mais on est aussi tenté de donner un nom au 'reste', qui est en général hétérogène» (1974:46).

[25] Cette évidence ne signifie cependant pas que cette idée soit sans problèmes : il arrive souvent que ce qu'on appelle «sens» dépende du contexte, la notion de communication est si vague que lui confier la totalité des significations risque de n'être qu'une manœuvre dilatoire, l'opposition des langues formelles et des langues naturelles que cette idée permet habituellement d'exprimer sous la forme de deux vocations distinctes (une vocation à la représentation et à l'effectuation et une vocation à la communication) demeure assez lâche, etc.

[26] Sapir disait de la langue qu'elle n'est que «sticks and poles, and nothing in between», c'est-à-dire un système structural. Les sens peuvent être vus comme la face signifiée de ce système, tandis que les significations rempliraient en quelque sorte les «creux» laissés par l'armature des sens.

[27] Frege utilise le mot «Färbung» pour désiger les traits de la signification qui ne jouent aucun rôle dans la détermination de la valeur de vérité des propositions, tandis que le «Sinn» (sens) désigne ce qui est déterminant pour fixer ces valeurs de vérité. *Caeteris paribus*, cette distinction est proche de la distinction que fait Granger entre sens et signification. Sur l'aspect frégéen de la question, voir Dummett 1973 : 1-7 et 83-88.

[28] Les métaphores se réalisant en expressions dites «figées» sont des exemples de cette tendance à la conventionalisation. Nul ne songerait à accorder à une expression comme «Tu es mon bâton de vieillesse, ma fontaine de Jouvence, mon colibri farceur, ma choucroute garnie, mon oiseau en sucre, etc.» quoi que ce soit qui serait son sens littéral. A proportion de l'improbabilité d'une interprétation littérale, c'est peut-être le sens «figuré» qui doit être posé comme le sens premier et non dérivé.

[29] Par exemple, tout bruit ou toute parole qui se fait entendre dans une «maison endormie» peut signifier la présence de cambrioleurs, les autres interprétants possibles étant neutralisés et ce bruit ou cette parole devenant un index.

[30] Un métaphysicien qui, ulcéré par l'incompréhension qu'il trouve chez son adversaire, par exemple un bon analyste d'Oxford, et qui lui dit «Bon, ça va, the cat is on the mat!» peut vouloir dire quelque chose comme «Vous m'ennuyez» ou «C'est tout ce que vous pouvez comprendre», mais très accessoirement que «the cat is on the mat», qu'il dit néanmoins.

[31] On doit à ce chapitre mentionner tout particulièrement les travaux entrepris par Grice et à sa suite sur la distinction entre «signification naturelle» et «signification non naturelle» et les divers types de relations qu'elles entretiennent. Grice (1957) présente comme des cas de «signification naturelle» des phrases comme «Ces taches signifient qu'il a la rougeole» ou «Le dernier budget signifie que nous aurons une année difficile» et comme des exemples de «signification non naturelle» des phrases du genre «Ce symbole signifie qu'il y a danger de mort».

[32] On verra au chapitre 6 deux cas où la notion de communication intervient de façon cruciale dans le débat touchant cette frontière. Il s'agit ici de souligner le fait que, si cette notion ne saurait être négligée, on ne dispose pas pour autant d'une conceptualité permettant de la traiter au-delà de son évidence première. Il peut ainsi se trouver que la notion de communication ne serve qu'à faire une opposition générale entre langue naturelle et langage formel, sans être explicitable plus avant.

[33] Formé dans la tradition du pragmatisme américain tel qu'il a été développé en particulier par G.H. Mead, Morris a eu l'occasion de collaborer avec la «dernière génération» du Cercle de Vienne, qui poursuivait un projet d'analyse et d'unification de la science sur la base d'une théorie générale du langage (de la logique en particulier), ce qui lui a permis de rapprocher une perspective fortement inspirée des sciences humaines qui se développaient alors des préoccupations épistémologiques et logiques des positivistes viennois. C'est dans le contexte de ce rapprochement que l'intuition pragmatique s'est d'abord établie. A ce sujet, voir Morris 1935a, 1935b, 1936, 1937a et 1938b.

³⁴ Les logiciens dont Morris dit que les travaux l'ont guidé sont, outre Leibniz dont l'«art formel» représente plus un ancêtre ou un idéal qu'une source d'inspiration directe, Boole, Frege, Peano, Peirce, Russell, Whitehead et Carnap (cf. FTS 5).
³⁵ On trouvera au chapitre 3 quelques remarques sur le statut de la linguistique et des langues naturelles chez Carnap.
³⁶ Cette analyse est très proche des procédures des linguistes structuralistes néo-bloomfieldiens, en particulier des analyses dites «de constituants immédiats» *(immediate constituents analysis)* pratiquées par Wells, Hockett, Nida, etc.
³⁷ Il est bien sûr possible d'établir des corrélations socio-syntaxiques, comme le montrent nombre de travaux poursuivis en socio-linguistique à la suite de Labov, mais on constate que les facteurs sociaux affectent plus les structures syntaxiques mineures (double négation, double quantification, etc.) que les structures majeures.
³⁸ En tenant cependant compte de la distinction qui est ordinairement faite entre l'usage référentiel et l'usage attributif des noms (par exemple, la description «l'assassin de la petite vieille du troisième» peut être utilisée pour faire référence à un individu *identifié* par ailleurs et se substituer ainsi à son nom, mais elle peut aussi servir à attribuer une qualité à *qui que ce soit* qui répond à la description), de même que des phénomènes d'opacité référentielle (un contexte «opaque» étant un contexte où deux expressions qui ont une même référence ne peuvent être substituées l'une à l'autre *salva veritate*: pour prendre un exemple connu, il est vrai que Jocaste est la mère d'Œdipe et qu'Œdipe veut épouser Jocaste, mais il n'est pas vrai qu'Œdipe veut épouser sa mère (car, sachant qu'elle est sa mère, il ne serait pas dans les mêmes dispositions à son endroit)).
³⁹ Les idées de Reichenbach sur la nature expressive de la dimension pragmatique sont présentées plus bas, chap. 3, sect. 2.
⁴⁰ L'hypothèse du «physicalisme», selon laquelle «chacune des phrases de la psychologie peut être formulée dans des termes physiques» (Carnap (1931-32:165)), avancée par certains membres du Cercle de Vienne, peut être considérée comme le correspondant épistémologique du behaviorisme en psychologie. Dans l'élaboration de l'*Encyclopédie de la science unifiée*, c'est Egon Brunswik qui s'est occupé des aspects psychologiques de l'entreprise (*The Conceptual Framework of Psychology*, EUS, vol. I, n° 10).
⁴¹ On trouvera quelques détails supplémentaires sur les positions de Bloomfield sur cette question au chap. 3, note 8. Ce type de définition a été fréquemment repris par des théoriciens de diverses disciplines. Ainsi, à partir d'une définition comme celle de Watson (la signification «est simplement la réaction invoquée par un stimulus» et par «rien d'autre que ce que fait l'individu», de sorte que «si l'on détermine expérimentalement toutes les réponses organisées qui sont faites à des stimulus donnés, on épuise la signification» (1924)), on a vu naître diverses positions, comme celle de Mead, pour lequel la signification d'un signe est la réponse qu'il évoque, laquelle réponse n'est pas nécessairement consciente («Cependant, lorsque la réponse à un stimulus est faite inconsciemment, il n'y a pas de perception *(awareness)* de la signification dans l'acte, et sans conscience il ne peut y avoir réaction à un symbole signifiant» (1938)) ou celle de Noreen, qui introduit une distinction entre la «signification occasionnelle» (le contenu d'une unité dans une situation donnée) et la «signification usuelle» (la signification commune, dégagée de toutes les significations occasionnelles). Cette distinction est reprise par Greenberg (1957) sous l'appellation de «signification interne» (la signification qui est conservée d'une situation à une autre) et de «signification externe» (la signification qui est liée à la fonction de l'énoncé dans la situation dont il fait partie). Ces diverses définitions sont reprises dans la question de l'évaluation du rôle du contexte dans une théorie de la signification, chap. 6.
⁴² Il semble, d'après Gochet (1972:116-18), qu'Ayer (1958) ait apporté une solution analogue à ce problème. L'idée d'Ayer est qu'un signe a tendance à susciter un compor-

tement analogue à ce qu'il signifie, mais qu'on peut néanmoins reconnaître une signification à un signe même s'il ne provoque aucun comportement manifeste. Ayer propose d'appeler «croyance» cet élément de la signification qui est distinct du comportement: si l'auditeur ne croit pas ce qui est dit, il peut ne pas réagir, et ce peut être parce qu'il croit qu'il réagit. «Etant donné que S est une phrase, p une proposition et A une personne, S signifie p pour A si le fait pour A de donner son assentiment à la phrase S est constitutif de sa croyance que p» (cité par Gochet). Le terme à définir est donc la croyance. Ayer en propose une définition en termes de comportements: croire que p, c'est agir d'une manière qui convient si p. La notion de «convenance» ou d'«appropriété» ne peut trouver sa définition — qui n'est pas donnée par Ayer — que dans des «moyennes» de comportements, dans des situations dont la normalité doit elle-même être spécifiée.

[43] Ainsi, entreprenant de définir le concept, Morris écrit (FTS 7): «Un 'concept' peut être considéré comme une règle sémantique qui détermine l'usage des signes caractérisants». Le concept est alors ce qui permet d'établir une relation entre un signe et la classe de ses denotata. On peut cependant penser que la classe des denotata n'est pas définie empiriquement et que les objets qui en font partie ont plus, pour utiliser une expression célèbre de Wittgenstein, un «air de famille» que des propriétés bien tranchées et totalement explicitables. Car air de famille se dégage de l'usage des signes relatifs à ces denotata et varie selon un certain nombre de facteurs, pratiques ou culturels. En admettant des concepts «naturels» (par opposition aux concepts scientifiques qui sont l'objet premier de l'*Encyclopédie*), Morris s'expose à ce que la règle sémantique qu'ils résument éclate en une pluralité d'indications partielles, elles-mêmes relatives aux situations dans lesquelles elles sont formulées. La difficulté tient ici moins à la nature des concepts en question — des concepts «flous» peuvent être parfaitement satisfaisants pour certaines fins — qu'au fait de définir les concepts comme des règles d'application des signes dans le cadre d'un usage.

[44] Notons que *Signs, Language and Behavior*, qui fait au comportement une place beaucoup plus grande et lui accorde le statut de notion-pivot, ne précise guère davantage la situation d'utilisation des signes.

[45] A cet égard; la tendance de certains auteurs à proclamer que le langage est d'abord affaire d'usage, de comportement, etc. est quelque peu dramatique, si elle ne parvient à rien d'autre qu'à avancer une conception du langage qui est, tout compte fait, aussi abstraite que celles de leurs adversaires, lesquels peuvent toujours rétorquer, comme cela a par exemple été le cas dans le débat qui a opposé Chomsky à Searle, qu'il est évident que le langage a une dimension pratique mais que cette dimension n'est pas forcément active dans la caractérisation qu'une théorie peut faire des objets linguistiques.

[46] Voir à ce sujet la liste, indicative, qu'en donne Carnap dans *Introduction to Semantics*, p. 10, et plus bas, chap. 3, sect. 1.

[47] Dans un texte antérieur à celui des *Fondements*, Morris présente comme un «fait accompli» la révolution de l'alignement de la philosophie «sur les méthodes et les résultats de la science» (1937:7). La philosophie a souvent eu plus de succès à se vouloir scientifique qu'à se réaliser comme science au-delà de ses formulation de principe; l'entreprise morrissienne n'échappe pas à ce destin et la «philosophie sémiotique» présentée tire plus son caractère scientifique de l'intégration qu'elle souhaite faire des diverses sciences qu'elle considère que de la maîtrise d'un discours qui aurait la même assurance.

[48] Cf. FTS 16. La sémiotique étant encore bien ouverte, elle peut être l'«organon» de bien des entreprises, pour peu que celles-ci aient la propriété minimale d'être constituées de signes. On trouvera quelques développements sur la relation entre science et sémiotique dans Latraverse (1986a).

[49] Voir plus bas, chap. 3, sect. 2.
[50] Une spécificité pragmatique n'est cependant pas assurée du seul fait qu'elle soit donnée à définir à des disciplines (empiriques) existantes. Après tout, la psychologie et la sociologie ne sont pas des discours si contrôlés que tout objet qu'elles traitent reçoive *ipso facto* les avantages d'une délimitation définitive.

Chapitre 3
La pragmatique chez Carnap et Reichenbach

0. Introduction

On peut difficilement considérer Carnap et Reichenbach comme des représentants centraux de la pragmatique telle qu'on la comprend actuellement et il est même probable, pour qui évalue les contributions philosophiques à l'aune d'une modernité passablement plus sophistiquée que les moyens qu'ils ont mis en œuvre pour en élaborer les premiers états, qu'ils feront davantage figure de vagues ancêtres dans une généalogie incertaine que d'authentiques précurseurs ou fondateurs. A l'époque où ils posaient ces premiers jalons, il s'agissait en fait beaucoup plus d'ouvrir un nouvel espace que d'en mesurer l'étendue avec précision, de faire accepter l'idée que le langage a une dimension pragmatique plutôt que d'en établir les propriétés d'une manière définitive et d'assigner une place aux recherches pragmatiques plus que de les développer effectivement. Cependant — et c'est d'abord cela qui constitue l'intérêt d'un examen des positions de Carnap et Reichenbach sur cette question — la manière dont ils ont fait une place au pragmatique, associée aux difficultés que pose chez eux l'entreprise consistant à le théoriser vont, par leur conjonction, au cœur de la pragmatique dans son ensemble, qui compose l'évidence de l'objet qu'elle cherche à saisir avec la fugacité de celui-ci. Chez l'un comme chez l'autre, bien que dans des contextes assez différents, le statut de la pragmatique souffre au départ d'une difficulté qu'on peut repérer dans de nombreux autres projets, à savoir une hésitation entre deux états : être une théorie s'adressant à un ensemble d'objets propres dont le caractère pragmatique serait mesuré par des critères assurés *ou* ne trouver comme domaine que certains aspects d'objets identifiés par ailleurs et caractérisés sémantiquement, mais qui ne sont pas susceptibles de se constituer en objets pragmatiquement indépendants.

Carnap et Reichenbach ont de plus en commun un souci majeur, qui est de définir les relations que cette pragmatique inchoative peut avoir avec les provinces mieux définies de la syntaxe et de la sémantique. Si cette entreprise conduit à des apories, c'est peut-être que la pragmatique «élémentaire»[1] que chacun a proposée est, en dépit de sa simplicité, plus fortement paradigmatique de l'intuition pragmatique que ce qu'on pourrait croire d'abord, car ces apories sont à plusieurs égards proches voisines de certaines de leurs versions contemporaines. A ce titre, les propositions pragmatiques de Carnap et de Reichenbach sont intéressantes aussi bien pour un examen critique de la conceptualité pragmatique actuelle que pour la récapitulation historique : cela qui chez eux se constitue et se dérobe en même temps comme pragmatique ressemble trop à ce qui se maintient encore sous ce nom pour lui être totalement étranger.

1. La pragmatique chez Rudolf Carnap

Au-delà des considérations qui précèdent, le fait d'accorder une attention particulière au statut de la pragmatique chez Carnap ne va pas sans appeler certaines justifications, car cette question n'occupe qu'une place assez mineure dans l'œuvre du logicien et les quelques passages où il prend position sur la pragmatique ne servent souvent qu'à en fixer grossièrement le domaine, de façon à permettre de passer à ce qui a été pour Carnap l'objet premier de la philosophie, à savoir la sémantique[2]. En revanche, la rareté des indications qu'il donne sur sa conception de la pragmatique et le prestige qui s'attache à son nom, du moins sous certains horizons intellectuels, ont eu pour effet que ces passages ont été très souvent cités, que l'on s'en est effet fréquemment réclamé et que les quelques éléments de définition qu'on y trouve ont été par conséquent très actifs dans la détermination d'un état de la question. De plus, il arrive que l'on fasse référence à la «pragmatique au sens de Morris-Carnap» (par exemple, Granger (1968 : 116)) et que les tentatives contemporaines de définition des relations qu'entretiennent syntaxe, sémantique et pragmatique reviennent en un même mouvement aux deux auteurs. Bien qu'il y ait entre eux des différences notables (en particulier pour ce qui touche la priorité accordée à chacune des branches de la sémiotique et à la possibilité d'une pragmatique pure), la participation de Carnap au projet de la science unifiée, l'aval qu'il a donné à l'idée d'une théorie sémiotique de la science et sa reprise de la tripartition originale de Morris sont autant d'indices d'une assez grande proximité d'intérêts, comme le manifestent les définitions générales qui sont données des tâches de la sémiotique et des domaines qui la composent.

Pour péremptoires qu'elles aient été aux différents moments où elles ont été adoptées, les positions de Carnap montrent, considérées dans leur succession, une grande souplesse d'adaptation aux critiques dont elles ont fait l'objet et aux suggestions de modification qui leur ont été apportées. Le dogmatisme qu'on lui reproche souvent (assez dogmatiquement, du reste) répond d'abord à une volonté de définir clairement l'état des questions d'après la connaissance qu'on en a, plutôt qu'à l'assurance de vérités définitives et la pragmatique telle qu'il l'a conçue n'échappe pas à la règle : il a successivement esquissé deux conceptions de la pragmatique, l'une très voisine de celle de Morris, l'autre, qui a été en fait plus annoncée qu'énoncée, plus proche de tendances récentes et plus théorisantes. Les paragraphes qui suivent présentent brièvement ces deux conceptions et formulent quelques commentaires.

1.1. La pragmatique empirique

Le principal trait de la première conception carnapienne de la pragmatique est son caractère relativement adventice par rapport à la syntaxe et à la sémantique. Il semble que l'idée d'une pragmatique ait dans un premier temps été amenée par une espèce de «principe de tolérance» (ressemblant à celui qui porte ce nom dans *The Logical Syntax of Language* (1937:51 sv) et qui s'énonce: «Notre travail ne consiste pas à définir des interdits, mais à parvenir à des conventions») par lequel on a cherché à ne pas exclure d'entrée de jeu des recherches qui peuvent venir compléter les domaines établis, sans entrer en conflit avec eux. Cette attitude a sans doute été largement favorisée par la collaboration de Carnap à l'*Encyclopédie de la science unifiée*, qui visait un rapprochement des disciplines formelles, d'une part, et des disciplines positives, afférentes aux sciences empiriques de même qu'à l'ensemble des sciences humaines, considérées assez globalement, d'autre part. La contrepartie de ce principe de tolérance est l'externalisation irrévocable de la pragmatique par rapport à l'objet central de la théorie du langage : elle est entièrement confiée à un ensemble de disciplines empiriques déjà constituées et qui ne peuvent guère être regroupées que sous l'unité d'un nom. Par la suite, en particulier dans l'article «Meaning and Synonymy in Natural Language»[3], la pragmatique a désigné une procédure utilisée pour fonder empiriquement les concepts sémantiques d'extension et d'intension. Le rôle de la pragmatique consiste à fournir un fondement empirique au langage en général et aux langues naturelles en particulier, en rendant compte d'un certain nombre de phénomènes survenant chez les interprètes réels. Dans le premier cas, la pragmatique revendique un rôle explicatif global pour l'ensemble de l'activité des interprètes; dans le second, elle vise à assurer une liaison entre les concepts théoriques et la réalité de la pratique linguistique, toujours dans une perspective explicative. Avant de voir plus en détail ces deux recours à une pragmatique empirique, considérons les définitions générales données par Carnap.

La première définition pertinente a trait aux critères de délimitation des trois domaines de la syntaxe, de la sémantique et de la pragmatique :

> Dans une application du langage, nous distinguons trois facteurs principaux : le locuteur, l'expression utilisée et le designatum de cette expression, c'est-à-dire ce à quoi le locuteur entend faire référence au moyen de cette expression (...). Une recherche portant sur un langage appartient à la pragmatique si on fait explicitement référence au locuteur; elle appartient à la sémantique si on fait référence aux designata et non au locuteur; elle appartient à la syntaxe si l'on ne s'occupe ni des locuteurs ni des designata, mais seulement des expressions (1942:8)[4].

Cet extrait, qui fournit une des définitions propédeutiques les plus célèbres des composantes de la sémiotique, est assez serein quant à l'application effective des critères qu'il formule : rien dans la suite du texte ne permet de définir plus précisément la notion de «référence explicite au locuteur», de même que le fait que le designatum est ce à quoi le locuteur «entend faire référence». A défaut des éclaircissements pertinents, les relations entre la pragmatique et les deux autres domaines peuvent avoir à souffrir de l'imprécision de ces notions, mais le but de Carnap est d'abord de distinguer minimalement les trois «parties de la sémiotique» (1942:3), les trois «champs de recherche» (1942:9) ou encore les trois «branches» (1942:155) et non de préciser la manière dont ces critères généraux, permettant une distinctivité minimale, peuvent être appliqués dans des cas particuliers.

Il faut également tenir compte du fait que Carnap précise que c'est dans le cas d'une «application du langage» *(an application of language)* que ces critères sont définis. Cette expression ne prend son sens qu'en opposition à des langages qui sont entièrement définis par des systèmes de règles construits délibérément et qui, existant essentiellement par cette définition, n'ont pas à être appliqués dans des situations concrètes pour trouver leur réalité. C'est dans les termes de cette opposition qu'il reprend la distinction faite par Morris entre les aspects purs et descriptifs de la sémiotique, en la doublant d'une autre distinction, qui sépare la sémiotique générale des sémiotiques particulières *(special)* :

> Nous entendons par «sémantique descriptive» la description et l'analyse des traits sémantiques d'une quelconque langue donnée, par exemple le français, ou encore de toutes les langues historiquement données. Les premières seraient ainsi des sémantiques descriptives particulières, les secondes, des sémantiques descriptives générales. Ainsi, la sémantique descriptive décrit des faits, c'est une science empirique. Nous pouvons par ailleurs établir un système de règles sémantiques, reliées à une langue historiquement donnée ou inventées librement, que nous pouvons appeler «système sémantique». La construction et l'analyse de systèmes sémantiques s'appellent «sémantique pure». Les règles d'un système sémantique S ne sont rien d'autre que la définition de certains concepts relatifs à S, par exemple «désignation dans S» ou «vrai dans S». La sémantique pure comporte des définitions de ce genre ainsi que leurs conséquences; dès lors, par comparaison à la sémantique descriptive, elle est entièrement analytique et dépourvue de contenu factuel (1942:11).

Là où Morris déduit la syntaxe, la sémantique et la pragmatique *pures* de la possibilité d'une sémiotique pure obtenue par définition et systématisation de l'ensemble des propositions et des termes généraux relatifs aux signes, Carnap parvient à une distinction analogue par la définition de deux types d'activité : la *construction* et l'analyse de systèmes artificiels constituent l'aspect pur, tandis que la *description* et l'analyse de systèmes[5] déjà construits, «historiquement donnés» — autrement dit, des langues naturelles — constituent l'aspect descriptif. Définissant l'aspect pur par l'élaboration d'un métalangage qui n'a avec le langage-objet que les relations d'une terminologie avec les instances des concepts qu'elle nomme (ce qui n'est, il convient de le noter, qu'une des conceptions qu'on peut avoir d'un métalangage), Morris conçoit une pragmatique pure qui viendrait compléter une syntaxe et une sémantique qui le sont tout autant, bien que ni les *Fondements* ni les travaux qui les ont suivis ne permettent de définir cette pragmatique pure au-delà de la possibilité de son principe. Pour sa part, Carnap a été pendant longtemps extrêmement réticent à admettre une pragmatique autre qu'empirique. On le voit par exemple à la liste que *Introduction to Semantics* donne de travaux pragmatiques (qui exemplifient la pragmatique empirique du premier type) :

> (...) une analyse physiologique des processus de la parole dans les organes de la phonation et dans le système nerveux, (...) une analyse psychologique des différentes conno-

tations d'un même mot pour différents individus, des études ethnologique et sociologique des habitudes de langage et de leurs différences, dans des tribus, des classes d'âges, des classes sociales différentes, une étude des procédures mises en œuvre par les hommes de science pour l'enregistrement de résultats d'expériences, etc. (1942:10).

Un passage de « Meaning and Synonymy » manifeste une attitude voisine :

(...) l'étude pragmatique des langues naturelles est de la plus grande importance, aussi bien pour comprendre le comportement des individus que le caractère et le développement des ensembles culturels. Je pense d'un autre côté (...) qu'en ce qui regarde particulièrement le développement de la logique, la construction et l'étude sémantique des systèmes linguistiques présentent plus d'intérêt. Mais l'étude de la pragmatique peut s'avérer également utile pour le logicien. S'il souhaite doter d'une forme efficace un système linguistique destiné, disons, à une branche de la science empirique, il pourra tirer des suggestions fructueuses d'une étude du développement naturel du langage des savants et même du langage quotidien (1966:109-110)[6].

Non seulement une pragmatique conçue en ces termes ne saurait arriver à la « pureté » des systèmes linguistiques, mais l'empiricité qu'elle résume se trouve ajoutée, extérieurement, à la définition de ces systèmes. Selon le premier des deux passages cités, elle est assumée par un ensemble ouvert, et hétéroclite, de discours positifs, plus ou moins fermement cautionnés par des sciences établies (la physiologie par exemple) et qui ont pour but de saisir le langage dans ses conditions (matérielles) d'existence ou dans la diversité de ses effets. Dans le deuxième passage, assez indécis quant à l'intérêt de la pragmatique, c'est l'efficacité des langages « appliqués », représentés par le langage « quotidien », qui constitue la dimension pragmatique principale. Il s'agit en un mot de l'efficacité de la *communication*, qui est le trait majeur qui distingue les langages formels (la logique et le langage des sciences formalisées), dont Carnap a toujours pensé qu'elles sont les seules à se prêter à une véritable explicitation syntaxique et sémantique, des langues naturelles, auxquelles la pragmatique est d'abord destinée. Dans le cas des langages formels, la fonction de communication est en quelque sorte surajoutée à leur définition : construits pour fins de représentation, ils n'ont de vocation communicative que par la transmission d'une représentation adéquate. La pragmatique peut alors être « utile pour le logicien » lorsque celui-ci souhaite ajouter à la fonction de représentation qui est la fonction première — et définitoire — des langages qu'il construit le supplément d'une application efficace. La pragmatique dont il est question dans ce premier type oscille ainsi entre les deux extrémités de la « mise en acte » du langage. Elle a trait soit à l'origine matérielle (les conditions concrètes de la production des émissions verbales), soit aux effets du langage, définis du point de vue de la réception. Cette oscillation ne vaut que pour les énoncés produits en langue naturelle ou, par un passage à la limite, pour les «énoncés» formels que l'on souhaite aligner sur le type de *fonctionnement* des énoncés produits en langage quotidien, car, pour Carnap, les systèmes linguistiques se distinguent radicalement des langues naturelles. Cette distance entre les deux types de langage, dont l'évaluation a, depuis Carnap, mobilisé une énergie considérable de la part des linguistes et des logiciens [7], se marque d'abord dans le fait que les systèmes linguistiques sont entièrement définis par leurs règles constitutives tandis que les langues naturelles, telles que Carnap les conçoit — c'est-à-dire en conçoit la théorie — si elles manifestent des *régularités*, ne peuvent être assimilées sans autre forme de procès à des systèmes de règles. Elles existent d'abord comme des ensembles de faits, peut-être hautement organisés, que le linguiste observe et dont il doit rendre compte par une théorie *descriptive*. C'est pourquoi, dans l'opinion de Carnap, la linguistique, dans son ensemble, est essentiellement pragmatique :

> La linguistique, en son sens le plus large, est cette branche de la science qui contient toutes les recherches empiriques concernant les langues. C'est la partie empirique et descriptive de la sémiotique (des langues parlées ou écrites); elle consiste en une pragmatique, une sémantique descriptive et une syntaxe descriptive. Mais ces trois parties ne sont pas de même niveau : la pragmatique est la base de la linguistique tout entière (1942 : 13).

La pureté d'un domaine ne pouvant être garantie que par l'analyticité des énoncés qui le composent, la linguistique, étudiant des faits (de langue), est nécessairement «impure». Qu'elle soit ultimement fondée sur la pragmatique tient à l'origine de ses données :

> Supposons que l'on désire étudier les propriétés sémantiques d'une quelconque langue esquimaude (...). Selon toute évidence, il n'est d'autre possibilité que d'observer les habitudes de parole des gens qui utilisent cette langue. Ce n'est qu'après avoir établi par observation le fait pragmatique que ces gens ont l'habitude d'utiliser le mot «igloo» lorsqu'ils veulent faire référence à une maison que nous pouvons produire l'énoncé sémantique : «'igloo' signifie (désigne) une maison» et l'énoncé syntaxique : «'igloo' est un prédicat». Ainsi tout savoir dans les domaines de la sémantique descriptive et de la syntaxe descriptive est fondé sur un savoir préalable en pragmatique. Cela ne signifie cependant pas qu'il faille toujours faire explicitement référence aux usagers de la langue en question. Une fois que les traits syntaxiques ou sémantiques d'une langue ont été établis au moyen de la pragmatique, nous pouvons détourner notre attention des usagers et la limiter à ces traits syntaxiques et sémantiques. Ainsi, les deux phrases que nous avons mentionnées ne contiennent pas de référence pragmatique explicite, mais la sémantique et la syntaxe descriptives font à proprement parler partie de la pragmatique (1942 : 13).

Il est probable que le linguiste contemporain se reconnaîtra mal ou refusera de se reconnaître dans l'image que donne Carnap de la pratique linguistique, surtout après la répudiation fracassante des procédures inductives qui a accompagné la montée de la théorie générative, mais cette hésitation à se reconnaître dans cette image n'empêche pas que celle-ci comporte une vérité évidente (c'est d'ailleurs l'évidence de cette vérité qui explique qu'on répugne à s'y rendre), à savoir que, contrairement à la théorie des systèmes linguistiques, les énoncés de la science linguistique sont relatifs à la pratique du langage et à une omniprésente factualité : les formes syntaxiques et les relations sémantiques sont produites par la convergence des pratiques des locuteurs[8]. Le linguiste qui continue de croire que la théorie linguistique a toujours des relations avec la réalité des langues et des pratiques linguistiques (les développements récents tendant à favoriser une position contraire, car l'universalité qui est maintenant recherchée et l'abstraction qui l'accompagne se payent d'une distance considérable prise non seulement par rapport aux observables linguistiques mais également par rapport aux structures traditionnellement définies pour en rendre compte) estimera sans doute que Carnap a si manifestement raison lorsqu'il dit que l'ensemble de la linguistique provient de l'observation de la pratique des locuteurs qu'une telle assertion n'a guère de portée. Il importe ici encore d'avoir à l'esprit que ce que Carnap vise d'abord et avant tout à distinguer, ce sont deux types de langage : au sujet des uns, les langages formels, on peut demeurer silencieux quant à la présence en eux d'une possible dimension pragmatique, car ils ne sont pas directement affectés par elle ; au sujet des autres, les langues naturelles, on peut se taire, c'est-à-dire oublier l'origine pragmatique des éléments qu'ils comportent et les traiter comme des données syntaxiques ou sémantiques autonomes. Le linguiste doit cependant savoir que ce sur quoi on se tait peut faire retour, s'affranchir de l'oubli auquel on le condamnait et rendre relatifs à une dimension pragmatique les énoncés syntaxiques et sémantiques. C'est ainsi que Bar-Hillel, l'un des derniers carnapiens de franche allégeance, a jugé comme des problèmes essentiellement pragmatiques certaines des questions syntaxiques ou sémantiques posées dans le cadre de la grammaire générative (cf. Bar-Hillel (1971) et plus bas, chap. 5).

La version carnapienne de la linguistique est simplificatrice en ce qu'elle en ramène les constructions théoriques, qui sont souvent fort sophistiquées, à des gestes élémentaires dans lesquels ces constructions trouveraient leur état premier, mais cela ne signifie pas pour autant qu'elle rate entièrement la cible. Ce type de simplification peut d'une certaine façon être rapproché de la «réduction» que Wittgenstein a opérée sur les mathématiques dans les *Remarques sur les fondements des mathématiques* et dans la *Grammaire philosophique* : il s'agit de ramener des constructions complexes qui semblent concerner une réalité particulière aux «proto-phénomènes» qui en constituent les manifestations élémentaires et primitives[9]. Cette simplification a pour effet général de rappeler, brièvement chez Carnap, inlassablement chez Wittgenstein, la relativité des distinctions théoriques par rapport à ce qui est considéré comme la pratique effective[10].

L'effet spécifique de la position de Carnap sur la linguistique est donc de radicaliser une opposition cardinale entre langues naturelles et langues formelles qui non seulement ont des visées distinctes (qui ne peuvent être rapprochées que par une espèce de «fonctionalisation» — elle-même artificielle et ajoutée — des secondes vers une communication abstraite), mais qui sont de plus «régulées» de manière différente. Tandis que les langues formelles sont définies *par* leurs règles, les langues naturelles peuvent être dites «manifester des règles», «obéir à des règles», etc., mais non *être* des systèmes de règles. La relativité de la syntaxe et de la sémantique linguistiques tient pour l'essentiel à cette différence. Les règles qui sont définies par le linguiste carnapien demeurent des hypothèses empiriques qui, dans certains cas, peuvent être formulées pour expliquer le comportement verbal, et, dans d'autres cas (les plus conformes à la position de Carnap et à celle de la linguistique qui lui était contemporaine), les décrire seulement. Pour leur part, les règles des langues formelles ont un caractère de définition, directement ou par conséquence, et leur stipulation constitue leur objet propre.

Cette différence se manifeste en particulier dans l'apprentissage. Dans le cas des langues formelles, l'apprentissage — s'il est même possible d'en parler — est tout entier explicite et porte sur les règles elles-mêmes, qui sont apprises comme ses seuls objets; dans le cas des langues naturelles, les règles postulées sont des moyens de représenter les régularités observées et ce qu'elles définissent est en quelque sorte sous-déterminé par rapport à ce qui est effectivement requis pour la reproduction des comportements que l'on cherche à décrire: il faut connaître non seulement les règles, mais également les conditions de leur usage, dont il n'est pas certain qu'elle puissent être explicitées. Une autre remarque de Wittgenstein mérite d'être considérée ici: dans le *Blue Book*, une distinction est établie entre deux types de relations qui peuvent tenir, dans le contexte de l'apprentissage, entre les règles et les comportements:

L'apprentissage peut nous avoir mis en possession d'une règle codée qui est impliquée dans les processus de compréhension, d'action, etc. Nous entendons par là que l'utilisation du code fait partie de tels processus.

> Il faut distinguer ainsi entre un processus «impliquant la règle», dans le sens qui vient d'être indiqué, et un processus «qui s'accorde avec la règle»[11].

S'il y a un sens quelconque où l'on peut parler d'un comportement correspondant aux langues formelles, il est certain que ce comportement implique (au sens de «involves», le mot que Wittgenstein utilise) les règles qui constituent ces langues. Dans le cas des langues naturelles, les règles définies par le linguiste pour rendre compte de la langue peuvent ne pas être «respectées», sans que la langue elle-même soit modifiée essentiellement ou qu'elle s'abolisse. Cela ne signifie pas qu'elles soient délibérément refusées ou bafouées par les locuteurs (ce qui supposerait que ceux-ci les connaissent, ce qui est une autre hypothèse), mais seulement que les locuteurs font autrement que ce que disent ces règles, leur comportement pouvant obéir à d'autres règles, encore inconnues. En ce sens, les régularités linguistiques sont immanentes à l'usage; si on choisit de les imputer à un système, celui-ci n'a pas d'autre privilège d'antériorité par rapport au comportement que le fait que le comportement a toujours une histoire, qu'il n'est jamais inventé tout à fait spontanément, qu'il s'effectue sur le fond de pratiques antérieures, etc.

La question de savoir quelle est la nature de la connaissance que l'on peut attribuer aux locuteurs d'une langue et quelle interprétation on peut donner des régularités observables dans la pratique linguistique — c'est-à-dire la question de savoir quelle est l'anthropologie qui accompagne la théorie de la description linguistique — a été massivement réactivée par la version que donne la grammaire générative de la faculté de langage. Celle-ci forme la double hypothèse (non empirique) que les langues peuvent être définies comme des systèmes de règles formelles qui ressemblent passablement aux systèmes logiques et que ces règles, qui n'ont souvent qu'un rapport très lointain et très médiat avec ce que révèle l'observation du comportement linguistique, ont une réalité mentale (ou psychologique) et qu'elles font partie de la structure cognitive des locuteurs[12]. La théorie est dite parvenir à une adéquation *explicative*, en plus des adéquations observationnelle et descriptive, lorsqu'elle forme des généralisations qui rendent compte de principes généraux qui seraient sous-jacents à la pratique linguistique. Sans entrer dans le débat qui s'est organisé autour de la question de l'observation, de l'empirisme, de la pauvreté des méthodes inductives et de tout le Gotha des infortunes que la grammaire générative a reconnues à la linguistique qui l'a précédée, on peut formuler deux remarques pertinentes pour ce qui est de la position de Carnap sur la linguistique et de la version empirique qu'il en donne.

Premièrement, si on accepte la distinction de trois types d'adéquation, il s'impose à l'évidence que, dans le cas des langues formelles, l'adéquation observationnelle et l'adéquation descriptive (si même il n'est pas totalement absurde de mentionner ces choses dans le cas de la logique) se confondent totalement avec l'adéquation explicative: les systèmes linguistiques dont parle Carnap, n'ayant pas de réalité qui leur soit extérieure, sont leur propre objet et ils sont «expliqués» dans l'acte même qui les définit. Dans le cas des langues naturelles, il s'agit d'hypothèses distinctes, si ce n'est totalement indépendantes. De plus, en tendant à l'adéquation explicative, les grammaires s'éloignent de plus en plus de la factualité des langues telle qu'elle se manifeste «en surface». En limitant la pratique du linguiste à la réalisation d'une adéquation observationnelle ou, éventuellement, descriptive, Carnap insiste sur l'assise que la totalité de la linguistique trouve dans les données pragmatiques: celles-ci fournissent à la syntaxe et à la sémantique linguistiques l'assurance, peut-être provisoire, qu'elles parlent d'un réel observé. Que ce réel issu de la pratique des locuteurs soit moins réel qu'il n'y paraît, qu'il soit impuissant à alimenter une linguistique soucieuse de généralisations intéressantes ou qu'il témoigne d'un état encore infantile de la science, cela est une tout autre histoire, qui appelle un autre type de discussion que celui qui est requis par l'opposition générale que Carnap cherche à faire.

La seconde remarque, pour triviale qu'elle puisse maintenant sembler, n'est pas pour autant sans importance dans ce contexte de discussion. En accordant un privilège absolu à l'observation du comportement linguistique et à la consignation des régularités qui s'y observent, la linguistique dont parle Carnap permet de faire l'économie de ce qu'on peut appeler l'«engagement mentaliste» du linguiste, c'est-à-dire de l'interprétation des régularités linguistiques décrites en termes de régularités mentales parallèles ou antérieures. Si le vœu de pauvreté auquel Carnap condamne le linguiste n'est pas sans poser certains problèmes, ne serait-ce que celui d'un terme apporté à la description ou celui d'une réalisation effective des grammaires, il présente du moins l'avantage de ne pas surpeupler inutilement[13] le territoire de la théorie du langage par la superposition de deux niveaux de réalité[14].

Selon la perspective de Carnap, la syntaxe et la sémantique linguistiques se présentent donc comme des abstractions dégagées à partir de la pratique des locuteurs: celle-ci manifeste des corrélations qui, une fois établies, permettent de taire leur origine pragmatique. Omniprésente dans l'ensemble de la linguistique, une pragmatique ainsi conçue devient superfétatoire et peut être reléguée à la place que sa définition l'appelle à occuper, c'est-à-dire un non-lieu, car rien ne lui permet de déborder de façon identifiable les conceptualités mises en jeu par ailleurs. Là où une pragmatique empirique conçue en termes disciplinaires (physiologie, psychologie, etc.) pose le problème de son articulation sur les autres parties de la sémiotique, et non celui de sa légitimité, la pragmatique sur laquelle on fonde la linguistique pose celui de ne pas avoir de spécificité propre et de ne servir qu'à fournir une origine aux objets définis par le linguiste. Cela incite à croire que, à l'époque de *Introduction to Semantics*, le fait de reconnaître une dimension pragmatique n'avait d'autre fonction — hormis celle qui consiste à enrichir empiriquement l'étude du langage en général — que de contraster globalement les langues formelles et les langues naturelles, ces dernières trouvant à leur fondement un comportement qui n'est guère spécifié au-delà de son évidence.

Ce n'est que plus tard, lors de la publication de l'article «Meaning and Synonymy in Natural Language» (1955), que le second recours à la pragmatique empirique prendra plus de relief. Au cours des années cinquante, un des principaux débats en philosophie du langage avait trait à la question de savoir s'il était possible de soumettre le contenu des énoncés produits en langue naturelle à des procédures objectives permettant de définir des concepts sémantiques avec la même rigueur que pour les langages artificiels. Il s'agissait en particulier des concepts *d'analyticité* et de *synonymie*, qui exigent une définition précise de la notion de signification : deux phrases sont réputées être synonymes si elles ont la même signification et un énoncé est considéré comme analytique s'il est vrai en vertu de la seule signification des termes qui le composent. Des positions très diverses, allant du scepticisme le plus radical (celui de Quine, par exemple) à un franc optimisme (par exemple, Bar-Hillel), ont été adoptées quant à la possibilité de spécifier objectivement la signification des mots et des phrases en langue naturelle. Je n'entreprendrai pas d'exposer cette question, qui a des ramifications extrêmement étendues et qui a donné lieu à une littérature si abondante qu'elle défie jusqu'au résumé[15], et je montrerai seulement comment Carnap a pensé pouvoir régler la question de la définition de la signification au moyen de ce qu'il appelle des *«concepts pragmatiques»*.

Selon une idée que l'on fait habituellement remonter à Quine (1953), on distingue en sémantique deux théories principales : une théorie de la *référence* et une théorie de la *signification (meaning)*. De ces deux théories, celle de la référence est toujours apparue pouvoir satisfaire à des exigences minimales d'objectivité : la référence, la dénotation ou l'extension d'un mot ou d'une phrase, étant le plus souvent fournies par des choses ou des états de choses observables et délimitables, semblaient présenter moins de difficultés que les significations, les connotations[16] ou les représentations mentales associées, on ne savait trop comment, aux mots et aux phrases. La notion de signification était parfois perçue comme si énigmatique que Quine, dans son article «The Problem of Meaning in Linguistics»[17], en est venu à la comparer à la «vis dormitiva» de Molière: selon lui, la définition de la signification d'une expression comme «sa contrepartie mentale» (1953:48), plutôt que d'expliquer quoi que ce soit, ne fait que traduire le problème dans des termes plus obscurs. C'est pourquoi la formulation des significations en termes d'observations s'est imposée comme la solution la plus naturelle à une telle régression mentaliste.

Une des préoccupations les plus constantes de la philosophie de Carnap concerne la possibilité de *traduire* les termes théoriques (surtout les termes théoriques de la science empirique) dans des termes correspondant à des observables et c'est du reste autour de cette question que sa pensée a connu les changements les plus importants: les critères de «signifiance» *(significance)* formulés au moyen de diverses procédures de traduction ou de réduction ont été constamment, tout au long de son évolution philosophique, adoucis et libéralisés (on serait même tenté de dire qu'ils ont été «pragmatisés»). Plusieurs membres du Cercle de Vienne avaient exigé que la signifiance de tous les énoncés de la science empirique soit mesurée par une réduction ou une traduction de ces énoncés en énoncés élémentaires ou protocolaires *(Protokolsätze)* consignant une expérience immédiate. Cette exigence s'est rapidement avérée être beaucoup trop forte et être incompatible avec la situation réelle de la démarche scientifique. Acceptant la critique adressée par Popper au critère de vérification formulé sur cette base, Carnap en est venu à l'idée que les hypothèses scientifiques ne peuvent être entièrement vérifiées par la seule observation et qu'il faut avoir recours à des critères plus souples, comme le critère de confirmabilité: une hypothèse est confirmable si l'on peut au moins concevoir une observation qui la confirmerait et non si elle est confirmée de fait par une observation effective. Si je ne retiens que ce seul aspect, l'opposition entre l'actuel et le possible, dans une question assez complexe, c'est parce que c'est cet aspect qui sera le plus actif dans la traduction qu'entrevoit «Meaning and Synonymy» des concepts sémantiques en concepts pragmatiques[18].

Dans cet article, il s'agit de définir autant la référence (chez Carnap, l'extension) que la signification (l'intension) des termes des langues naturelles au moyen d'une observation du comportement des locuteurs, de façon à appuyer la sémantique de ces langues sur un fondement pragmatique. Cette opération de fondation vise à instaurer une relation d'*explication*.

> En vérité, il en est beaucoup parmi les concepts qu'on utilise aujourd'hui en sémantique pure qui ont été suggérés par les concepts pragmatiques correspondants, utilisés auparavant par les philosophes et les linguistes, à propos des langues naturelles, sans que leur usage ait cependant été réglé par des définitions exactes. Ces concepts sémantiques visaient, en un sens, à servir d'*explicata* aux concepts pragmatiques correspondants (1966:110).

La relation explicative qui va de la pragmatique à la sémantique est cette fois différente de la relation explicative qui était instaurée par des sciences empiriques comme la physiologie. La question était alors d'expliquer le langage d'une façon externe (en ce sens que son analyse pouvait se poursuivre indépendamment de ces sciences et n'en dépendre à aucun titre); elle est maintenant de voir comment des *concepts* sémantiques peuvent être fondés sur des *concepts* pragmatiques.

La détermination pragmatique des extensions est la plus simple (du moins pour ce qui est des cas retenus par Carnap) et elle est dans l'ensemble équivalente à la procédure de fixation de la relation sémantique sommairement décrite dans l'exemple de la langue esquimaude. Il s'agit de voir à quels types de choses ou de situations s'appliquent des prédicats ou des phrases et la procédure imaginée par Carnap est la suivante: le linguiste demande aux locuteurs d'une communauté donnée s'ils accepteraient d'appliquer un prédicat à tels ou tels objets et consigne les réponses qu'il obtient. Trois classes peuvent ainsi se constituer: 1) la classe des choses auxquelles les locuteurs acceptent d'appliquer le prédicat, 2) la classe de celles auxquelles ils refusent de l'appliquer, et 3) la classe des classes pour lesquelles ils ne sont disposés ni à l'affirmer ni à le nier, «laquelle classe indique le degré d'indétermination du prédicat» (1966:111). Selon la taille de l'échantillon où les enquêtes sont menées, le temps où ces «mesures extensionnelles» sont prises, etc., l'extension sera plus ou moins détaillée et plus ou moins unanime. Carnap mentionne certains facteurs qui sont susceptibles de fausser les résultats: les informateurs peuvent se tromper ou ne pas comprendre les questions qui leur sont adressées, les enquêteurs peuvent être tentés de généraliser au-delà des réponses qui leur sont faites ou mal interpréter celles-ci. Ces aléas lui apparaissent cependant être les mêmes que ceux auxquels sont soumises toutes les entreprises de définition inductive et ne pas présenter de difficultés particulières. L'adéquation dépend donc entièrement de la fidélité et de la finesse des observations. Idéalement, on parviendra à un consensus parfait: les réponses colligées feront état de régularités homogènes et la classe intermédiaire sera pratiquement vide.

En ce qui concerne la détermination pragmatique des intensions — qui constitue le principal objectif de l'article — les procédures recommandées par Carnap, si elles sont relativement simples dans leur principe, ont rencontré une certaine opposition pour ce qui est de leur application; M.G. White et W.V.O. Quine, en particulier, ont pensé qu'elles étaient inexorablement entachées d'arbitraire et leur ont préféré une «thèse extensionaliste». Pour Carnap, défenseur de la «thèse intensionaliste», «l'assignation d'une intension est une hypothèse empirique, qui comme toute autre hypothèse en linguistique, peut être testée grâce aux observations du comportement linguistique» (1966:114). Il est clair que la thèse intensionaliste a d'abord pour elle un défaut manifeste de la thèse extensionaliste, qui est l'incapacité de celle-ci à rendre compte de la différence sémantique de prédicats dont l'extension est la classe vide. Selon Carnap, si l'enquête devait se limiter aux extensions, il n'y aurait aucune différence entre des mots comme «lutin» et «licorne» ou entre des entrées d'un dictionnaire allemand-français comme «Einhorn, licorne», «Kobold, lutin» et «Kobold, licorne», Einhorn, lutin», aucune chose existant effectivement dans le monde ne correspondant à ces mots. La conclusion semble s'imposer que des intensions doivent relayer les extensions, puisqu'on attache des significations différentes à des prédicats qui ne dénotent rien. Il reste cependant à donner un fondement pragmatique à ces intensions. L'orientation anti-mentaliste de Carnap, sanctionnée par une critique quasi unanime de la conception psychologisante de la signification, l'amène à chercher ce fondement dans des tests comportementaux analogues à ceux qui ont été pratiqués pour la détermination des extensions.

On peut présenter la différence existant entre les extensions et les intensions de la façon suivante: alors que la détermination des extensions se fait par l'assignation des prédicats à des choses réputées être réelles, celle des intensions se fait par la prise en compte des choses «logiquement possibles» (qui supposent, comme l'indique Carnap, l'utilisation d'expressions modales). Carnap est cependant plus enclin à dénoncer les problèmes que rencontre la thèse extensionnaliste qu'à montrer comment la détermination pragmatique des intentions peut être effectivement conduite, car il se contente d'«indiquer schématiquement la procédure empirique» (1966:117) qui pourrait être suivie. Par exemple, s'il s'agit de définir l'intension de prédicats sans extension, comme «licorne» ou «lutin», on montrera aux informateurs des images de ce qu'on pense être une licorne ou un lutin ou des objets ressemblants, auxquels on apportera les modifications qui s'imposent («un cheval avec une corne au milieu du front», «un personnage tout petit, espiègle et malicieux», ce genre de choses). En somme, la détermination des intensions procède à partir d'extensions et projette des traits dénotatifs existants sur des dénotations possibles.

Si cela démontre que la relation sémantique ne peut être assimilée à la seule relation de désignation unissant des signes et des existants empiriques avérés, il n'en suit pas pour autant que les intensions peuvent effectivement être décrites, car les procédures utilisées par Carnap ne sortent de l'extensionalité qu'en faisant appel aux capacités projectives ou imaginatives des informateurs, qui peuvent s'affranchir de l'expérience immédiate (celle de la monstration directe) et concevoir des expériences possibles, plus ou moins apparentées à leurs expériences passées. Les intensions résument alors ce qu'on peut appeler la «capacité extensionnelle des signes», qui définit ce à quoi ceux-ci sont applicables, mais ce qui fonde ce jugement d'applicabilité demeure comme une condition nécessaire mais indicible. En effet, le fait qu'un locuteur dise être disposé à appliquer un prédicat à une chose fictive ne permet de conclure qu'à l'expérience qu'il a de représentations de cette chose et non à la possession de «concepts» ou d'autres «entités» intensionnelles. Définies du point de vue du comportement, intensions et extensions, n'étant plus distinctes que par la différence qui sépare le potentiel du réel, risquent de n'être qu'une seule et même chose : le comportement qui consiste à dire face à une image représentant une licorne «Oui, voilà bien une licorne» et celui qui consiste à dire d'une maison «Oui, voilà ce que j'appelle une maison» ne manifestent rien d'autre que le fait que l'expérience peut être directe ou indirecte. Il s'agit dans les deux cas de dénotations, et l'intension qu'il faut supposer «derrière» ces comportements demeure constamment extérieure aux jugements qui établissent les relations extensionnelles. Pour le dire autrement, les comportements présupposent eux-mêmes quelque chose, que l'on peut bien appeler la signification, mais ils ne permettent pas de dire en quoi cette signification consiste puisque celle-ci n'est saisie que dans une espèce de moyenne des comportements : elle résume ce qu'on peut appeler une «subjectivité standard», qui n'est que l'hypothèse que les assignations d'extensions sont réglées par une communauté d'expériences de la part des locuteurs. Le résultat en est un quasi-paralogisme : la signification (l'existence d'intensions) ne peut être liée aux comportements que comme une hypothèse explicative, alors que c'étaient les comportements qui, originellement, devaient expliquer les significations.

On doit également souligner le caractère vague de la notion de comportement aussi bien dans la définition des intensions que dans celle des extensions. Un locuteur qui dit qu'un prédicat donné s'applique à une chose réelle ou peut s'appliquer à une chose possible a certes un comportement, mais celui-ci est différent du comportement consistant à appliquer effectivement ce prédicat à une chose donnée. Les tests comportementaux suggérés par Carnap ont recours à un comportement du premier type, qui est un comportement en quelque sorte spéculatif: il résume réflexivement des comportements antérieurs et dit que c'est ainsi que la communauté en question se comporte. Les observations qu'il permet ne sont par conséquent pas des observations «terminales», c'est-à-dire inanalysables; étant de deuxième degré, elles renvoient aux observations de premier degré des comportements d'usage, ceux de la pratique linguistique objective (par opposition à la réflexivité des jugements de deuxième degré). Les observations décrites par Carnap sont empiriques en ce sens qu'elles peuvent confirmer ou infirmer des hypothèses portant sur la définition sémantique des signes, mais elles sont elles-mêmes élaborées en vue des fins théoriques (elles répondent en ce sens à des «jeux de langage théoriques»[19]). Ces expériences peuvent être marquées par une certaine artificialité et manquer de ce fait le but qu'elles se donnaient, qui est d'apporter un terme à la définition des concepts sémantiques en les appuyant sur des *données* pragmatiques irréductibles et ultimes. Ce caractère ultime est compromis par la portion d'incertitude que comportent nécessairement les jugements (réflexifs) des locuteurs[20], mais il l'est aussi par l'inconciliabilité des points de vue de l'analyse et des locuteurs. Quine, le principal adversaire de Carnap pour ce qui est de la possibilité de donner des spécifications empiriques fermes, définitives et non circulaires des significations, a une remarque qui va dans ce sens. Il écrit (1953:61):

La difficulté ne tient pas ici simplement au fait que les aspects subjectifs de la situation sont difficiles à isoler. Cette difficulté, s'il n'y avait qu'elle, ne serait pas pertinente pour le problème d'une définition théorique de la synonymie, c'est-à-dire pour une définition cohérente de la tâche du lexicographe. D'un point de vue théorique, la difficulté la plus grande vient de ce que, comme Cassirer et Whorf l'ont souligné, il n'y a pas de séparation de principe entre le langage et le reste du monde, du moins du point de vue du locuteur *(at least as conceived by the speaker)*.

Le fondement pragmatique apporté aux concepts sémantiques peut ainsi être relatif à une perspective théorique particulière. Or, c'est le théoricien, ou du moins le «descripteur», qui veut définir les significations et qui procède pour ce faire à diverses expérimentations[21]. «L'homme de la rue»[22], s'il peut adopter en partie le point de vue du théoricien (ne serait-ce qu'en essayant de comprendre pourquoi on lui pose des questions, ce qui est estimé être une bonne réponse, etc.), n'a pas forcément le même rapport au langage, lequel peut bien être pour lui *entièrement* pragmatique : c'est par une élaboration réflexive qu'il parvient à le « sémantiser », alors que le but des expérimentations du théoricien est de « pragmatiser » les concepts sémantiques.

Les procédures recommandées par Carnap ont pour effet que la pragmatique redouble la sémantique, car ses prétentions à la fonder ou à l'expliquer ne pourraient être réalisées que si elle parvenait à capturer un ordre de réalité qui soit distinct de la réalité sémantique (à supposer, bien entendu, que celle-ci puisse être définie). Le redoublement pragmatique ne fait que répéter inlassablement au théoricien que les concepts sémantiques correspondent à quelque chose du point de vue de l'usager et lui instiller le désir de les définir en termes d'observations. Cette définition, toute programmatique, n'est pragmatique que par la référence qu'elle fait aux comportements des locuteurs et elle laisse dans l'ombre, en les supposant clairs, les mécanismes de ces comportements. Ici encore, son effet principal est de souligner la différence qui sépare les langues naturelles des langues formelles et de rappeler que les premières trouvent leur assise dans l'activité des interprètes. Son incapacité à spécifier cette activité au-delà d'une anthropologie construire en quelque sorte sur mesures peut être interprétée dans le sens d'une difficulté *générale* du réductionnisme : ce à quoi le *definiendum* ou l'*explicandum* est ramené n'est lui-même pas terminal et présuppose une connaissance préalable. Comme Wittgenstein le dit en maints endroits, les définitions par monstration directe (ce que Bouveresse (1976) appelle « le mythe de la définition ostensive pure ») ne sont elles-mêmes rendues possibles que par la maîtrise des jeux de langage dans lesquels elles figurent. Dans le même esprit, on est autorisé à penser que les définitions comportementales de Carnap présupposent, de la part de ceux auxquels les tests s'adressent, une compréhension (des questions, des intérêts de l'interrogateur, etc.) si considérable qu'elles s'en voient ravir leur caractère concluant, du moins dans la mesure où l'on cherchait en elles un point de départ radical et premier. A strictement parler, la notion de compréhension est une notion pragmatique. Que Carnap ne l'explicite pas et n'y ait recours que par ses défauts (le locuteur « peut, par exemple, avoir mal compris, ou avoir commis une erreur de fait » (1966 : 112)) se comprend facilement, car une telle explicitation convoquerait tout un cortège mentaliste, dont le recours aux seuls conduites manifestes visait à faire l'économie.

Ces conduites ont néanmoins une antériorité, qui leur vient des stratégies mises en œuvre pour déterminer les extensions et les intensions, de la réflexivité présupposée par les réponses et de la compréhension de la situation générale de l'enquête. Il est tentant de faire de cette antériorité une intériorité, c'est-à-dire de loger dans les capacités cognitives et réflexives des individus la condition préalable de leur comportement: ils feraient ainsi *parce que* leur structure interne est ainsi faite, *parce qu'*ils ont telle représentation mentale des choses, etc. Le danger — que la «réduction» carnapienne aux comportements cherche justement à éviter — est de voir dans cette intériorité une *explication* des conduites, ce qui donne lieu à une régression à l'infini (l'explication des conditions internes appelant sans cesse de nouvelles conditions). C'est dans une tentative pour éviter ce type de régression que la pragmatique comportementale rejoint, dans son principe, le premier recours pragmatique, celui de la causalité explicative.

Dans la cinquième section de «Meaning and Synonymy» («Le concept général d'intension d'un prédicat»), Carnap distingue deux méthodes de définition de ce qu'il appelle les «concepts dispositionnels». La première méthode consiste à produire les conditions dans lesquelles les locuteurs manifestent ordinairement leurs dispositions à réagir par des réponses caractéristiques. C'est la méthode dont il a été question jusqu'à présent. La deuxième méthode (que Carnap propose d'appeler «méthode d'analyse de structure») «consiste à étudier de manière suffisamment détaillée l'état de X [le locuteur], à le décrire à l'aide des lois générales qu'il sera nécessaire de faire entrer en jeu (lois physiques, physiologiques, etc.), de telle manière qu'on puisse déduire de cette description les réponses que ferait X face à tout ce qui peut se produire dans son environnement» (1966:119). Il s'agit donc d'accéder à la structure physique des individus pour y trouver l'explication (et les conditions de prévision) de leurs comportements. L'exemple que donne Carnap d'un tel examen structural est celui de l'«autopsie» d'une automobile, «car, dans l'état présent de la physiologie nous n'en savons pas assez sur l'organisme humain, et en particulier sur le système nerveux central» (1966:120). C'est pour pallier cette carence — jugée n'être que provisoire — de nos connaissances que Carnap envisage dans la section suivante («Le concept d'intension pour un robot») l'hypothèse d'un organisme dont nous aurions un plan détaillé qui nous permettrait de prédire sans erreur toutes ses réactions (pour la simple raison qu'il aurait été conçu à telles fins).

Les «problèmes de l'intériorité» se trouveraient ainsi réglés si nous disposions de moyens de contrôle physiques des processus imputés aux locuteurs. La limitation de cette intériorité aux comportements observés, si elle est loin de résoudre toutes les difficultés, n'en constitue pas moins un certain progrès par rapport à des significations considérées comme des entités mentales «inscrutables»[23]. Le fondement pragmatique que les tests behavioraux visaient à donner aux objets sémantiques est atteint dans la mesure où ces comportements trouvent eux-mêmes une explication dans la constitution physique des individus, seule susceptible de mettre un terme à la fuite pragmatique. Une telle solution n'est cependant guère satisfaisante pour ce qui est de l'articulation du pragmatique sur une quelconque théorie du sens, et le type d'explication causale qu'elle fournit a la propriété de ne pas nous satisfaire à proportion de son caractère définitif: plus il nous semble que nous touchons au but et plus ce terme prend les allures d'une causalité inexorable, moins nous y reconnaissons la figure des problèmes que nous nous étions originellement posés.

La factualité des langues naturelles peut être postulée globalement et on obtient alors un contraste minimal des langues naturelles et des langues formelles. On peut aussi tenter de la pousser plus avant, et les faits en question risquent de ne plus voir maintenu leur caractère empirique que par rapport à l'analyticité qui caractérise les langues formelles. En favorisant une traduction des termes sémantiques dans des termes jugés pragmatiques, Carnap résout plus en principe les problèmes auxquels le programme empiriste entendait porter remède qu'il ne réalise celui-ci dans son détail[24]. En ayant recours au jugement des locuteurs, la définition pragmatique des langues naturelles ne parvient pas à une empiricité ultime qui lui serait fournie par les faits eux-mêmes; ce qu'elle capture plutôt, comme Carnap l'a lui-même admis plus tard[25], ce sont les croyances des locuteurs au sujet de leurs pratiques et il s'avère que la validité scientifique qui était primitivement recherchée a trait à une anthropologie de la croyance et non à la factualité brute des comportements. Il se peut que cette croyance constitue l'objet propre de la pragmatique, mais la question demeure posée de savoir dans quelle mesure une pragmatique ainsi formulée peut, pour les langues naturelles, se distinguer de la sémantique.

Dans l'état où «Meaning and Synonymy» laisse les choses, rien de ce qui est considéré comme pragmatique ne parvient à déborder le seul principe raisonnable pour une sémantique des langues naturelles (du moins telle que celle-ci pouvait alors être conçue): l'établissement de relations de désignation. Celles-ci ne peuvent être établies qu'en passant par les croyances des locuteurs qui les posent ou les manifestent, cela va de soi, mais pour qu'une pragmatique puisse se distinguer minimalement d'une sémantique, il faudrait encore que ces croyances et leur rôle dans la théorie soient précisés au-delà de leur nécessité de principe, sans quoi elles ne font rien d'autre que répéter une évidence, qui engendre l'universalité pragmatique dans le sémantique. Il se trouve cependant que la spécification des croyances n'est pas une mince affaire, et qu'elle risque de ruiner le projet d'une description du sens. Il est alors peut-être préférable de limiter la reconnaissance du pragmatique à cette évidence générale, sans s'engager dans la spécification de celle-ci au-delà de l'idée qu'elle doit trouver quelque part une limite empirique. La sémantique et la pragmatique des langues naturelles sont alors une seule et même chose, l'unique différence tenant à ce que la seconde peut être tue afin de laisser à la première l'illusion de son indépendance.

1.2. La pragmatique théorique

A la suite de ces premières prises de positions, Carnap a esquissé une autre conception de la pragmatique, qu'il a qualifiée de «pragmatique théorique». Cette esquisse n'est constituée que de quelques suggestions visant à remédier à certains des problèmes posés par la version empirique. Avant de les présenter, je résume ces problèmes dans les termes de la perspective générale de ce travail.

1. Le premier recours pragmatique empirique correspond à une pragmatique «libérale»: Carnap est disposé à accepter dans le champ de la pragmatique tous discours qui laissent intactes syntaxe et sémantique et, surtout, qui ne se donnent pas une orientation mentaliste, opposée tant à l'empiricité exigée qu'à la scientificité souhaitée. Cela avalise l'externalité et l'indifférenciation du pragmatique.

2. La thèse selon laquelle la totalité de l'étude des langues naturelles (la linguistique) appartient, en dernière instance, à la pragmatique ne permet pas de dégager une spécificité pragmatique, du fait même de cette omniprésence. La question de cette spécificité pourrait être améliorée si les comportements invoqués dans le deuxième recours pragmatique articulaient autre chose qu'un redoublement des concepts sémantiques des langues naturelles.

3. Par ailleurs, les tests comportementaux visant à ancrer pragmatiquement les concepts sémantiques, si on les considère dans leur réalisation et non seulement dans leur principe, risquent d'introduire en sémantique une imprécision indésirable et il serait alors préférable de renoncer à ces tests[26].

Les deux premiers problèmes, qui ont déjà été examinés, ont trait aux relations d'ensemble que pragmatique et sémantique sont susceptibles d'entretenir. Le troisième, plus particulièrement dirimant, est relevé par Carnap comme un obstacle réel à la conception empirique de la pragmatique et l'a amené à réviser ses vues sur la question.

Dans «On Some Concepts of Pragmatics» (1955), Carnap prend acte d'une critique qui lui a été adressée par Chisholm (1955) estimant que la version que donne «Meaning and Synonymy» des concepts pragmatiques d'intension et d'extension sur-simplifie la situation, en particulier en raison du fait qu'y est ignoré un facteur d'imprécision *(vagueness)* souvent actif dans ce genre de procédures. Ce facteur n'est en effet mentionné par Carnap qu'au titre d'accident frappant accessoirement les définitions inductives et non comme une difficulté essentielle de l'entreprise. Cette imprécision tient largement au fait que les tests behavioraux s'adressent à des dispositions à assigner des prédicats aux choses et non à des assignations effectives. Or, on admet couramment que même des prédicats dont les conditions d'application semblent univoques et explicitables lorsqu'on les considère d'une manière générale (ou qu'on se contente de les utiliser sans réfléchir sur les conditions de leur emploi) peuvent apparaître comme beaucoup plus confus lorsqu'on tente de préciser ces conditions[27].

Carnap réagit à la critique de Chisholm en corrigeant le tir et en changeant radicalement la définition des concepts pragmatiques :

> Je pense maintenant que les concepts fondamentaux de la pragmatique devraient être considérés non comme des concepts dispositionnels définis behavioralement dans le langage d'observation, mais bien comme des construits théoriques du langage théorique, introduits sur la base de postulats et reliés au langage d'observation par des règles de correspondance (« On Some Concepts of Pragmatics », *in* (1956 : 248)).

Ces concepts fondamentaux sont ceux de croyance, d'intension, d'assertion (la liste est ouverte : Carnap parle également d'« autres concepts reliés » aux précédents), concepts qu'on retrouve à la même époque dans nombre d'approches formalisantes de la dimension pragmatique (par exemple, Grzegorczyk (1950), Hiż, (1954), Martin (1959)). C'est en définissant et en systématisant ces concepts qu'une pragmatique pure devient enfin concevable :

> J'ai brièvement indiqué certains concepts (croyance, intension, assertion) qui, avec d'autres concepts qui leur sont reliés, pourraient servir de base à une pragmatique théorique. Une étude des relations logiques qui existent entre des concepts de ce type, relations qui seraient exprimées au moyen de postulats de signification, constituerait une pragmatique pure (1963 : 861).

Le retournement est considérable. On remarque en particulier la distance que prend Carnap à l'endroit d'une conception behaviorale de la pragmatique, même en comprenant « behavioral » au sens large de « relié au comportement », comme la « behavioristique » de Neurath (dont le nom et le projet furent repris par Morris) l'entendait originellement. Il s'agit maintenant de *construire* des concepts pragmatiques sur la base de *postulats* de signification et non sur la base d'observations (même potentielles). L'établissement de ces postulats de signification, en raison des difficultés rencontrées par les tentatives de formulation de critères d'analyticité pour les langues naturelles, a été limité par Carnap aux systèmes sémantiques[28]; cette restriction, qui n'est pas fortuite ou provisoire, renforce la distinction toujours maintenue entre les langues naturelles et les systèmes linguistiques et a pour effet que les concepts pragmatiques dont il s'agit demeurent assez éloignés de ce que peuvent manifester les pratiques linguistiques supposées concrètes. Ces concepts sont pragmatiques parce que la structure qui les décrit fait une place au locuteur, mais celui-ci n'est pas spécifé quant à ses propriétés, ses activités ou toute autre chose de cet ordre (c'est ce qui permet à cette pragmatique d'être «formelle» à sa façon). On le voit à la formulation des concepts pragmatiques. Celle du concept d'intension prend la forme suivante :

(1) *Int (p, S, L, X, t)*

qui signifie que la proposition *p* est l'intension de la phrase *S* du langage *L* pour *X* au temps *t*. Ce concept rassemble deux définitions de la croyance. La première, due à Alonzo Church, définit la croyance comme une relation entre une personne et une proposition. Ainsi :

(2) *B (X, t, p)*

signifie que *X* croit *(believes) p* au temps *t*. Carnap fait remarquer que ce concept n'est pas pragmatique car «il caractérise un état (...) qui n'implique pas nécessairement le langage» (1956:248). La seconde, de Carnap, définit la croyance comme une relation entre une personne et une phrase :

(3) *T (X, t, S, L)*

signifie que *X* tient pour vraie *(True)* la phrase *S* du langage *L* au temps *t*. Ce concept, qui stipule la production d'une phrase et non la seule existence d'une proposition, est considéré comme pragmatique. La définition de l'intension l'est également car elle définit l'intension de la phrase relativement à (la croyance d') un locuteur à un moment donné. Le locuteur dont il est question n'est plus un existant empirique et ses croyances n'expriment que la relation somme toute formelle qui existe entre les phrases et leurs occurrences en un temps quelconque pour une population quelconque. Ce sont des construits au moins en ce sens qu'ils ne correspondent pas directement à des observables et qu'ils ne sont posés qu'en raison de la *perspective* ou de l'*orientation* adoptée : ces concepts permettent de penser la *forme* d'une théorie du langage qui ferait une place minimale au pragmatique. La distinction que fait Carnap entre deux concepts d'énoncé *(utterance)* va dans ce sens. Selon le premier concept,

(4) *A (X, t, S, L)*

«*X* énonce délibérément une réplique *(token)* de *S* comme une phrase du langage *L* dans le sens d'une *assertion*» (1956:249). Le concept A impliquant, dit Carnap, une intention, il s'agit d'un produit théorique (les intentions n'étant habituellement pas observables). Selon le deuxième concept,

(5) *U (X, t, R)*

« *X* produit au temps *t* une série de sons audibles *R* au moyen de ses organes de phonation » *(ibid.)*, ce qui peut être observé, tandis que l'intention ne peut être inférée qu'à titre d'hypothèse. Le critère permettant de départager les construits théoriques des observables empiriques est le caractère plus ou moins direct des évidences qui y mènent. Ce sont des « règles de correspondance » qui permettront de relier les premiers aux seconds. Carnap ne précise cependant pas comment les règles de correspondance qui sont utilisées par ailleurs pour relier les termes théoriques des sciences aux phénomènes observés peuvent être aménagées dans le cas de cette théorie du langage. Leur rôle n'est pourtant pas négligeable, car c'est à elles qu'il revient d'établir la relation entre cette pragmatique théorique et l'empiricité qui constitue la seule réalité observable. Ce silence est d'autant plus gênant que les inférences inductives qu'elles sont censées permettre se feraient avec l'appui des « prémisses auxiliaires qui conviennent » *(suitable auxiliary premises)*, qui définissent la « normalité »[29] de la situation et auraient été préalablement confirmées par observation.

Il est un peu scabreux d'exploiter les indications de Carnap au-delà de leur caractère programmatique avoué, car elles n'ont d'autre prétention que de présenter une esquisse, mais on peut néanmoins tirer parti de la réorientation qu'elles donnent à la pragmatique pour avancer quelques remarques qui touchent celle-ci dans sa généralité.

On note d'abord que cette pragmatique ne parvient à assurer sa pureté qu'en hypothéquant lourdement son avenir descriptif : les règles de correspondance ne sont pas précisées au-delà de l'idée qu'elles devraient permettre des inférences et les situations dans lesquelles ces inférences seraient faites sont totalement laissées dans l'ombre. L'imprécision qui venait frapper la définition pragmatique des concepts sémantiques dans la pragmatique antérieure, si elle est maintenant totalement réduite du fait que les concepts pragmatiques ne sont posés que formellement, est ré-introduite dans ce qui doit assurer le passage des termes du langage théorique au langage d'observation. La « purification anthropologique » que permet le fait qu'on ne s'engage plus dans la spécification des propriétés des locuteurs, en passant d'un mode matériel à un mode formel, est contrebalancée par un accroissement considérable des propriétés requises par ce qu'on peut appeler les « mécanismes interprétatifs ». Par exemple, si la reconnaissance d'une suite sonore comme une phrase française ne requiert guère autre chose que la connaissance de la langue, il faut en revanche mettre en jeu un certain nombre de considérations supplémentaires pour reconnaître la production de cette phrase comme une assertion et pour voir dans cette assertion la présence d'une intention. Ces mécanismes interprétatifs exigent la connaissance de paramètres situationnels, qui constituent des assomptions supplémentaires. La pureté pragmatique est alors celle de concepts en quelque sorte structuraux; leur interprétation (au double sens de la reconnaissance interprétative des intentions et de l'interprétation des termes théoriques dans des termes d'observation) est beaucoup plus obscure.

Ici encore, ce qui intéresse d'abord Carnap, c'est la formulation de définitions et de distinctions générales et non l'exploration fine de leurs conséquences pratiques. Il s'agit, en s'écartant de la pragmatique empirique, de donner une base nouvelle à une approche qui souffrait soit d'indifférenciation (la première version empirique), soit d'imprécision (la seconde version empirique). En posant les concepts pragmatiques comme des construits théoriques, Carnap n'a plus à les soutenir directement d'observations positives : il suffit qu'il soit *possible* (théoriquement concevable) d'établir des corrélations avec un niveau observationnel. On peut cependant penser que ce qui est gagné en netteté conceptuelle est en retour payé dans l'épaississement empirique des règles de correspondance et des situations. S'il s'agit seulement de définir les concepts pragmatiques pour les systèmes sémantiques, il n'y a de progrès sur la version empirique que dans la mesure où la relativité de ces concepts est maintenant neutralisée au profit d'une définition formelle. Dans ce cas, les règles de correspondance et les situations jugées normales ne doivent pas poser de difficultés particulières, car on présumera qu'étant prévues, elles sont spécifiables. Par contre, s'il s'agit de définir ces concepts pour rendre compte des transactions effectuées en langue naturelle, les obstacles rencontrés risquent d'être plus dirimants : la définition de la situation (du contexte) d'emploi des énoncés en langue naturelle et la spécification des croyances qui les accompagnent et leur confèrent une partie de leur sens constituent les questions les plus épineuses de ce qu'on considère aujourd'hui comme la problématique générale de la pragmatique. Il se peut alors — c'est une des idées qui peuvent pousser à considérer la pragmatique comme un problème — que la définition (effective) des contextes et la spécification (effective) des croyances soient des tâches qui retirent perpétuellement à la pragmatique ses espoirs d'achèvement, dans l'espace même où celle-ci cherche sa définition[30]. Le minimalisme de Carnap en matière d'application des définitions qu'il formule et le caractère ouvert du programme qu'il esquisse lui permettent de ne pas considérer ces questions dans leur détail. On peut néanmoins penser que, si elles étaient envisagées dans le cadre de la pratique des langues naturelles, elles reproduiraient les difficultés soulevées par le deuxième recours pragmatique (où la question de la situation n'était abordée que très indirectement, par le biais de la possible errance de la compréhension[31]).

En conclusion à « On Some Concepts of Pragmatics », Carnap écrit :

> Il y a un urgent besoin d'un système de pragmatique théorique, non seulement pour la psychologie et la linguistique, mais également pour la philosophie analytique. La sémantique pure étant maintenant suffisamment développée, le moment semble venu de tenter de construire des esquisses indicatives *(tentative outlines)* de systèmes pragmatiques. Une telle esquisse peut dans un premier temps se limiter à de petits groupes de concepts (par exemple, ceux de croyance, d'assertion et d'énoncé); elle pourra ensuite être développée de manière à inclure tous les concepts dont on a besoin en théorie de la connaissance et en méthodologie de la science (1956:250).

Hormis ce que cet extrait a d'optatif, on remarque l'ampleur (potentielle) du domaine pragmatique esquissé. L'urgence d'une pragmatique théorique se laisse facilement déduire des carences des définitions comportementales, mais le danger est grand qu'en lui confiant le soin de définir *tous* les concepts utilisés par la théorie de la connaissance et la méthodologie scientifique (de même — ce qui constitue une espèce de régression vers une position antérieure — que les concepts de la psychologie et de la linguistique) la pragmatique ne tire encore une fois son identité que de ce qui l'opposa à la sémantique pure et qu'elle n'évite de retomber dans un état de totale indifférenciation que par l'exigence de définitions formelles. Cette exigence, qui se réaliserait dans la construction de systèmes pragmatiques définis par des relations logiques, n'a, depuis ces écrits de Carnap, guère été satisfaite que par les logiques épistémiques ou déontiques[32]. Ces logiques répondent au critère pragmatique minimal que référence soit faite au locuteur, mais il s'agit d'un locuteur en quelque sorte virtuel, dont il n'est pas exigé qu'il ouvre la bouche pour parler.

La facilité avec laquelle Carnap reconnaît les défauts de ses positions n'a d'égal que l'ouverture de son attitude quant aux avenues de recherche par où les solutions sont susceptibles d'arriver. Ces vertus, dont on doit lui rendre l'hommage sur le plan de l'éthique intellectuelle, conviennent particulièrement bien à la situation pragmatique actuelle. La pragmatique ne peut en effet compter ni sur des acquis définitifs ni sur une conceptualité assurée. Au contraire, elle cherche son avenir partout où la promesse lui semble en être formulée. L'attitude philosophique de Carnap a par ailleurs quelque chose que certaines tendances de la pragmatique contemporaine manifestent beaucoup plus discrètement, à savoir sa réticence à réifier les divers objets dans lesquels une assise pragmatique est cherchée. Carnap a en effet toujours été assez soucieux de faire la part de ce qui est théorique et de ce qui est ontologique, sans croire que ces deux domaines se recouvraient nécessairement et que les construits théoriques trouvent à chaque fois leurs correspondants dans l'observation, surtout en ce qui a trait au vocabulaire désignant une réalité mentale. A travers ses fluctuations, sa position sur la nature de la pragmatique, si même on ne devait en retenir que cette prudence, demeure à sa façon exemplaire: elle montre au moins que la diversité conceptuelle n'équivaut pas nécessairement à une diversité phénoménale comparable.

2. La pragmatique chez Hans Reichenbach

Reichenbach est en général mieux connu pour les travaux d'épistémologie dont il a été le promoteur parallèlement au Cercle de Vienne que pour sa logique et la philosophie du langage dont elle est l'arcane principal. C'est pourtant dans ses *Elements of Symbolic Logic* (1947) qu'on trouve une des premières tentatives de formulation d'une spécificité pragmatique. Si l'idée que les langues naturelles comportent une dimension pragmatique était à l'époque répandue, il était plus rare de voir cette reconnaissance universelle se prolonger en une analyse effective de cette dimension. C'est d'abord par ce progrès que le texte de Reichenbach (et tout particulièrement le chapitre VII, consacré à l'analyse du «langage conversationnel») présente un intérêt historique majeur. De plus, le contexte dans lequel les idées de Reichenbach se sont développées n'est pas sans relations avec la spécificité pragmatique qu'il a cherché à cerner. En effet, la pragmatique de Reichenbach est née en corrélation étroite avec certaines thèses du positivisme logique des cercles de Berlin et de Vienne [33] qui ont été déterminantes pour la définition du critère retenu par lui pour l'identification du pragmatique, à savoir le critère d'*expressivité*.

Les positions de Reichenbach ont donc un double intérêt: d'une part, elles cherchent à définir une rationalité censément démarquée — que j'appellerai la «rationalité pragmatique» — et, d'autre part, elles donnent lieu à des analyses qui, si elles demeurent assez rudimentaires, n'en isolent pas moins des phénomènes spécifiques. Ces deux aspects sont inséparables, car la rationalité pragmatique commande directement la nature des phénomènes retenus et des analyses qui en sont données. L'examen est ici limité presque exclusivement au chapitre VII des *Elements*, mais il faut noter qu'on trouve ailleurs dans l'ouvrage bon nombre d'intuitions qui sont proches voisines de problématiques actuelles, au nombre desquelles on peut mentionner l'idée de ce qui va plus tard devenir la théorie des «implicatures» (Grice) et des actes des langages indirects (Searle), l'idée de la performativité (Austin) et la distinction entre la signification non naturelle (la «meaning$_{n-n}$» de Grice) et la signification naturelle. Ces intuitions n'ont guère été exploitées au-delà de leur forme la plus générale, car elles ne consituaient pas l'intérêt premier de Reichenbach, mais elles indiquent néanmoins l'ampleur et la richesse de sa pensée à cet égard, de même que son caractère de «visionnaire», puisqu'elles se trouvent pointer au cœur de ce que d'aucuns estiment être les principales voies d'accès à la pragmatique contemporaine.

2.1. La rationalité pragmatique

Une des propriétés que les *Fondements* de Morris reconnaissent à la dimension pragmatique est que, considérés pragmatiquement, les signes *expriment* leurs utilisateurs, c'est-à-dire qu'ils sont des instruments utilisés pour indiquer les dispositions et les états en général des locuteurs. Pour plusieurs sympathisants du Cercle de Vienne, dont Morris a endossé le programme et aux travaux duquel il a collaboré, les notions d'expression et d'expressivité fonctionnent en opposition aux notions de «cognition» et de «cognitivité». On sépare ainsi les énoncés qui ont un contenu empirique — ou un contenu qui peut recevoir une traduction empirique — des énoncés dont la fonction est d'exprimer ou de montrer les états (d'esprit, d'âme, etc.) de leurs auteurs[34]. Cette opposition, dans l'utilisation théorique qui en a été faite, est le plus souvent polarisée par l'aspect cognitif, servant de mesure préliminaire à l'exclusion des énoncés dits expressifs et retenant les énoncés à valeur cognitive comme les seuls dignes d'intérêt pour la philosophie. Les efforts pour délimiter les sphères cognitive et expressive ne parviennent ainsi qu'à définir, avec une précision variable, le cognitif de manière à exclure, dans une totale indifférenciation, ce qui s'y dérobe. Un des mérites de Morris, qui constitue l'originalité de sa contribution aux travaux du Cercle de Vienne, est au demeurant d'avoir cherché à réhabiliter la dimension expressive des signes en montrant qu'elle obéit à un fonctionnement propre, qui ne peut être réduit à une simple relation dénotative.

Sans entrer dans un examen exégétique détaillé, on peut dire que cette polarisation de l'expressif par le cognitif doit beaucoup à une certaine interprétation de la position adoptée par le Wittgenstein du

Tractatus logico-philosophicus. Ce que le positivisme a en général retenu de l'interdit prononcé par le *Tractatus* à l'endroit des propositions éthiques et esthétiques (qu'on peut assimiler, pour fins de commodité, aux signes expressifs) et de leur exclusion hors du dicible, c'est la possibilité de les déconsidérer, pour tourner son attention uniquement vers les propositions dont le contenu cognitif est hors de doute, alors que cette exclusion vise chez Wittgenstein à mettre, pour ainsi dire, l'éthique et l'esthétique à l'abri des prévarications de la «propositionalité»[35]. Ce renversement mis à part, avec le dénigrement de l'expressif dont il s'assortit, la situation est globalement la même, du *Tractatus* au Cercle de Vienne : les énoncés éthiques ou esthétiques ne sont pas des propositions, ils n'ont pas de signification au même sens que les énoncés cognitifs[36]. Cette question de l'existence de deux types de signification ou, éventuellement, du refus de reconnaître quelque signification que ce soit à l'expressivité est particulièrement cruciale pour une pragmatique qui serait pensée selon cette distinction. Depuis la publication de *The Meaning of Meaning* de Ogden et Richards (1923), on a passablement écrit sur ces deux types de signification, en attachant toutefois plus de soin à formuler la distinction qu'à voir de quelle façon elle trouve à s'appliquer dans des cas particuliers et à conceptualiser l'expressivité.

Dans les *Elements of Symbolic Logic*, Reichenbach reprend non seulement le principe d'une division entre la valeur cognitive et la valeur expressive des signes, mais également la polarisation de la seconde par la première : l'expression est définie par la faillite de la dénotation[37]. La dimension pragmatique des signes étant fournie par le fait de leur expressivité, la pragmatique connaît d'abord une définition négative, ce qui est du reste le cas de la plupart de ses définitions générales, dont le principe consiste, à chaque fois que des phénomènes recevables viennent s'ajouter au sens littéral, au sens cognitif ou à tout autre objet considéré comme l'objet sémantique propre, à confier ces ajouts à la pragmatique afin de maintenir intacte la nature de l'objet premier. La pragmatique de Reichenbach n'échappe pas à cette règle. Cependant, dans son désir de ne pas convoquer d'objets pragmatiques (on verra cette réticence au sort étrange de la notion de dénotation dans l'analyse pragmatique), cette pragmatique de l'expressivité est conduite à un paradoxe troublant : la spécificité pragmatique ne peut être atteinte qu'au prix de la reconnaissance muette de son évidence et de l'abolition de la pragmatique comme discours particulier.

Cette situation n'est pas surprenante en elle-même. Lorsque des membres du Cercle de Vienne ont formulé la distinction séparant valeur cognitive et valeur expressive, c'était d'abord pour répartir les énoncés — les énoncés philosophiques (c'est-à-dire métaphysiques) en particulier, lorsque leur cas n'était pas réglé par une amputation pure et simple — en deux classes, celle des énoncés pourvue de sens parce que dotée d'une valeur cognitive, et celle des énoncés qui, en « dernière » analyse, manifestent seulement l'attitude de leur producteur et n'ont ainsi qu'une valeur expressive. Les énoncés métaphysiques étaient inexorablement condamnés à tomber dans la seconde classe. Dans certains cas, on a proposé des mécanismes de traduction de ces énoncés en énoncés authentiquement cognitifs (dans l'hypothèse où les énoncés du métaphysicien sont maquillés sous des dehors trompeurs qu'il est néanmoins possible de rétablir); dans d'autres cas, on s'est contenté de dénoncer leur non-sens en ayant recours à des énoncés canoniques utilisés comme étalons du sensé. Comme le dit Ayer (1959:8), le métaphysicien n'était plus considéré comme un criminel, car on pouvait maintenant le considérer comme un patient, parfois quelque peu rebelle à son traitement, mais en général de bonne foi. Qu'il s'agisse d'une exécution ou d'un traitement, le résultat en était que le discours métaphysique était appelé à s'abolir et que cela qu'il essayait de dire devait se trouver d'autres moyens d'expression[38]. Dans la mesure où l'objet de cette intention de dire ne peut être réduit à néant, malgré les accusations de délire ou d'errance qu'on peut porter contre lui, il est condamné à piétiner dans sa muette intentionnalité. Un sort analogue attend l'expressivité de Reichenbach, ce qui en fait un représentant exemplaire d'un certain destin pragmatique.

2.2. *L'analyse pragmatique*

Le principal souci de Reichenbach est de suppléer à un défaut des grammaires traditionnelles (grammaires dites des « parties du discours ») qui, selon lui, passent à côté des phénomènes pertinents en n'exploitant pas l'idée générale de l'analyse en fonctions et arguments pour l'ensemble des catégories grammaticales. Le rapprochement des langues naturelles et des langues formelles, dont Reichenbach fut incontestablement l'un des pionniers méconnus, est ainsi arbitré par les secondes: la théorie des langues naturelles sera évaluée à sa capacité d'intégrer les instruments analytiques de la logique. Tout au long du chapitre VII des *Elements*, Reichenbach entreprend de traiter diverses questions de grammaire (en particulier, les modes et les temps du verbe) dans les termes d'une analyse logique. Ces préoccupations grammaticales sont dominées par des questions d'analyse philosophique, car Reichenbach s'intéresse en premier lieu à des questions comme celles des noms propres, des descriptions définies, de l'existence fictive, des attitudes propositionnelles et des expressions indexicales[39], négligées des grammairiens et qu'il cherche à aménager à l'intérieur d'une théorie des langues naturelles, où elles trouvent des réalisations différentes de celles qu'elles connaissent habituellement dans les traitements philosophiques.

Une distinction faite dans ce chapitre retient particulièrement l'attention; c'est celle qui concerne ce que Reichenbach appelle trois «capacités»[40] des termes logiques en langue naturelle: une capacité syntaxique, une capacité sémantique et une capacité pragmatique. Cette tripartition reprend la distinction morrissienne de trois composantes de la sémiotique mais elle présente l'avantage de chercher à se préciser dans l'analyse de phénomènes identifiés, tandis que le propos de Morris (du moins dans les *Fondements*) demeure général et programmatique.

Cette tripartition présuppose elle-même une autre distinction, double, qui était extrêmement répandue dans la littérature philosophique de l'époque et qui répondait à un souci de répartir les phénomènes selon des catégories réputées être nettes. Dans les termes de Reichenbach, ces distinctions séparent respectivement les termes *dénotatifs* et les termes *expressifs*, et la nature *cognitive* de ces termes de leur nature *instrumentale*. Les définitions que donne Reichenbach sont assez vagues, en raison du caractère négatif du membre de droite des distinctions: un terme est dénotatif s'il peut remplacer une variable, tandis que sont expressifs les termes — et Reichenbach insiste sur leur diversité — qui ne le peuvent pas. Pour reprendre un de ses exemples (1947: 319-20), dans la phrase «Pierre est grand», le «terme d'argument» *(argument term)* «Pierre» dénote Pierre et le «terme fonctionnel» *(functional term)* «grand» dénote la propriété de ce qui est grand, tandis que «est» ne dénote rien et exprime (montre) la relation des deux termes dénotatifs. Alors que tous les termes dénotatifs sont de nature cognitive (ont un contenu qui se dit), certains termes expressifs, indique Reichenbach, sont simplement de nature instrumentale. Contrairement aux termes expressifs instrumentaux, les termes expressifs de nature cognitive remplissent une certaine fonction linguistique: «ils produisent certaines structures de signes et ainsi ils *font* quelque chose, mais ils ne le *disent* pas» (1947: 322). C'est le cas de ce que Reichenbach appelle des signes fonctionnant dans une capacité *pragmatique* (les signes expressifs *instrumentaux*), «ils font des combinaisons de signes un instrument du locuteur, et, parce qu'ils le *font*, il ne peuvent le *dire*; par conséquent, ils expriment simplement leur fonction instrumentale» (1947: 336). Pour leur part, les termes fonctionnant dans une capacité sémantique dénotent les objets qui correspondent aux variables d'argument, aux variables fonctionnelles et aux variables propositionnelles. C'est sur la base de ces distinctions que Reichenbach entreprend de définir une spécificité pragmatique. Il faut noter que, s'il admet que ces distinctions ne sont pas très tranchées en ce qui a trait aux langues naturelles (Reichenbach mentionnne le fait qu'une frange expressive s'ajoute à leur centre dénotatif), les capacités établies définissent néanmoins trois *classes* de termes, c'est-à-dire que les termes appartiennent par nature à ces classes et qu'ils ne fonctionnent pas, par exemple, tantôt sémantiquement, tantôt pragmatiquement[41]. Il y a là un certain engagement quant à la nature de la pragmatique, car la question n'est pas entendue de savoir si celle-ci a des phénomènes qui lui appartiennent ou si elle ne se préoccupe que de certains aspects de phénomènes appartenant à d'autres champs et sur lesquels elle aurait une perspective privilégiée et révélatrice.

La classe des termes fonctionnant dans une *capacité pragmatique* est divisée en quatre groupes :

1. Les *termes assertifs* constituent le premier groupe. Les exemples en sont : a) le *signe d'assertion* ($\vdash$)[42] et b) le *mode* des verbes.

a) *Le signe d'assertion*. Que le signe de Frege et Russell est expressif et non dénotatif se montre pour Reichenbach dans l'épreuve de la négation. Soit l'expression

(1) $\vdash p$

utilisée pour indiquer que 'p' est asserté. Soit ensuite l'expression

(2) *Ass (Je, 'p')*

signifiant « J'asserte 'p' ». Si le signe d'assertion était dénotatif, (1) aurait le même sens que (2) et pourrait être défini par (2). Cela n'est cependant pas possible, car (1) ne peut être nié tandis que (2) peut l'être. On peut en effet écrire

(3) $\vdash \bar{p}$

mais non

(4) $\overline{\vdash p}$

qui doit être considéré comme une expression dénuée de sens *(a meaningless expression)*, en raison du fait qu'on ne peut nier *verbalement* qu'on affirme ce qu'on affirme au moment où on l'affirme[43]. Reichenbach ajoute qu'il serait éventuellement possible de poser une règle dont l'effet serait que (4) signifierait la même chose que (3), de sorte que (1) aurait le même sens que (2) mais il fait observer qu'une telle règle « ne correspondrait pas à l'usage du signe d'assertion dans les langages conversationnels» (1947:337) et précise que, même si nous improvisions cet usage, il nous faudrait quand même introduire un autre signe d'assertion, qui exprimerait le fait que (4) est asserté. On parvient ainsi à la conclusion que «les expressions qui contiennent un signe pragmatique ne sont pas des propositions» *(ibid.)* puisqu'elles ne peuvent être niées; une phrase qui contient un signe pragmatique est par conséquent une expression qui fonctionne sous un *mode pragmatique*. Ainsi, (1) est une expression qui fonctionne sous un *mode assertif*, c'est là son type pragmatique. Il reste encore à savoir quel est l'usage du signe d'assertion dans le langage conversationnel. Selon Reichenbach, le signe d'assertion trouve comme équivalents dans les langues naturelles des indicateurs comme «oui» et «non», le point marquant la fin d'une phrase écrite ou l'accentuation pour la langue parlée. Ces marques (qui ressemblent énormément à ce qui est maintenant retenu comme marqueurs de force illocutoire dans ce qu'on appelle la «logique illocutoire»[4]) ne font pas partie du sens des expressions. C'est pourquoi elles sont réputées être sans valeur cognitive et n'avoir d'autre fonction que pragmatique.

b) *Les modes grammaticaux* (indicatif, subjonctif, conditionnel) remplissent selon Reichenbach une fonction analogue: l'indication exprime l'assertion tandis que le subjonctif et le conditionnel expriment soit l'absence d'assertion, soit l'assertion que la proposition est fausse (1947:338).

2. *Les termes interrogatifs* forment le second groupe des termes fonctionnant dans une capacité pragmatique; les exemples en sont les pronoms et les adverbes interrogatifs ainsi que le point d'interrogation et «l'inversion de l'ordre des mots» (1947:340). Que les questions appartiennent au mode pragmatique se manifeste dans «le fait qu'elles expriment un désir du locuteur, à savoir le désir d'obtenir une réponse de la part du destinataire» *(ibid.)*. En accord avec la définition générale de la capacité pragmatique, les questions expriment ce désir, mais ne peuvent le dire; ici encore, la preuve en est que les questions, en tant que questions, ne peuvent être niées. Pour ce qui est de leur structure, elles peuvent s'adresser a) à un argument, b) à une fonction ou c) à un «terme logique»:

a) questions s'adressant à un argument, Reichenbach propose de représenter la question

(5) Qui a peint la Mona Lisa?

au moyen de (6)

(6) $(?x) \; \Phi(x)$ (où Φ = a peint la Mona Lisa)

Les pronoms et les adverbes interrogatifs permettent de telles questions.

b) questions s'adressant à une fonction: le contenu de (7)
(7) Quelle est la couleur de votre maison?

peut être représenté au moyen de (8)
(8) $(?\phi)(\phi(x_1).y(\phi))$ (où x_1 = votre maison et y = couleur)

c) questions s'adressant à un «terme logique»:

La forme principale des questions de ce genre est celle où la question s'adresse à une assertion: les phrases
(9) Est-ce que p?
(10) Diriez-vous que p?

peuvent, selon Reichenbach, ête rendues par
(11) $?p$

3. Les *termes impératifs* fournissent un troisième groupe, qui rassemble tous les termes exprimant l'ordre, la requête, le souhait, etc. Reichenbach propose de représenter un énoncé comme
(12) Sortez!

au moyen de
(13) $!p$

La version cognitive de (12) serait quelque chose comme (14)
(14) Je souhaite que vous sortiez

que l'on pourrait représenter par
(15) sh *(Je, p)*

Ici encore, le fait que (13) et (15) ne sont pas équivalents se montre dans ce que (15) peut être nié en
(16) $!\overline{p}$

tandis que la négation de (13) en
(17) $\overline{!p}$

est encore une expression dépourvue de signification.

4. Le quatrième groupe de termes pragmatiques est constitué par les *termes exclamatoires*. Reichenbach ne propose pas de moyens de représentation particuliers et se contente de dire qu'ils ne peuvent évidemment être niés, ce qui consacre leur valeur expressive.

Son caractère d'esquisse ne met pas la pragmatique de Reichenbach à l'abri de la critique. Un point est particulièrement problématique: il s'agit de l'idée que les phénomènes ou les signes pragmatiques ne peuvent être associés à aucun objet. Intéressante, me semble-t-il, si on la considère sur le plan d'une appréciation générale de la situation pragmatique, cette thèse apparaît mal soutenue dans la preuve spécifique qu'en donne Reichenbach. Le test crucial pour l'évaluation des signes pragmatiques est fourni par l'épreuve de la négation, elle-même liée à l'idée que peut être considéré comme pragmatique ce qui se dérobe à la propositionnalité, c'est-à-dire à la vériconditionnalité. Or, considérons les phrases (12) et (14) et leurs représentations. Un locuteur du français estimera normalement qu'une énonciation de (12) et une énonciation de (14) ont approximativement la même fonction, qui est d'exprimer le désir que *p* (on dirait maintenant qu'elles ont la même force illocutoire) et qu'elles visent le même but, voire — si on a affaire à un locuteur sophistiqué — qu'elles peuvent survenir dans des contextes passablement équivalents. Reichenbach maintient néanmoins une différence entre les deux phrases, car, selon lui, la phrase (14) est entièrement dénotative et vériconditionnelle. Un passage des *Elements* est tout à fait explicite sur ce point:

> Il est vrai que l'usage instrumental du langage tombe dans une catégorie à laquelle les prédicats 'vrai' et 'faux' ne s'appliquent pas. Ces prédicats expriment une relation sémantique, c'est-à-dire une relation entre des signes et des objets, et l'usage instrumental, appartenant à la pragmatique, ne peut être estimé vrai ou faux. Si, au lieu de relations pragmatiques, nous voulons introduire des énoncés qui sont vrais ou faux, nous pouvons y parvenir en produisant des énoncés qui englobent l'usager du signe. Ainsi, à l'énoncé impératif «Ferme la porte» nous pouvons substituer la phrase indicative «M.A. souhaite que la porte soit fermée». Cette phrase est vraie ou fausse. (...) il est ainsi possible d'associer à chaque usage instrumental un énoncé vrai qui fait référence à cet usage (1947: 19-20).

Le principe semble être le suivant: on a affaire à une relation sémantique de dénotation lorsqu'il est possible de poser des objets qui correspondent aux signes, quelle que soit la nature de ces objets (la volonté de M.A. n'est certainement pas comparable à la porte, au fait que la porte soit fermée, etc.). Les choses ne sont cependant pas si simples, car pour que la proposition «M.A. souhaite que la porte soit fermée» soit vraie, il faut, du moins dans les circonstances dont nous avons l'habitude, que M.A. ait, à un moment donné, *dit* «Je souhaite qu'on ferme la porte» ou quelque chose de semblable. Or, le pronom «je» ne peut être substitué à un nom propre ou à une description (c'est sans doute pour esquiver cette difficulté que Reichenbach traduit «Ferme la porte» comme il le fait en ayant recours à un tiers, dont la volonté est rapportée). On aurait du mal à soutenir que la phrase

« Je souhaite qu'on ferme la porte » est dans une relation de dénotation quant à une quelconque factualité ou, pour le cas où on estimerait que les états psychologiques de désir ont une existence indépendante des énoncés qui les expriment, que cette phrase est *uniquement* dans une telle relation et qu'aucune partie de son sens n'échappe à cette relation. Il est au contraire clair que quiconque dit « Je désire qu'on ferme la porte » *exprime* son désir que la porte soit fermée en *disant* que c'est là son désir. Pour parler comme Reichenbach, on considérera que ces signes font ce qu'ils font en disant qu'ils le font. Une terminologie un peu plus tardive, celle d'Austin, dirait qu'un énoncé comme (12) comporte un performatif *primaire* tandis qu'un énoncé comme (14) comporte un performatif *explicite*. Dans les deux cas, la forme illocutoire ou, dans le vocabulaire de Reichenbach, la valeur expressive est la même et seuls les indicateurs sont différents. Il ne serait alors plus possible de traduire *stricto sensu* la capacité pragmatique en une capacité sémantique (du moins au sens où la sémantique est conçue par Reichenbach), car il demeure toujours un résidu, irrécupérable par une traduction sémantique stricte, qui ressortit à l'expressivité. Le même raisonnement vaut pour le signe d'assertion et ce qu'on peut appeler sa « lexicalisation » : la possibilité de nier la forme lexicale « j'affirme » en « je n'affirme pas » ne signifie pas que l'énonciation de cette négation soit elle-même vériconditionnelle[45], de sorte que le fait de l'énonciation et la valeur expressive qu'il prend doivent être distingués du contenu asserté. La généralité des aspects pragmatiques risque ainsi de s'étendre bien au-delà des cas identifiés par Reichenbach, car il est raisonnable de penser que, considéré non comme une phrase éternelle[46] ou abstraite, mais comme un énoncé effectivement produit, tout énoncé comporte une dimension pragmatique caractérisable comme son expressivité[47].

De même, beaucoup d'expressions des langues naturelles qui semblent être uniquement dénotatives ont — Reichenbach en indique du reste lui-même la possibilité — des aspects expressifs qui ne sont pas réductibles aux aspects dénotatifs. Comme le fait remarquer Alston (1967) et, avec lui, des générations de « sémiologues » de la connotation, deux termes qui ont la même dénotation et qui sont substituables l'un à l'autre *salva veritate* peuvent différer considérablement pour ce qui est des fonctions expressives qu'ils réalisent[48]. On serait donc plutôt enclin à penser que, comme on l'a vu dans le cas de l'idée des interprétants, l'expressivité, dans les langues naturelles, s'ajoute à la « dénotativité » et entoure la sémantique d'un « halo » pragmatique, qui tient moins à ce que est dit (représentationnellement) qu'aux moyens qui sont pris pour le dire. Rien n'interdit en soit que cette expressivité corresponde à des aspects spécifiables du monde, de sorte que les aspects expressifs dont il est question ne seraient que des aspects de la sémantique, une sémantique qui se trouverait cependant considérablement enrichie et dont les chances de s'aligner sur un idéal vériconditionnel seraient passablement diminuées.

Une appréciation de la pragmatique de Reichenbach doit, quelles que soient les difficultés posées, tenir compte du fait que c'est à l'intérieur d'une «somme» de logique que cette analyse est menée. Ce fait n'est pas négligeable. D'une part, Reichenbach réserve une place aux langues naturelles, que l'écrasante majorité des logiciens de l'époque étaient portés à considérer avec méfiance[49]. D'autre part, il distingue, au nombre des dimensions dans lesquelles ces langues peuvent être considérées, une dimension pragmatique qu'il estime spécifique, en dépit du caractère partiel de la théorisation qu'il en donne[50]. L'enjeu consiste à voir comment cette spécificité peut donner lieu à une théorisation distincte. Les moyens effectivement mis en œuvre par Reichenbach peuvent facilement apparaître très en deçà de ce qui est de fait requis par une théorie formalisée adéquate des langues naturelles et les intuitions qu'il a eues peuvent sembler plus intéressantes d'un point de vue historique que par leur développement analytique; il n'en demeure pas moins que sa contribution à l'idée pragmatique ne peut être déconsidérée, en raison même de ce qu'elle a de relativement «avant-gardiste».

Du point de vue de ce travail, le fait que la dimension pragmatique que ses analyses isolent conduise à une espèce de mutisme n'est pas entièrement étonnant. Si les chemins par lesquels Reichenbach parvient à la conclusion que la dimension pragmatique correspond à une expressivité muette (elle fait et ne dit pas, lorsqu'on peut dire sémantiquement ce qu'elle fait, elle cesse d'être, etc.) sont théoriquement erronés aux yeux de la modernité, cela ne signifie pas que son entreprise soit, elle non plus, avortée, car elle va au cœur de la question épistémologique de la pragmatique, qu'on peut, à ce stade, formuler de la façon suivante: la pragmatique est-elle une théorie qui trouve quelque part des objets distinctifs ou ne produit-elle qu'une perspective différente sur des objets reconnus par ailleurs? Plus soucieux de reconnaître une dimension dont il s'agit d'affirmer la pertinence que d'en interroger le statut théorique, Reichenbach ne permet pas de répondre directement à cette question. Cependant, son identification du pragmatique comme cela qui, par définition, ne correspond à aucun objet se présente, à sa façon, comme une contraction de la pragmatique tout entière et va, à ce titre, en direction d'une réponse qui, si on tentait de l'expliciter, indiquerait précisément le point où la prudence ontologique qui guide cet examen nous conduit. La pragmatique esquissée par Reichenbach, au-delà des quelques difficultés manifestes qu'elle révèle, dit en somme ceci : à invoquer, pour se constituer en théorie, une population d'objets qui lui fourniraient son champ d'exercice, la pragmatique perd ce qui pourtant devait la distinguer. Que ces objets soient suspects et qu'ils convoquent comme faits des «entités» dont le statut n'est pas sans équivoque n'est pas dirimant en soit; ces objets, indifféremment présentés sous la forme de faits ou de réalités psychologiques, tentent de sauver une version renouvelée du représentationalisme : on peut en effet reproduire la représentation dans le mouvement même qui visait à l'éviter.

Lorsque Reichenbach présente comme des faits bruts (des existants factuels) ce qui apparaît à une certaine pragmatique (celle des actes de langage, par exemple) assurer sa puissance explicative[51], à savoir les états mentaux qui sont pour lui les correspondants de la version dénotative de l'usage instrumental, il pointe, peut-être involontairement, dans la direction où l'aporie pragmatique se constitue. Sa tentative de «factualiser» les états mentaux fournit (à tout le moins) un indice que le pragmatique dont il s'agit d'assurer la spécificité ne peut se réaliser qu'en renouvelant l'élémentarisme qui a de tous temps alimenté la sémantique et l'idéal de représentation qui la définit. Le fait que cela qui s'évade de cet idéal ne puisse être dit marque en même temps la limite du théorique.

NOTES

[1] Du fait de son caractère restreint, la pragmatique proposée par Reichenbach serait sans doute plus justement qualifiée de «micro-pragmatique», bien que l'expressivité dans laquelle il a cherché le critère pragmatique ultime soit en fin de compte beaucoup plus répandue que ce qu'il a identifié.

[2] Il s'agit alors de la «période sémantique» (*Foundations of Logic and Mathematics* (1939), *Introduction to Semantics* (1942), *Meaning and Necessity* (1947), «Meaning Postulates» (1952), pour ne citer que les œuvres principales), par opposition à la «période syntaxique», représentée principalement par *The Logical Syntax of Language* (1934, 1937).

[3] Cet article est repris comme Appendice D dans l'édition augmentée (1956) de *Meaning and Necessity*. Il a été publié en français dans le numéro 2 de la revue *Langages* (= Carnap (1966)). C'est cette traduction qui est utilisée ici. Pour ce qui est des autres textes de Carnap, je traduis.

[4] *Introduction to Semantics* a été repris dans *Introduction to Semantics and Formalization of Logic* (1958); c'est à la pagination de cette édition que référence est faite.

[5] Dans un esprit carnapien, il faut se rappeler qu'il n'est pas assuré que les langues naturelles constituent des systèmes au sens standard. La factualité qui les parcourt aurait plutôt tendance à s'y opposer.

[6] Ce passage se poursuit par la suggestion que des *concepts* pragmatiques peuvent expliquer les concepts sémantiques correspondants, ce qui constitue le deuxième type de pragmatique empirique, examiné plus bas.

[7] Ceux-ci ont adopté sur cette question un grand nombre de positions, qui maximalisent l'écart (les langues naturelles et les langues formelles n'ont guère de points de contact et obéissent à des rationalités radicalement divergentes), le minimalisent (à certains niveaux *de leur théorie* les langues naturelles et les langues formelles se ressemblent) ou l'annulent (les langues naturelles *sont* des langues formelles; cf. l'article de Montague «English as a Formal Language» (1970c)). Malgré les analogies que l'on a évoquées entre les systèmes à la Carnap, syntaxiquement composés de règles de formation et de règles de transformation, et le modèle génératif de la théorie standard (cf. par exemple J.D. Fodor (1970)), la parenté ne touche que la *forme* de la théorie qui rend compte des objets qu'elle se donne.

[8] Bloomfield ne définissait-il pas, sensiblement à la même époque, la linguistique comme l'étude de l'ensemble des actions verbales conventionnelles! En fait, une part importante des positions de Morris et de Carnap sur la linguistique est proche de la pensée de Bloomfield, telle qu'on la trouve définie dans *Language* (1933), qui a constitué la somme linguistique de l'Amérique pendant de nombreuses années, et, tout particulièrement, dans *Linguistic Aspects of Science* (1939), qui rassemble, à côté de quelques thèmes proprement linguistiques (communautés de parole, structures phonologiques et grammaticales, écriture et parole), des thèses qui ont pu pour un temps représenter la dernière philosophie de la science linguistique. La publication de cet ouvrage dans l'*Encyclopédie de la science unifiée* est une raison de plus de considérer la parenté des vues de Bloomfield avec celles de Morris et de Carnap, qui en étaient les éditeurs. La question de savoir si *Linguistic Aspects* exprime, en la totalisant, la science linguistique de son temps ou tente plutôt de donner à celle-ci une orientation nouvelle exigerait pour son éclaircissement un examen historique dont ce n'est pas ici le lieu, mais on peut établir avec certitude que c'est avec Bloomfield que pour une des premières fois en Amérique se sont ajoutées à la méthodologie de l'analyse linguistique des préoccupations pour une épistémologie comparée et quelque peu systématique de la discipline. Que cette épistémologie emprunte la voie d'un positivisme revu et corrigé par la tradition pragmatiste américaine et que son anthropologie se fonde sur une perspective behaviorale n'a rien

de bien surprenant, compte tenu de la prééminence que cette conceptualité connaissait alors. On trouve dans *Linguistic Aspects* bon nombre de points où la réflexion de Bloomfield prend contact avec les principes que Morris et Carnap définissaient pour l'ensemble de la sémiotique: une approche behavioriste, recommandée par les *Fondements* de Morris et adoptée par Carnap, se retrouve dans le traitement de l'action verbale (pp. 15 sv.), les attaques contre le mentalisme y prennent les mêmes accents (pp. 9 sv.), l'idée que la signification correspond à la totalité du processus de la semiosis et non à un quelconque aspect particulier (p. 18) s'y allie à la définition des aspects spécifiquement pragmatiques de la signification (p. 27), pour ne citer que quelques-uns de ces points de contact, auxquels on doit ajouter celui, plus englobant et plus ancien, de la définition de la science comme un système de signes, la sémiotique étant ce qui permet l'analyse de ce système, avec le souhait presque ancestral d'une langue scientifique homogène et transparente.

Par ailleurs, Bloomfield a toujours été assez réticent — moins cependant que ses adversaires ne l'ont donné à penser — à engager la linguistique dans une analyse directe du contenu: une sémantique mobiliserait selon lui une somme de connaissances non linguistiques si considérable que son projet se confondrait avec l'ensemble des connaissances empiriques. Il est intéressant de remarquer que la précarité de cette frontière entre le contenu proprement dit (à savoir, la moyenne des actions verbales conventionnelles observables dans une communauté linguistique donnée et qui peuvent être décrites comme des corrélations son-sens constitutives de la langue de cette communauté) et les déterminations extrinsèques de ce contenu est l'une des questions auxquelles est maintenant conduit l'examen des relations entre sémantique et pragmatique. Bloomfield choisit de distinguer deux aspects de l'objet linguistique: d'une part, les «événements» qui précèdent et suivent la production des signaux sonores, d'autre part, la forme spécifique que prennent ces signaux et qui constituent l'objet propre de la théorie linguistique. Ce qui précède et suit le signal, et que l'on peut considérer comme le «contexte» de sa production, est pris en charge par une approche du type «stimulus-réponse»: on a ainsi une théorie descriptive de la forme verbale et une théorie explicative de l'action verbale. Cette explication s'établit sur deux plans: un plan psychologique qui correspond à la stimulation de l'individu et un plan sociologique qui explique la conventionalisation des actions verbales. Si, comme le dit Bloomfield, le langage sert à combler le fossé entre les systèmes nerveux, il est prévisible que la conceptualité la plus en accord avec cette «fonction» du langage (la conceptualité stimulus-réponse) soit appelée à assurer l'anthropologie qui accompagne la théorie de la description linguistique, car elle permet de faire l'économie des représentations mentales, des intentions et de tout un vocabulaire théorique aux colorations mentalistes.

[9] Cette «régression» prend un relief considérable dans la (non-)philosophie des mathématiques de Wittgenstein. Il écrit par exemple: «Le mathématicien ne peut qu'être horrifié par mes commentaires mathématiques, car il a été formé à refuser les pensées et les doutes du genre de ceux que je développe. Il a appris à les considérer comme quelque chose de méprisable et il a, pour utiliser une analogie psychanalytique (...), pris l'habitude de les considérer avec révulsion comme quelque chose d'infantile. En d'autres mots, j'explicite tous les problèmes qu'un enfant, lorsqu'il apprend l'arithmétique, etc., trouve difficiles et que l'enseignement réprime sans les résoudre. Je dis à ces doutes réprimés: vous avez parfaitement raison, continuez de poser des questions, et exigez des éclaircissements!» (PG 25, pp. 381-382). *Mutadis mutandis*, cette remarque de Wittgenstein peut s'appliquer à la méfiance que le linguiste «moderne» entretient à l'endroit des fondements mêmes de sa discipline.

[10] Ce rapprochement de Carnap et de Wittgenstein tourne cependant vite court, surtout pour ce qui est de l'esprit des deux entreprises. Carnap définit, sous une forme simplifiée, la réalité de la pratique du linguiste et de la genèse de sa démarche, tandis que Wittgens-

tein cherche plutôt à montrer l'impossibilité des entreprises de fondation et les difficultés des commencements radicaux en philosophie. Les opérations élémentaires qu'il décrit, si elles permettent de considérer les constructions théoriques sous une forme plus simple, n'en sont pas pour autant ultimes.

[11] Traduction de G. Durand (Wittgenstein (1965 : 42)), qui s'écarte quelque peu du texte original : « The teaching may have supplied us with a rule wich is itself involved in the processes of understanding, obeying, etc. ; « involved », however, meaning that the expression of this rule forms part of the processes. We must distinguish between what one might call « a process being *in accordance with a rule* » and, « a process involving a rule » (in the above sense) » (BB pp. 12-13).

[12] C'est là l'idée chomskyenne orthodoxe. Katz (1982) a probablement fait évoluer les choses en soutenant que le langage est un système d'objets abstraits éternels *(timeless)* qui existe indépendamment de l'esprit, s'opposant ainsi au mentalisme de Chomsky, sans doute jugé trop concret.

[13] L'utilité ou l'inutilité sont dans ce domaine affaire de point de vue si ce n'est de tempérament : ce qui pour les uns permet une généralisation linguistique intéressante et une simplification des grammaires peut apparaître aux autres comme une prolifération indue d'entités théoriques ou pseudo-théoriques. (Comme l'écrit Gross (1979), qui n'est pourtant pas le plus farouche défenseur des grammaires simples, « l'admission d'un terme théorique devrait constituer un événement extrêmement rare et bien contrôlé ».)

[14] Le parallélisme psycho-linguistique, défini comme la mise en correspondance d'un plan public de comportement et d'un plan explicatif privé, mental, etc., se trouve au cœur de la question pragmatique que cet essai cherche à formuler : on peut avoir l'impression, dès qu'un niveau de réalité est posé qui se situe à l'extérieur du langage *stricto sensu*, qu'on se trouve d'emblée à l'intérieur d'un ordre pragmatique authentique. Cela ne va pas de soi, car il n'est aucunement assuré que les entités mentales invoquées pour cautionner les caractéristiques du langage ne soient pas tout simplement obtenues par projection de la théorie de la description sur un substrat mental assez obscur qui, constitué et révélé dans cette projection, ressemble comme un frère à ce qu'il vise à expliquer. Rien dans une pragmatique ainsi posée ne lui permet d'échapper à la rationalité de la représentation, qui constitue pourtant ce face à quoi elle doit se contraster.

[15] La seule bibliographie de la question de l'analyticité est déjà impressionnante ; pour les années cinquante et soixante, on ne recence pas moins de huit cents publications sur le sujet. Une idée de l'ampleur du débat est suggérée dans : Hall, R., « Analytic-synthetic : a bibliography », *Philosophical Quarterly*, 1966 et dans Pap, A. et Edwards, P., *A Modern Introduction to Philosophy*, New York, The Free Press, 3rd edition, 1973, chap. « A priori Knowledge ».

[16] Bar-Hillel (1966 : 39) utilise ce mot (sûrement en un autre sens que celui que lui donne la sémiologie européenne) dans son « plaidoyer en faveur de la réintroduction de la sémantique dans le champ de la linguistique » : « La première théorie [la théorie de la signification] traite des aspects *intensionnels* ou *connotationnels* du langage et des autres systèmes de signes, c'est-à-dire de la *signification* (en un sens restreint de ce mot) ».

[17] Dans *From a Logical Point of View* (1953), pp. 47-64.

[18] Ce résumé simplificateur ne vise qu'une formulation minimale de la situation. Les principaux textes de Carnap qui sont pertinents sur ce point sont : « Testability and Meaning » (1936 et 1937), « The Two Concepts of Probability » (1945), *Logical Foundations of Probability* (1950) et « The Methodological Character of Theoretical Concepts » (1956).

[19] On trouvera quelques développements de la notion de « jeu de langage théorique » au chapitre 7, de même que dans Latraverse et Leblanc (1981).

[20] Cette part d'incertitude n'est pas manifeste dans les exemples qui précèdent mais il

est facile de concevoir des cas où elle prend des proportions importantes, par exemple le cas des mots « abstraits ».

[21] Une disparité analogue survient entre le point de vue du locuteur et celui du théoricien dans le cas de la définition de la notion de contexte, discutée au chapitre 6.

[22] Carnap prend position sur les capacités de cet homme de la rue (qui n'est peut-être qu'un autre mythe philosophique) : « L'homme de la rue est tout à fait capable de donner un sens, et de répondre, à des questions relatives à des situations supposées (...) » (1966:117). Carnap veut alors repousser un argument auquel l'extensionaliste est susceptible d'avoir recours, à savoir que « l'homme de la rue est peu disposé à dire quoi que ce soit d'objets qui n'existent pas » *(ibid.)*. La seule façon de savoir ce que l'homme de la rue peut faire est de l'amener à le faire, mais cela comporte nécessairement une part d'artificialité en faussant la situation dans laquelle il se trouve normalement. Lorsque, pour reprendre une image de Wittgenstein (PU 38), nous laissons le langage prendre des vacances, c'est-à-dire lorsque nous l'abstrayons de son usage pour le considérer « en lui-même », nous créons des problèmes que l'homme de la rue n'éprouve normalement pas. Dans « The Meaning of a Word », Austin (1979) illustre bien ce divorce de l'usage philosophique et de l'usage « naturel » des définitions : *Suppose a plain man puzzled, were to ask me* « What is the meaning of (the word) 'muggy'? *and I were to answer* « The idea or concept of 'mugginess' or 'the class of sensa of which' it is correct to say 'This is muggy' » : *the man would stare at me as at an imbecile. And this is sufficiently unusual for me to conclude that that was not at all the sort of answer he expected: nor, in plain English, can that question ever require that sort of answer* (1979:59). La situation décrite par Austin est l'image inversée de celle imaginée par Carnap : la première réponse est intensionnelle, la seconde est extensionnelle.

[23] Jacques Bouveresse conclut ainsi un article sur Carnap : « L'insuffisance de ses diverses réponses est cependant loin de faire de sa tentative une entreprise philosophique avortée : lorsque la substitution des bonnes questions aux mauvaises ne permet pas celle des bonnes réponses aux mauvaises, elle a tout au moins le mérite considérable de remplacer de mauvaises certitudes par de bonnes apories » (1971:297).

[24] Quine (1953:39-40) évalue en ces termes l'effort de Carnap : *He was the first empiricist who, not content with asserting the reducibility of science to terms of immediate experience, took serious steps toward carrying out the reduction. If Carnap's starting point is satisfactory, still his constructions were, as he himself stressed, only a fragment of the full program. The construction of even the simplest statements about the physical world was left in a sketchy state.*

[25] Cf. l'appendice E de la seconde édition de *Meaning and Necessity* et ici même, chap. 3, sect. 1.2.

[26] Dans « Meaning and Synonymy », Carnap adopte déjà une attitude nuancée sur ce point : « Je ne pense pas que, pour être fécond, un concept sémantique doive nécessairement posséder une contrepartie pragmatique qui lui serait antérieure. Il est théoriquement possible de démontrer sa fécondité par les applications qu'il aura dans le développement ultérieur du système linguistique » (1966:110).

[27] Comme l'écrit Augustin dans les *Confessions* (XI, 14), cité par Wittgenstein (PU 89) : *Quid est ergo tempus? Si nemo ex me quaerat, scio; si quaerenti explicare velim, nescio.* Et Wittgenstein poursuit : « Voilà ce qu'on ne pourrait dire d'une question des sciences naturelles (...) Cela que nous savons lorsque personne ne nous interroge et que nous ne savons plus lorsqu'il faut l'expliquer, c'est quelque chose qu'il faut se remémorer *(etwas, worauf man sich* besinnen *muss)*. (Et manifestement quelque chose dont on a des raisons de ne se le remémorer qu'avec difficulté.) » Cette remémoration n'est empirique qu'indirectement. Par ailleurs, des *Recherches philosophiques* (et leur notion de « ressemblance de famille ») à G. Lakoff (1972), de nombreux travaux, psychologiques ou logiques (Zadeh (1971a et 1971b)), ont insisté sur l'indétermination des notions

naturelles, soit pour en affirmer le caractère indépassable, soit pour proposer diverses mesures de quantification (ce qui est sans doute proche des vœux originaux de Carnap).

[28] Carnap écrit dans «Meaning Postulates» (repris dans Carnap (1956:222-229)): *Our explication (...) will refer to semantical language systems, not to natural languages. It shares this character with most of the explications of philosophically important concepts given in modern logic (...)* (222-23). Ce n'est qu'assez récemment que l'on a tenté d'importer dans la représentation sémantique des langues naturelles les procédures pensées par Carnap pour les sytèmes sémantiques.

[29] L'établissement de cette normalité engage un programme extrêmement vaste, qui s'étend, au nombre des choses qu'on peut invoquer à ce chapitre, des maximes (Grice) ou des postulats (Gordon et Lakoff) de conversation aux pratiques décrites par une certaine socio-linguistique. Prudent, Carnap prend lui-même soin de mettre le mot «normalité» entre guillemets, ce qui donne à penser qu'il le mentionne plutôt qu'il ne l'utilise.

[30] Cette difficulté générale de la pragmatique est examinée de façon plus détaillée aux chapitres 5 et 6. Elle alimente ce qui est identifié ici comme le paradoxe pragmatique fondamental.

[31] Carnap écrit: «*Chisholm is certainly right in saying that my account was an oversimplification. But this was intentional; I deliberately left aside not only the possible effects of vagueness, but also those of factual errors of the speaker (...)*». Carnap (1956:248).

[32] Si l'on accepte que ces logiques satisfont à des conditions permettant de les dire «pragmatiques», logique déontique et logique épistémique sont sans doute parmi les seules pragmatiques réalisées. Il est cependant difficile de ne pas être assez réservé à cet égard. Dans les premières pages de *La logique des normes* (1972), G. Kalinowki fait certes référence à la tripartition morrissienne, en mentionnant le caractère «organique» des trois parties de la sémiotique, mais il ne se préoccupe pas de situer la logique déontique par rapport à l'une ou l'autre de ces parties. Au chapitre de la formalisation ou de la systématisation de la pragmatique, il faut citer aussi le texte relativement méconnu de R.M. Martin (1959), *Toward a Systematic Pragmatics*, d'esprit carnapien.

[33] Bien qu'il ait toujours été assez soucieux de marquer une certaine distance par rapport au positivisme logique standard, préférant qualifier sa position d'*empirisme* logique, Reichenbach a néanmoins été, avec Rudolf Carnap, l'éditeur de la revue *Erkenntnis*, l'«organe officiel» du positivisme logique.

[34] Je laisse de côté les propositions logiques et mathématiques, qui ont joué un rôle central dans ce type de répartition.

[35] Parmi tous les commentaires qui ont été faits au sujet de ce renversement, on peut citer ce passage de Paul Engelmann (1967:97): «*A whole generation of disciples was able to take Wittgenstein for a positivist because he has something of enormous importance in common with the positivists: he draws the line between what we can speak about and what we must be silent about just as they do. The difference is only that they have nothing to be silent about. Positivism holds — and this is its essence — that what we can speak about is all that matters in life. Whereas Wittgenstein passionately believes that all that really matters in human life is precisely what, in his view, we must be silent about. When he nevertheless takes immense pains to delimit the unimportant, it is not the coastline of that island which he is bent on surveying with such meticulous accuracy, but the boundary of the ocean*». On trouvera quelques remarques sur l'interprétation du silence chez Wittgenstein dans Latraverse (1984).

[36] Par exemple, Carnap écrit («Philosophy and Logical Syntax», p.»24): «*(...) a value-statement is nothing else than a command in a misleading grammatical form. It may have effects upon the actions of men, and these effects may be either in accordance with our wishes or not; but it is neither true nor false.*» Ayer, dans *Language, Truth and Logic*, adopte une position analogue: «*The exhortations to moral virtue are not propositions*

all, but ejaculations or commands which are designed to provoke the reader to actions of a certain sort» (1936:103). Le trait le plus remarquable de ces répartitions est moins le découpage abrupt qu'elles effectuent que le fait que les énoncés éthiques et esthétiques se trouvent marginalisés et qu'on n'entreprenne pas d'en traiter au-delà de leur exclusion.

[37] Reichenbach écrit (1947:319): «*We shall say that a term is expressive when it is not used as a denotative term*». Dans le reste du texte, le sens du mot «expressif» doit être déduit des seuls exemples qui sont donnés de l'expressivité.

[38] En conclusion à sa célèbre «Elimination de la métaphysique» (1931-1932), Carnap invite le métaphysicien à choisir des moyens d'expression plus en accord avec les finalités qu'il poursuit, la musique par exemple («Les métaphysiciens sont des musiciens sans talent musical»).

[39] Chez Reichenbach, les expressions indexicales sont traitées comme des «token-reflexive words», c'est-à-dire des mots qui font référence à leur occurrence «dans un acte de discours individuel» (1947:284). Tandis que de nombreux auteurs voient dans l'étude de ces expressions la terre pragmatique par excellence, Reichenbach confie leur étude à la sémantique.

[40] Je calque directement le mot anglais *capacity* à défaut d'une traduction plus élégante ou plus usuelle.

[41] Reichenbach prend cependant soin d'ajouter: «Le Prof. R. Carnap m'a suggéré (...) d'abandonner la distinction entre la capacité syntaxique et la capacité sémantique et de considérer ces deux genres *(kinds)* de signes logiques comme un seul type. Nous ne ferions alors la distinction qu'entre les signes logiques cognitifs et les signes logiques instrumentaux. J'aimerais laisser cette question ouverte pour plus ample discussion» (1947:325 n1).

[42] Plus exactement, l'assertion est représentée par la seule portion verticale du signe. Granger (1977) avance l'idée que le signe d'assertion est le seul marqueur de force illocutoire des langages formels.

[43] J'ajoute ces contraintes, dont Reichenbach ne fait pas état. Il n'y a pas chez lui de «détachement» entre l'usage et la mention, car, en tout état de cause, on peut dire qu'on n'affirme pas *p* sans vouloir dire qu'on en mentionne pas «*p*».

[44] Cf. le titre de l'ouvrage de Searle et Vanderveken (1985), *Foundations of Illocutionary Logic*. On trouve souvent dans l'accentuation, les marques graphiques et les modes grammaticaux des indices de la force illocutoire des énoncés. Des réserves quant à cette idée ont déjà été émises par Stenius (1969). Il n'est pas acquis d'entrée de jeu que la grammaire reproduise fidèlement toutes les distinctions théoriques que nous apportons aux langues lorsque nous entreprenons de rendre compte des activités auxquelles elles *servent*.

[45] Pour utiliser le vocabulaire de la théorie des actes de langage, on peut nier un contenu propositionnel («Je vous conseille de ne pas le faire») et on peut nier une force illocutoire («Je ne vous conseille pas de le faire»), mais la négation de la force illocutoire n'en conserve pas moins elle-même une force illocutoire, le deuxième exemple pouvant être interprété soit comme une assertion (quelque peu métalinguistique: «Il n'est pas vrai que je vous conseille de le faire», ce qui est ce qui se rapproche *le plus* de la vériconditionalité souhaitée par Reichenbach), soit, d'une manière plus naturelle, comme signifiant «Je vous déconseille de le faire», mais dans les deux cas la force illocutoire n'est pas oblitérée par la négation, et lui survit, tout comme pour le signe d'assertion présenté par Reichenbach.

[46] Les phrases contenant des expressions indexicales sont parfois appelées «phrases non éternelles» en raison de leur dépendance par rapport au contexte de leur énonciation. *Cæteris paribus*, l'usage d'une phrase — par opposition à sa mention — la rend relative à l'acte qu'elle sert à poser et la soustrait au représentationalisme pur: la représentation

qui la gouverne est circonscrite par le fait que ce qui est considéré comme le représentant est lui-même énoncé et comporte une dimension irréductible à la représentation.

[47] Comme l'indique Descombes (1977:7), d'un certain point de vue, tout énoncé n'est pas seulement une expression bien formée, pourvue de conditions de vérité ou de satisfaction, c'est aussi une demande, celle d'être entendu.

[48] Pour adapter un exemple donné par Alston, les deux phrases «X est un indicateur de police» et «X est un mouchard» (ou même «X est un indic»), qui ont en gros les mêmes conditions de vérité, se différencient par l'expression d'une attitude neutre ou défavorable par rapport à cette occupation.

[49] Pensons que ce n'est qu'assez récemment que l'on s'est mis à considérer comme plausible l'idée que les langues naturelles puissent être analysées au moyen des instruments analytiques de la logique. C'est par exemple, pour une bonne part, ce qui a fait la fortune de la sémantique générative en linguistique, de même que c'est ce qui explique le «retour» à Reichenbach que l'on constate maintenant.

[50] Conscient, comme Carnap, du caractère limité de ses analyses, Reichenbach écrit à la fin du chapitre VII des *Elements*: «Nous arrêtons ici notre exposé sur les termes logiques. Nous n'avons donné qu'une esquisse et savons qu'il reste beaucoup à faire, surtout en ce qui a trait à l'analyse et à la formalisation des termes pragmatiques» (1947:344).

[51] Par exemple, John Searle insiste en maints endroits sur le fait que dans la perspective qui est la sienne l'explication doit aller des états mentaux à la pratique du langage et non l'inverse, c'est-à-dire que les entités mentales convoquées (chez Searle, les états intentionnels) le sont pour instaurer une relation explicative allant de l'esprit au langage.

Chapitre 4
La « pragmatique » formelle

0. Introduction

On peut regrouper sous le nom de « pragmatique formelle » un certain nombre d'idées, de problèmes et de théories communs à des logiciens comme Montague, Scott, Lewis, Kaplan ou Stalnaker (pour n'en retenir que les principaux représentants), qui entreprennent de donner un traitement logique de certains phénomènes des langues naturelles, dont les plus marquants ont trait à l'*indexicalité,* ou d'intégrer ces phénomènes aux langages formels accessibles*. Cette prégnance particulière (quasi exclusive même) de l'indexicalité doit être soulignée, car elle joue un rôle central dans cette conception de la pragmatique. L'extrait suivant de Kalish est à cet égard explicite :

Ainsi conçue, la pragmatique est simplement l'extension de la définition sémantique vériconditionnelle à des langages formels qui contiennent des termes indexicaux — une conception qu'il est facile de concilier avec la classification de C.W. Morris, car la valeur de vérité d'une phrase contenant un terme indexical semble être reliée à la fois à la personne qui énonce (*asserts*) cette phrase et à sa position spatio-temporelle (1967 : 356)[1].

Pour laconique qu'il soit, ce résumé indique les deux questions fondamentales que pose cette pragmatique, c'est-à-dire la question de savoir quels sont les objets qui lui appartiennent en propre et constitueraient ainsi son domaine, et celle de savoir dans quelle mesure elle peut être distinguée des entreprises sémantiques courantes en logique.

---

* Des parties de ce chapitre ont été rédigées en collaboration avec Robert Waldron, qui ne saurait cependant être tenu responsable de mes conclusions et extrapolations.

Ces deux questions sont évidemment étroitement liées, car le fait de confier à la pragmatique un ordre de phénomènes particuliers engage le type de traitement qui peut en être donné.

Les signes indexicaux se sont traditionnellement vu reconnaître un caractère exceptionnel, du fait que le régime sémantique dans lequel ils fonctionnent exige de manière obligée la prise en compte d'un contexte. Cette dernière notion étant particulièrement déterminante pour l'idée pragmatique, il n'est pas étonnant que l'étude de l'indexicalité en soit venue à constituer un des piliers destinés à soutenir la discipline naissante. Le principe en est reçu au moins depuis la parution du célèbre article de Bar-Hillel « Indexical Expressions » (1954) et on a vu qu'elle est active dans l'acception « étroite ». Le fait d'accepter cette conception ne signifie cependant ni que la pragmatique soit *de jure* restreinte à l'étude de l'indexicalité ni que cette dernière soit elle-même bien délimitée et que l'on sache quels sont, *dans les langues naturelles,* les phénomènes qui peuvent lui être rattachés.

La légalité du critère de démarcation est, pour une bonne part, question de décision. Il est en effet toujours possible, afin de régler à cet égard la question de la délimitation, de statuer que la pragmatique sera *par définition* réservée à l'indexicalité, où il est manifeste que la conception classique du représentationalisme achoppe. Il demeure par ailleurs toujours pensable, si le besoin s'en fait sentir avec une pertinence suffisante, d'étendre ce domaine afin de lui permettre d'intégrer d'autres phénomènes et c'est ainsi que la théorie des actes de langage, à maints égards proche voisine de l'étude de l'indexicalité, est couramment considérée comme un domaine pragmatique avéré[2]. En ce qui a trait aux frontières de l'indexicalité, les difficultés risquent d'être plus grandes car, si elle a pu dans un premier temps être limitée aux phénomènes logico-grammaticaux les plus obvies (par exemple, aux déictiques tels que repérés par une tradition qui va de Peirce à Jakobson et Benveniste), son extension s'est depuis considérablement amplifiée, les phénomènes indexicaux identifiés étant devenus de plus en plus nombreux. Un des traits de la définition du pragmatique étant sa soustraction à la vériconditionalité[3], l'inflation de l'indexicalité a pour effet qu'on se trouverait dans la situation paradoxale qui consiste à rendre la vériconditionalité relative à ce qui lui échappe.

Quoi qu'il en soit de cette définition extensionnelle, il n'est pas assuré que l'indexicalité doive permettre de définir une spécificité pragmatique, en ce sens que les entreprises qui se donnent pour but d'en rendre compte risquent de ne pas se distinguer *essentiellement* des entreprises sémantiques « ordinaires » : elles peuvent n'être que des sémantiques enrichies et ne pas s'inscrire vraiment à l'extérieur d'un schéma représentationaliste. Cette position incertaine est particulièrement intéressante pour ce qui est de la visée générale de notre propos et ce n'est que dans cette perspective que cette pragmatique formelle est examinée ici. L'enjeu est en quelque sorte de savoir dans quelle mesure le passage de l'intuition à la théorie signifie l'abandon de ce qui faisait précisément l'intérêt de l'intuition. Cet enjeu est lourd: la pragmatique formelle est une des seules approches à avoir franchi le pas théorique dans la formulation du pragmatique (et, en particulier, du contexte) et s'il advenait qu'elle perde cela qui la singularise comme une entreprise pragmatique, on pourrait être tenté d'en conclure quelque chose au sujet de la pragmatique en général. J'examine quelques éléments de trois entreprises qui s'inscrivent dans cette tradition: il s'agit d'abord d'une entreprise commune à Montague, Scott et Lewis, puis de l'entreprise de Kaplan et finalement de celle de Stalnaker. Ces entreprises sont présentées dans cet ordre en raison du fait que la spécificité pragmatique, qui se montre être pratiquement nulle dans la première, augmente quelque peu dans la seconde, pour trouver dans la troisième à s'énoncer plus fermement. Avant de procéder à cet examen, je résume ce qu'on peut considérer comme le caractère général d'une entreprise de *sémantique* formelle, si tant est que c'est par rapport à elle qu'un projet de pragmatique formelle est appelé à se contraster.

1. L'idée d'une sémantique formelle

Une entreprise de sémantique formelle peut être caractérisée au moyen des trois traits suivants, qui en constituent l'exigence minimale:

1. La sémantique a pour objet premier une entité abstraite: la *proposition*. Elle doit spécifier le type d'entité que sont les propositions et les relations qu'elles entretiennent avec les phrases qui les expriment.

2. Le problème central de cette sémantique est de définir la *vérité* ou les conditions de vérité des propositions exprimées par les phrases d'un langage donné.

3. La théorie sémantique visée doit rendre compte des relations de correspondance systématiques et fonctionnelles qui existent entre des objets linguistiques et des objets mondains. C'est dans cette mesure que la relation sémantique peut être dite s'inscrire dans une rationalité de la représentation.

On note immédiatement que rien dans cette formulation ne lie cette sémantique à la *production* ou à l'*énonciation* des phrases. Puisqu'il s'agit de formuler les conditions sous lesquelles la pragmatique (formelle ou non) peut se distinguer de la sémantique (formelle), on peut penser que sera pragmatique ce qui s'engage d'une manière ou d'une autre dans la considération de cette production. Ce critère est essentiellement vague, car la notion de production et *a fortiori,* si on en juge à sa fortune multiforme, celle d'énonciation peuvent elles-mêmes être conceptualisées dans un grand nombre de directions et au moyen d'un vocabulaire théorique très variable. Une pragmatique dont le critère d'identification sera son engagement par rapport à la production des phrases peut en effet utiliser un vocabulaire réputé correspondre à certaines propriétés des agents réels ou choisir au contraire d'être neutre à cet égard en ne s'engageant d'aucune manière dans une spécification des catégories anthropologiques invoquées au fondement de cette production. C'est en fonction de ce choix que la question du *réalisme* d'une théorie pragmatique peut être posée : les entités théoriques auxquelles elle a recours pour s'articuler doivent-elles être interprétées comme ayant des correspondants réels dans les processus effectifs ? Cette interrogation d'ordre épistémologique touche la pragmatique dans sa totalité et se trouve à ce titre présente dans l'ensemble du questionnement de cet essai, mais elle est particulièrement pertinente pour ce qui est de la capacité des modèles de sémantique formelle à simuler et à rendre compte des opérations des locuteurs.

D'un point de vue sémantique, la compréhension d'une phrase est égale à la connaissance des circonstances dans lesquelles elle est vraie (ou fausse) relativement à un monde et à la connaissance de la manière dont les conditions de vérité de cette phrase dépendent de la signification des mots qui la composent et de la syntaxe qui la régit. A ce titre, l'«*interprétation*» qui est utilisée en sémantique logique n'engage aucune opération spécifique de la part des locuteurs, car elle consiste simplement, sous sa forme générale, en une mise en correspondance d'un certain nombre d'expressions et d'un domaine d'objets quelconque (ou de sous-ensembles de ce domaine). Il se peut que les opérations des locuteurs puissent être en partie rendues par des modèles sémantiques de ce type (après tout, nous ne sommes pas si savants de ce qui se passe «de fait» chez eux), mais on est aussi autorisé à penser que l'assignation interprétative d'un sens à une expression met également en jeu d'autres «mécanismes» que ceux de cette mise en relation systématique. L'histoire de la «pragmatique» formelle est l'histoire de la difficile constitution de cet ajout.

2. La pragmatique de Montague, Scott et Lewis

Cette première pragmatique, malgré des variantes de détail, est assez homogène : les buts que se donnent ses artisans sont les mêmes et les moyens mis en œuvre pour y parvenir sont comparables[4]. Il s'agit de rendre compte, dans le cadre de la théorie des modèles, de ces expressions indexicales dont le fonctionnement requiert la spécification d'un certain nombre de coordonnées contextuelles. Au début de son article «Pragmatics and Intensional Logic», Montague, après avoir souligné le fait que la pragmatique telle que l'entendait Morris était encore programmatique et indéfinie et avoir affirmé les promesses que porte une pragmatique de l'indexicalité, précise qu'il lui semble «souhaitable que la pragmatique suive, *du moins au début,* le mouvement de la sémantique, c'est-à-dire de sa version moderne, la théorie des modèles» (1970a:142). L'objet pragmatique est ainsi, dans son principe, fortement dépendant de l'objet sémantique, si ce n'est entièrement englobé par lui: c'est à tout le moins la sémantique qui fournira le cadre de son traitement. Pour Montague, cet objet pragmatique se présente d'emblée comme un objet sémantique élargi par un recours au contexte:

[la pragmatique s'occupe] des relations entre les expressions, les objets auxquels elles font référence et les usagers ou les contextes d'usage de ces expressions (1968:102)[5].

Montague resserre ensuite sa définition en faisant référence à Bar-Hillel (qui n'a donné aucune forme explicite à une théorie de l'indexicalité) et à l'ancêtre que celui-ci se reconnaît:

(...) la pragmatique s'occupe de ce que C.S. Peirce a au siècle dernier appelé «expressions indexicales», c'est-à-dire les mots et les phrases dont la référence ne peut être déterminée sans une connaissance du contexte d'usage (...) (1968:103).

Autrement dit, l'objet pragmatique est l'objet sémantique standard, auquel on a ajouté des contextes d'usage, requis par la prise en compte d'une «classe» d'expressions que leur fonctionnement particularise apparemment; le contexte dont dépendent ces expressions sert essentiellement à en déterminer les références et puisque leur régime sémantique est régi par les circonstances qui permettent de les interpréter, le contexte aura une atomicité construite en fonction de ces expressions. C'est la source de la formulation du contexte en termes d'*indices*[6] ou, suivant l'expression de Dana Scott, de *points de référence*[7]:

Nous devons déterminer l'ensemble de tous les contextes d'usage possibles — ou plutôt de tous les complexes d'aspects pertinents des contextes d'usage possibles; nous pouvons appeler ces complexes «indices» ou (...) «points de référence» (1970:144).

Le problème pragmatique consiste donc à savoir comment il est possible d'établir une relation sémantique, c'est-à-dire une relation de correspondance, entre une expression linguistique et un objet mondain, lorsque l'expression linguistique est indexicale. En d'autres termes, il s'agit de fixer la référence de ces expressions, de manière à définir les conditions de vérité des phrases dans lesquelles elles figurent, la différence supposée quant à une problématique sémantique tenant simplement au fait que la référence indexicale est mobile et relative. La pragmatique se présente alors comme une sémantique pourvue de dispositifs permettant de rectifier les références en fonction des contextes d'usage.

Dans «Pragmatics», Montague recommande un traitement en quatre points du problème pragmatique ainsi défini. Il faut et il suffit de:
a) définir un langage pragmatique L,
b) interpréter L selon certaines contraintes,
c) fournir des critères de vérité et de satisfaction,
d) faire l'analyse d'un certain nombre de «cas spéciaux» ou de «fragments», tels les pronoms personnels, les démonstratifs, les opérateurs modaux, les opérateurs de temps, etc.

Dans «Pragmatics and Intensional Logic», le traitement recommandé est une extension du traitement précédent, inclus cette fois à l'intérieur de la logique intensionnelle, qui permet de le généraliser. Ce texte reprend les points (a-c) du programme précédent, mais ajoute en (d) la définition d'un langage intensionnel suffisamment élaboré et général pour permettre le traitement de tous les cas spéciaux retenus au point (d) de «Pragmatics».

Considérons les trois premiers points:
a) Il s'agit d'abord de définir un «langage pragmatique» L dont les expressions atomiques sont constituées d'un certain nombre de symboles et dont les termes et formules sont obtenus «compositionnellement» sur les expressions atomiques. La composition des termes et des formules de L est régie par une définition récursive[8].

b) Il s'agit ensuite d'interpréter le langage L selon certaines contraintes que la théorie définit. Cette interprétation constitue la dimension proprement sémantique de l'analyse, tandis que les contraintes représentent pour Montague la dimension pragmatique. Quatre contraintes (ou objectifs) sont distinguées:

1. Il faut déterminer l'ensemble des contextes d'usage possibles ou l'ensemble des complexes d'aspects des contextes d'usage possibles. Ce sont, comme on l'a indiqué, les points de référence.

2. Il faut spécifier, pour tout point de référence i, l'ensemble A_i des objets existants par rapport à i. Par exemple, si les points de référence sont des «moments», A_i doit être compris comme l'ensemble des objets existant au moment i.

3. Il faut spécifier la signification ou l'*intension* de tout prédicat *P* et de toute constante individuelle *c* de *L*, en précisant l'*extension* de *P* ou de *c* par rapport à tous les *i* ε I.
4. Il faut fournir une interprétation pour les opérateurs de *L*. A cette fin, il faut associer à chaque opérateur de *L* une relation entre des points de référence et des ensembles de points de référence.

c) Il s'agit finalement de fournir des critères de vérité et de satisfaction. Pour ce faire, Montague définit un langage intensionnel selon huit catégories, définies formellement, qui visent à assurer un traitement général des opérateurs et qui présentent selon lui «l'avantage d'embrasser tous les cas spéciaux connus et d'éviter les inconvénients d'un caractère *ad hoc* et intuitif».

Par la suite, au point (d) de «Pragmatics and Intensional Logic», Montague construit non seulement un système de logique intensionnelle, mais aussi un système intermédiaire, une *pragmatique étendue (an extended pragmatics)*, qui est entièrement comprise dans la logique intensionnelle. Cette thèse, qu'on peut considérer comme la thèse forte de cette conception de la pragmatique, est surtout présente dans «Universal Grammar» (1970b). La principale contribution de cet article est un raffinement du schéma frégéen, qui peut être rendu par la suite «Expression → Sens → Dénotation»; ce raffinement est requis par la construction d'une logique intensionnelle pouvant rendre compte des expressions indexicales. C'est à cette fin que Montague introduit sa distinction entre *sens (sense)* et *signification (meaning)*, qui revient à ceci: le sens d'une expression est une fonction (sémantique) qui a pour domaine l'ensemble des mondes possibles I[9] et dont le parcours des valeurs est inclus dans l'ensemble des entités mondaines possibles (correspondant à cette expression). Une telle fonction suffit à établir une interprétation frégéenne, mais ne parvient pas à établir la dénotation d'une expression indexicale. Les traitements recommandés par Montague résolvent la difficulté en introduisant la notion de «signification d'une expression». Celle-ci est une fonction (sémantique) dont le domaine est la paire ordonnée (I, J) (ou le produit cartésien des mondes possibles et des contextes d'usage) et dont les valeurs sont comprises dans l'ensemble des entités mondaines possibles (correspondant à cette expression).

En tout état de cause, le traitement présenté par Montague est dans sa forme entièrement sémantique. L'étroitesse des liens qui unissent la sémantique pure et la pragmatique formalisée rend impossible quelque distinction que ce soit entre deux types de spécificité, intégrés dans une conception unique, «pansémantique» selon l'expression de Granger (1979:166), qui intègre à un modèle sémantique tout ce qui est reconnu comme fonctionnellement pertinent. Les indices invoqués pour rendre compte de l'indexicalité imposent des restrictions aux relations des sens aux références et sont définis à l'intérieur d'un schéma vériconditionnel. Cette approche laisse délibérément, il convient de le noter, de côté tous ces aspects du fonctionnement des langues naturelles qui seraient afférents à l'activité de langage, c'est-à-dire à ce qui a été appelé la dimension de *production* des phrases, de même qu'à une interprétation soutenue par des actes de la part des locuteurs. En particulier, les aspects illocutoires, ici compris comme paradigmatiques de ce qui peut échapper au schéma correspondantiste, sont négligés, comme l'est le rôle que les expressions indexicales remplissent dans les transactions linguistiques. Les objets correspondant à des expressions comme « je », « ici » ou « maintenant » sont spécifiés pour une certaine population, un certain espace ou une certaine durée (ou, plus précisément, pour certaines configurations de points dans une population, un espace ou une durée), exactement de la même façon dont l'extension d'un prédicat comme « est vert » est spécifiée par les objets qui sont verts à un moment donné et en un lieu donné. Des pronoms comme « je » et des adverbes comme « ici » et « maintenant » sont ainsi compris comme des expressions dénotant des objets ou des individus et non pas, comme on l'a pensé dans d'autres perspectives théoriques, comme des moyens permettant l'« ancrage » ou l'« embrayage » du langage sur le monde de l'énonciation ou comme des conditions du discours. Au contraire, ils sont présentés comme des objets du discours (des entités linguistiques) qui trouvent dans le monde leur contrepartie exacte.

Dans cette perspective, ce qui est invoqué comme « contexte » ne sert qu'à exprimer une contrainte sémantique fonctionnelle, complémentaire du sens et permettant de retracer la dénotation des expressions. Dans la mesure où la notion de contexte et la pragmatique qui y a recours sont appelées à tirer leur spécificité de ce qu'elles échappent au schéma correspondantiste, rien de la conceptualité mise en place par une approche comme celle de Montague ne déborde un sémantisme strict (bien qu'élargi). Les expressions indexicales dans lesquelles Bar-Hillel voyait la terre d'élection de la pragmatique reçoivent, une fois que leur comportement est pris en charge par le dispositif des indices, un traitement référentiel et, de ce fait, globalement sémantique. La question pragmatique à laquelle il s'agissait de répondre n'est pas, selon cette approche, celle de savoir quels moyens ce qui est dit prend-il pour être dit, mais plutôt comment ce qui est dit, une fois qu'il est dit, réfère-t-il. Les conditions du discours (les « conditions régulatrices transcendantales ») sont en quelque sorte aplaties par une réduction des conditions aux objets et abolies par leur insertion dans la relation de correspondance.

De telles considérations sont sans doute largement étrangères au type d'entreprise théorique poursuivi par Montague : on ne peut raisonnablement formaliser une théorie et entretenir à son sujet des vigilances philosophiques comme celles que ces remarques cherchent à faire naître. Il faut choisir son espace, et la méfiance se concilie mal avec la volonté d'affirmation. Aussi s'agit-il ici simplement d'indiquer, dans le lieu même où se construit une théorie comme celle dont l'esquisse est donnée, un problème directement dirimant, celui de la prolifération des coordonnées pertinentes pour la spécification des contextes d'usage.

Dans l'évolution en quelque sorte technique de la théorie, le nombre des coordonnées admises n'a jamais été fixé une fois pour toutes. On est au contraire passé d'un état kripkéen de la logique modale, où les coordonnées ont la forme d'un quadruplet ordonné (D, f, ω, r), dans lequel D désigne un domaine d'objets, f désigne une fonction d'interprétation, ω un ensemble de mondes possibles et r une relation d'accessibilité sur cet ensemble, à un sextuplet, par l'ajout d'indices temporels et d'une relation définie sur l'ensemble des segments temporels, pour finalement parvenir, avec Lewis, à un octuplet[10]. Lewis écrit :

Un indice peut être défini, de manière indicative, comme un octuplet dont la première coordonnée est un monde possible, la seconde un moment du temps, la troisième un lieu, la quatrième une personne (...), la cinquième un ensemble d'interlocuteurs, la sixième un ensemble (...) d'objets susceptibles d'être désignés, la septième un segment du discours et la huitième, une séquence infinie de choses (1972:176).

Malgré sa richesse relative et son apparente complétude, une telle liste s'avère rapidement insuffisante. Comme Lewis a lui-même soin de l'indiquer, une phrase comme

(1) La porte est ouverte.

ne signifie pas que la seule porte voisine du lieu d'énonciation, désignée par le locuteur ou mentionnée antérieurement soit effectivement ouverte, mais plutôt que la porte qu'on peut, grâce au contexte, identifier comme la plus «frappante», la plus «proéminente» (*salient*) est ouverte. Lewis ajoute :

C'est pourquoi nous avons peut-être besoin aussi d'une coordonnée des objets proéminents, une nouvelle coordonnée de contexte, indépendante des autres, une coordonnée qui sera déterminée, dans les occasions où la phrase est prononcée, par des facteurs tels que les attentes du locuteur concernant les choses sur lesquelles il attirera probablement l'attention de l'auditeur (1972:214)[11].

Les coordonnées peuvent ainsi s'engendrer de manière ouverte, pour à chaque fois resserrer le jeu des références. Sur cet engendrement, on peut faire deux remarques.

La première est qu'aucune limite ne peut être assignée *a priori* à cette inflation. Considérons par exemple la phrase suivante:

(2) Je suis tellement déshydraté, apportez donc une autre rasade à votre pauvre Jim.

Pour interpréter cette phrase et sans doute aussi pour agir en fonction de l'interprétation qu'on en fait, il faut pouvoir identifier la référence de ce qui est décrit comme «une autre rasade», c'est-à-dire, comme le dit Cresswell (1973:111), disposer d'une nouvelle coordonnée, «la coordonnée des 'drinks antérieurs'», de même qu'il en faudrait une autre encore pour interpréter l'expression «l'hymne national» (cette fois, une «coordonnée de pays»). On voit facilement comment les coordonnées, ainsi conçues, peuvent se multiplier en fonction des exigences de référence de chacune des expressions qui se présentent. Cette objection que Cresswell fait à Lewis, pour casuistique qu'elle puisse paraître, n'en indique pas moins un problème réel: les coordonnées doivent-elles être définies à l'avance par la théorie ou doivent-elles être introduites au fur et à mesure pour les besoins de l'interprétation? On peut en effet penser que si les conditions de vérité (ou de validation) sont relatives à un contexte — ce qui est l'hypothèse définitoire de cette tendance pragmatique — la spécification des traits du contexte qui ont un effet sur les valeurs de vérité vise le maintien de la vériconditionalité et y est à ce titre soumise. Le reproche que Cresswell adresse à la théorie des indices de Lewis revient à dire que l'établissement d'une liste de coordonnées pour la définition de la signification de l'énoncé constitue un acte contradictoire: si on considère que la signification de l'énoncé dépend de traits contextuels qui peuvent être exprimés par la théorie des coordonnées, la liste de ces traits doit être établie au préalable (et la question de sa complétude peut se poser), alors que ces traits ne peuvent être spécifiés adéquatement que si la signification de l'énoncé est déjà connue.

Cela amène la seconde remarque, qui est de demander à partir de quel point de vue la pertinence des coordonnées doit être évaluée. En effet, lorsque Lewis écrit qu'une coordonnée peut être posée en fonction de «facteurs tels que les attentes du locuteur concernant les choses sur lesquelles il attirera probablement l'attention de l'auditeur», on est en droit de se demander à partir de quel «lieu» cette coordonnée est introduite: s'agit-il de la place de l'interprète qui a à faire face à la situation d'interprétation ou de celle du théoricien qui entreprend de spécifier *a priori* les conditions sous lesquelles une expression peut faire référence? La «*saliency*», même si elle peut s'appliquer aux mêmes objets (il est difficile d'en juger), correspond dans chaque cas à des activités différentes : les attentes du locuteur, qui sont censées déterminer la nouvelle coordonnée, ne peuvent être définies que relativement à la situation de communication et non dans un cadre théorique antérieur à l'analyse de celle-ci. Lorsque la situation se présente, il est possible de l'analyser au moyen d'autant de coordonnées qu'il est estimé être pertinent, mais lorsque cela est fait, c'est pour rendre compte de la signification telle qu'elle a déjà été comprise et non pour produire une signification encore ignorée. Il y a là une circularité qui rappelle l'objection que l'on a adressée à une époque à la thèse du vérificationalisme fort, qui voulait que la signification d'un énoncé soit identifiée à (la méthode de) sa vérification. L'objection vient vite : il faut avoir compris quelque chose de la signification pour identifier cela même qu'il faut vérifier.

Ce type d'objection peut être exploité dans le sens de la distinction sémantique — pragmatique telle qu'elle est posée (pour être abolie) par cette approche. Avec la pragmatique de Montague-Scott-Lewis, on assiste en effet à une sémantisation du contexte : celui-ci est constitué d'objets dénotés ou filtrant les dénotations. En revanche, la compréhension qui est supposée par l'établissement des listes de coordonnées ne peut être réduite à elles, de sorte qu'une «condition» pragmatique (la compréhension étant, à strictement parler, une notion pragmatique) déborde l'objet sémantique (ou sémantisé). Rien n'assure que quoi que ce soit puisse être dit de cette condition au-delà de la reconnaissance de son existence. Si cela peut être invoqué comme une limitation du modèle théorique proposé, une telle limitation ne touche que l'«esprit» du modèle et non sa conception interne.

3. La pragmatique de Kaplan[12]

Une précaution s'impose au départ : la «logique des démonstratifs» de Kaplan est dans l'ensemble elle aussi une entreprise sémantique, quoique les corrections qu'elle apporte au modèle de Montague aient pour effet de la rapprocher de ce que l'intuition associe à la pragmatique. Il s'agit d'abord pour Kaplan de résoudre certaines des difficultés techniques et conceptuelles du modèle de Montague, en augmentant le rôle que le contexte peut y jouer. Celui-ci affecte chez lui non seulement la dénotation des expressions, mais également le contenu. Ce modèle ne se compromet cependant aucunement quant à la dimension de production des énoncés; il constitue néanmoins un pas en direction d'un rapprochement de la combinatoire abstraite modèle-théorétique par rapport aux conditions «concrètes» de l'activité de langage.

Pour Kaplan, le modèle pragmatique précédent assimile le rôle joué par un contexte dans une logique des expressions indexicales (en particulier dans une logique des démonstratifs) à celui que joue un monde possible dans une logique modale. Une telle assimilation est une erreur, pour des raisons logiques. Considérons le principe de la généralisation modale qu'accepte Montague :

Une proposition ψ est logiquement vraie ($|=$) si et seulement si elle est vraie pour chacun des indices (dans toutes les «structures») et $\Box \psi$ est vrai pour un indice donné (dans une structure donnée) si ψ est vrai pour tous les indices (dans cette structure).

Se trouve ainsi validé le principe :

(3) si $|= \psi$, alors $|= \Box \psi$

Kaplan propose de considérer le principe de généralisation modale (3) dans le cas d'une phrase comme (4) :

(4) Je suis ici maintenant.

Pour de nombreux indices, c'est-à-dire pour de nombreux quadruplets (w, x, p, t), (4) sera jugé faux. En fait, (4) n'est vrai que par rapport à ces indices (w, x, p, t) qui sont tels que dans un monde w, x (je) est vraiment situé à p au moment t. Si on évalue la validité d'une proposition à sa vérité dans toutes les circonstances et pour toute structure d'interprétation, la proposition exprimée par (4) doit être considérée comme non valide.

On peut estimer que (4) est équivalent (au sens large et naturel) à (5) :

(5) François Latraverse est à Fleurier-Beach ce 23 novembre 1986.

Puisque (5) exprime manifestement une proposition contingente, (4) en exprimerait une autre. Pourtant, à l'intuition, (4) a quelque chose d'analytiquement vrai, puisqu'elle semble être vérifiée à chacune de ses occurrences (du moins si celles-ci sont verbales : écrite, la même phrase oblige à interpréter «ici» en fonction de son support matériel) alors que ce n'est pas le cas pour (5). Peut-être cette difficulté est-elle due au fait qu'on a tenu compte d'indices non pertinents pour l'évaluation de (4). Plutôt que d'avoir recours à «être vrai dans $(c\ (t, w))$», il convient par conséquent d'utiliser «être vrai dans $(c\ (c_t, c_w))$» et de restreindre la classe des indices à ceux qui ne peuvent être que pertinents, de manière à avoir un quadruplet (w, x, p, t) tel que dans un monde w, x *est de fait* situé à p au moment t. Une phrase ψ sera valide si et seulement si pour tout contexte et pour toute structure d'interprétation, elle est vraie dans les circonstances de ce contexte. Dans cette situation, (4) sera logiquement vrai. Considérons maintenant la proposition (6):

(6) □ Je suis ici maintenant.

Selon le principe de généralisation modale, $\models p \Rightarrow \models \Box p$, c'est-à-dire que (4) → (6). Or (6) n'est pas logiquement vrai, puisqu'il est parfaitement concevable que je ne sois pas ici, de sorte que la proposition qui dit que p est nécessaire est fausse. Pour Kaplan, une telle incohérence tient à une confusion conceptuelle dont le modèle pragmatique de Montague n'a pas vu les conséquences.

Pour remédier à ces difficultés, Kaplan avance la thèse que dans des contextes différents les phrases ont non seulement des dénotations différentes, elles expriment aussi des propositions différentes. Il introduit une distinction entre le *contenu* d'une expression et son *caractère*. Cette distinction est une prolongation du schéma frégéen:

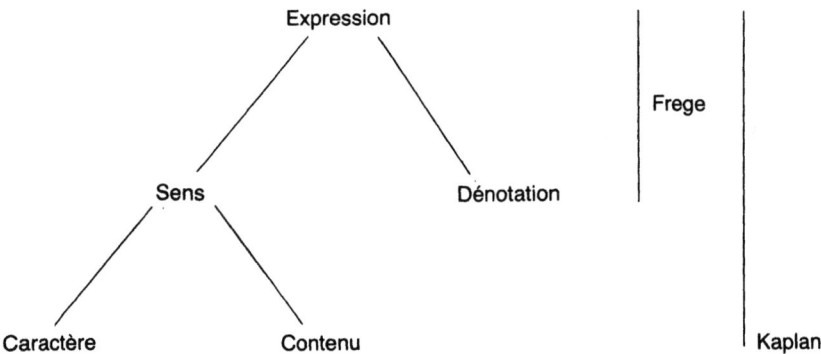

Cette distinction se comprend de la façon suivante. Dans un *contexte* c, toute expression E a un *contenu* déterminé c /E/. Dans tout monde possible w, un contenu c /E/ détermine un référent (ou une dénotation): le référent déterminé par c /E dans w sera c / E /w. Le caractère de E sera cette fonction /E/ qui pour tout c assigne c /E/ à E.

Ainsi, de la même manière que des contenus (ou des intensions) peuvent être représentés par des fonctions allant de mondes possibles vers des extensions, des caractères peuvent être représentés par des fonctions qui vont de contextes vers des contenus. Le caractère de « je » peut alors être compris comme cette fonction qui assigne à chaque contexte ce contenu qui est compris comme la fonction constante allant de mondes possibles vers l'agent du contexte. Cette dernière fonction est ce qu'on appelle un « concept individuel ». Le caractère de « je » est donc une fonction entre des contextes et des concepts individuels (et non des individus). La distinction introduite rend compte comme suit des difficultés précédemment rencontrées :

> Le caractère de (4) détermine chacune des choses suivantes :
> a) Dans des contextes différents, une énonciation (*utterance*) de (4) exprime des contenus différents (des propositions différentes).
> b) Dans la plupart des contextes (si ce n'est dans tous), une énonciation de (4) exprime une proposition contingente.
> c) Dans tous les contextes, une énonciation de (4) exprime une proposition vraie (c'est-à-dire une proposition qui est vraie dans le monde de ce contexte).
>
> Sur la base de c), on peut soutenir que (4) est analytique (c'est-à-dire que (4) n'est vraie qu'en vertu de sa signification), bien que, comme nous le voyons en b), (4) n'exprime que rarement, ou jamais, une proposition nécessaire. Cette distinction de l'analyticité et de la nécessité est rendue possible (et même, je l'espère, plausible) en distinguant les genres d'entités auxquelles « analytique » et « nécessaire » sont correctement prédiqués : les caractères (...) sont anlytiques, les contenus (les propositions) sont nécessaires. Kaplan (1973 : 403-404).

Ce dispositif, bien qu'il reconnaisse au contexte un rôle plus proche de ce qu'on peut attendre d'une approche pragmatique de l'indexicalité — le contexte y devient un déterminant de ce qui est dit — demeure néanmoins un traitement sémantique : le contexte détermine ce qui est dit, une fois que cela est dit, et rien dans le compte rendu qui en est donné ne rend nécessaire ni ne présume d'une quelconque activité de la part des agents ou des interprètes. Comme Kaplan le fait lui-même remarquer :

> Bien que j'aie plus haut parlé de contextes d'énonciation (*utterance*), ma principale notion théorique, qui est celle de contenu par rapport à un contexte, ne requiert pas que l'agent du contexte énonce de fait l'expression en question. Je crois qu'il y a de bonnes raisons de considérer cette idée comme fondamentale (1973 : 404).

et plus loin :

> (...) il importe de distinguer une énonciation d'une phrase-dans-un-contexte. La première notion appartient à la théorie des actes de langage, la seconde, à la sémantique. Les énonciations prennent du temps, et des énonciations de phrases distinctes ne peuvent être simultanées (dans le même contexte). Mais pour développer une logique des démonstratifs, il semble plus naturel d'être en mesure d'évaluer plusieurs prémisses et une conclusion toutes dans le même contexte. Ainsi l'idée que ψ soit vraie en c et en U ne requiert pas que ψ soit énoncée.

C'est pour éviter les recoupements de problématiques et pour assurer la délimitation de son objet que Kaplan choisit de distinguer l'énonciation de la phrase dans un contexte. Si le prix à payer est un renforcement de la sémantique (Kaplan semble du reste assez peu désireux de faire à tout prix de la pragmatique), il n'en demeure pas moins que l'objet sémantique tel qu'il est défini *formellement* a gagné quelque chose pour ce qui est de son caractère pragmatique. La nature formelle de la définition du sémantique a pour effet que des données plus positives (par exemple, le *fait* de l'énonciation) sont cependant exclues de la visée de la théorie. Les corrections qui sont apportées à Montague ont un moteur pragmatique (il s'agit d'apprécier adéquatement le rôle du contexte), mais l'expression qu'elles trouvent ne s'échappe pas de la formulation d'une théorie globalement sémantique.

4. La pragmatique de Stalnaker [13]

En 1972, paraissait dans un recueil qui a immédiatement connu une grande notoriété (*Semantics of Natural Language*, édité par D. Davidson et G. Harman) un article de Robert Stalnaker qui est intéressant à plus d'un titre pour la question de l'élaboration d'une spécificité pragmatique à l'intérieur de la sémantique formelle. Ce recueil avait une visée extrêmement large puisque, regroupant des contributions d'auteurs aux orientations théoriques aussi différentes que Ross, Strawson ou Lewis, il entreprenait de présenter diverses tendances de la théorie sémantique, tant linguistique que logique ou philosophique, qui ne se posent pas la question pragmatique au même titre (la plupart ne la mentionnant du reste même pas). L'article de Stalnaker vise, comme les travaux examinés jusqu'à présent, la définition de principes théoriques: la pragmatique y est délimitée non pas en dressant un inventaire de ses problèmes ou en lui définissant un programme dont le détail d'application serait précisé, mais plutôt en s'attachant à développer une esquisse générale d'une théorie pragmatique qui s'articule sur une théorie sémantique sans se confondre avec elle. Le résultat en est une complexification d'un schème d'analyse comme celui de Montague, complexification rendue nécessaire par l'inadéquation pragmatique manifeste des entreprises précédentes. Le schéma d'analyse que recommande Stalnaker recoupe fonctionnellement celui de Kaplan mais il en est distinct pour ce qui est de la stratégie retenue, car Kaplan propose une complexification (ou une rectification) sémantique, alors que Stalnaker présente ses propositions comme une complexification authentiquement pragmatique. Soutenant de plus qu'une analyse pragmatique ne peut négliger les faits de l'acte linguistique et de la communication, ce projet satisfait de plus près à des exigences pragmatiques.

En ouverture, Stalnaker souligne qu'il vise moins à résoudre les problèmes qu'il pose qu'à persuader que l'esquisse qu'il trace d'une pragmatique formelle distincte qui serait aussi rigoureuse que la syntaxe et la sémantique logiques présente des promesses d'avenir. Ce projet comporte selon lui deux points d'intérêt : premièrement, il fournit un cadre permettant de traiter des questions qui ne peuvent être abordées adéquatement à l'intérieur de la sémantique formelle et, deuxièmement, il permet d'éclairer la relation qui unit la logique et la sémantique formelle, d'une part, et l'étude des langues naturelles, d'autre part.

On a vu comment l'approche de Montague intègre le contexte à une analyse de la proposition. Le schéma est en résumé le suivant :
1. des règles syntaxiques construisent des expressions ;
2. des règles sémantiques appliquées aux expressions déterminent des propositions (dans le cas où ces expressions sont des phrases) ;
3. un ensemble de paramètres contextuels et de mondes possibles associé à la proposition détermine pour celle-ci une valeur de vérité. Les points de référence sont des contraintes qui agissent sur les conditions de vérité.

Le schéma que Stalnaker favorise pour sa part est présenté ainsi :

> Les règles syntaxiques et sémantiques d'un langage déterminent une phrase (ou une partie de phrase) interprétée ; cela, conjointement avec certains traits du contexte d'usage de la phrase, détermine une proposition, puis, en association avec un monde possible, une valeur de vérité. Une phrase interprétée correspond alors à une fonction qui va des contextes aux propositions, tandis qu'une proposition est une fonction qui va de mondes possibles à des valeurs de vérité (1972 : 385).

Les contextes et les mondes possibles doivent ainsi être fonctionnellement différents, car dans l'établissement des valeurs de vérité leur travail n'est pas le même. Pour Kaplan, le contexte affecte sémantiquement le caractère de l'énoncé, tandis que pour Stalnaker, le contexte l'affecte pragmatiquement. Pour parvenir à cette dimension pragmatique, il faut penser qu'une proposition est l'objet d'actes illocutoires et d'attitudes propositionnelles et qu'elle est le *contenu* commun des assertions, des jugements, des ordres, etc. qui la prennent pour objet. Il semblerait que la signification ne puisse représenter un tel objet. Un exemple de Stalnaker (386) tend à le montrer. Supposons que A demande à B « Allez-vous à la soirée ? » et que B réponde « Oui, j'y vais». La réponse de B est appropriée dans la mesure où la proposition qu'il affirme est la *même* que celle qui est contenue (exprimée) dans la question de A. Si le contenu commun à la question de A et à la réponse de B était une valeur de vérité, B aurait tout aussi bien pu répondre «Oui, la neige est blanche», et sa réponse aurait, à cet égard, été parfaitement appropriée. On doit donc distinguer les contextes des mondes possibles et la question est de savoir comment on peut caractériser les premiers.

Ce qui distingue l'entreprise de Stalnaker des entreprises précédentes, c'est la manière informelle dont elle pose des intentions formelles. Son but est certes de parvenir à une pragmatique *formalisée*, mais ce qui importe au premier chef, avant la formalisation, c'est une saisie intuitive de l'objet, qui permette d'en restituer le comportement naturel. La définition de l'objet spécifiquement pragmatique en est directement affectée: il s'agit de l'*acte linguistique* et des contextes dans lesquels il survient. Le résultat est un programme que Stalnaker résume ainsi:

> Il y a deux types majeurs de problèmes qu'une pragmatique doit résoudre: premièrement, définir des types intéressants d'actes de langage et de produits linguistiques (*speech products*); deuxièmemement, caractériser les traits du contexte de parole (*speech context*) qui contribuent à déterminer quelle proposition est exprimée par une phrase donnée (1972:383).

Il ajoute:

> L'analyse des actes illocutoires est un exemple de problème du premier genre; l'étude des expressions indexicales est un exemple du second (*ibid*).

L'intérêt de Stalnaker porte beaucoup plus sur l'indexicalité — ou plutôt sur le type de problème dont l'indexicalité est exemplaire — que sur les actes de langage, et ce qu'il dit de ces derniers est une version abrégée de l'orthodoxie searlienne. En ce qui concerne l'indexicalité, le traitement recommandé est voisin du traitement Scott-Montague: les paramètres pertinents sont le moment de l'énonciation, l'identité du locuteur, etc., mais le cadre en est différent. Pour Stalnaker, la caractérisation du contexte doit aller au-delà de l'aménagement en quadruplets (Scott, Kaplan) ou en octuplets (Lewis) des paramètres fonctionnalisant — sémantiquement — l'énoncé et la notion qu'il estime capitale pour la caractérisation des contextes et à laquelle il réserve un rôle central est celle de *présupposition pragmatique*.

> Les présuppositions partagées par les participants d'une situation linguistique sont peut-être le constituant le plus important du contexte. Le concept de présupposition pragma-

tique devrait jouer un rôle autant dans la définition des différents actes de langage (...) que dans la spécification des règles sémantiques qui relient les phrases à des propositions relatives à des contextes (1972:389).

L'introduction de cette notion tend à faire du contexte un objet pragmatique: alors que dans les autres entreprises le contexte est posé comme un ensemble de contraintes sémantiques et se trouve isolé de l'énoncé produit, du fait qu'il n'intervient en rien dans sa détermination, il est maintenant posé comme le lieu même de production de l'énoncé; c'est la notion de présupposition pragmatique qui est appelée à définir, pour les participants, ce qu'est la situation linguistique.

L'ensemble de toutes les présuppositions faites par une personne dans un contexte donné détermine une classe de mondes possibles, ceux qui sont compatibles (*consistent*) avec toutes les présuppositions. Cette classe définit les frontières de la situation linguistique (1972:388).

Les contraintes des présuppositions produites ou entretenues par les participants sont exercées sur le contexte d'énonciation et non sur le contenu de l'énoncé. La notion de présupposition pragmatique est explicitée dans l'article «Pragmatic Presupposition» (1973), qui donne plus de consistance à la pragmatique, étoffe conséquemment la relation qui l'unit à la sémantique et fournit l'occasion d'une «solution» au problème qui se présente chez Lewis, celui du point de vue à partir duquel la «*saliency*» est évaluée.

La question générale à laquelle s'adresse le projet d'une pragmatique formelle tel que formulé est de savoir quelles relations existent entre ce qui est *dit* et le contexte. Si les présuppositions pragmatiques sont «le constituant le plus important du contexte», elles doivent jouer un rôle non trivial dans la détermination des propositions qui sont produites, mais il reste encore à savoir comment et dans quelle mesure elles les affectent. On fait couramment une distinction entre ce qui est asserté, dit ou posé par une phrase et ce qui est présupposé par elle[14]. Les relations existant entre le contenu posé et les présuppositions de ce contenu constituent un bon terrain d'exercice pour la mise à l'épreuve de la distinction entre sémantique et pragmatique, puisque le destin des présuppositions les a couramment conduites soit du côté de la langue, soit du côté des locuteurs[15]. Deux positions constituent le choix habituellement offert. La première est de présenter la présupposition comme une relation sémantique entre des phrases ou entre des propositions. La distinction entre l'assertion et la présupposition est alors définie en fonction du contenu ou des conditions de vérité de la proposition produite: une proposition p présuppose une proposition q si q doit être vraie pour que p ait une valeur de vérité, quelle qu'elle soit. C'est là le test classique de la négation : la présupposition d'une phrase est ce qui de cette phrase survit à l'épreuve de sa négation. Aussi bien

(8) Tous les enfants de Jean sont chauves.

que

(9) Tous les enfants de Jean ne sont pas chauves (phrase ambiguë).

ou

(10) Aucun des enfants de Jean n'est chauve (phrase non ambiguë).

présupposent que Jean a des enfants. Si la chose s'avérait ne pas être le cas, les propositions exprimées par ces phrases seraient sans valeur de vérité ou, pour ceux qui estiment que le sens des réalités est vital en sémantique, elles seraient fausses.

La seconde position consiste à dire que la présupposition est un phénomène pragmatique qui doit recevoir une analyse pragmatique et que les relations entre l'assertion et les présuppositions ne doivent par conséquent pas être établies en fonction du contenu de la proposition exprimée, mais plutôt en fonction de la situation dans laquelle l'énoncé est produit. Stalnaker adopte d'emblée cette seconde position. L'enjeu est en l'occurrence de taille : cette position ne soutient pas seulement qu'il existe des présuppositions de nature pragmatique — ce qu'à peu près tout le monde concédera sans peine, à moins de vouloir chicaner sur le sens du mot «présupposition» — elle soutient aussi que les présuppositions que plusieurs tentent d'intégrer à un traitement sémantique sont dans l'ensemble des phénomènes authentiquement pragmatiques. Entre autres choses non négligeables, l'effet de cette position peut être l'épuration de la sémantique : ce qui la surcharge d'«hypothèses compliquées et *ad hoc* sur (...) des types particuliers de construction» (1973 : 136)[16] sera ainsi remplacé par une explication en termes de «maximes générales de la communication rationnelle» (*ibid.*)

Cette communication rationnelle n'est pensable que sur le fond des croyances des participants et de ce qu'ils admettent comme réel et conditionnant le sens qu'ils attachent à ce qui leur est dit ; c'est cet arrière-plan qui permet de communiquer et d'être compris. La personne qui produit une assertion effectue un choix parmi toutes les situations qui sont compatibles avec les croyances partagées ou du moins celles dont elle estime qu'elles le sont. L'ensemble de ces croyances (qui peuvent être enclenchées immédiatement par l'énonciation ou être induites par elle) définit l'ensemble des présuppositions. Dans cette perspective, une présupposition pourra être considérée comme pragmatique au sens suivant : une proposition (ou un contenu) p est une présupposition pragmatique de la part d'un locuteur si celui-ci croit que *p*, croit que son allocutaire croit que *p* et croit que son allocutaire reconnaît qu'il a ces croyances[17]. Dès lors, ce sont les participants de la communication qui font ou qui ont des présuppositions, et non les phrases, les propositions ou les actes de langage, de sorte que la présupposition ne peut être pensée comme une relation unissant deux objets linguistiques, dont une sémantique pourrait (ou aurait à) s'occuper. Au contraire, cette relation peut être définie pragmatiquement de la façon suivante :

a) On peut dire qu'une phrase *x* présuppose que *q* si l'utilisation de *x* pour produire un énoncé (*statement*) est appropriée (normale, ou conversationnellement acceptable) seulement dans les contextes où *q* est présupposé par le locuteur; b) on peut dire que l'énoncé de *p* (produit dans un contexte donné) présuppose que *q* si on peut raisonnablement inférer que le locuteur présuppose que *q* à partir du fait que l'énoncé est produit; c) on peut dire que l'énoncé que *p* (produit dans un contexte donné) présuppose que *q* s'il est nécessaire de croire que le locuteur présuppose que *q* pour comprendre ou interpréter correctement l'énoncé (1973 : 137).

Les relations présuppositionnelles unissent ce qui est dit et ce qui est (ou ce qu'on pense qui est) présupposé par le locuteur, selon diverses normes d'« appropriété », qui constituent et mesurent le caractère rationnel de sa contribution.

Ces thèses de Stalnaker sont moins avancées pour leur contenu propre que pour leur impact stratégique, car le programme qui leur correspondrait engagerait un travail de consignation un peu éprouvant pour un traitement qui se veut sinon formel du moins favorable à une approche formelle : il n'est en effet pas facile de spécifier effectivement les normes gouvernant les échanges verbaux raisonnables ou rationnels et d'intégrer à la caractérisation sémantique les croyances sur le fond desquelles les locuteurs profèrent leurs énoncés[18]. Aussi le but de Stalnaker est-il d'abord de corriger des positions couramment adoptées en sémantique et d'évaluer sommairement les avantages de la position qu'il recommande, plutôt que d'argumenter en faveur de celle-ci dans son détail.

La première correction apportée a trait à un point quelque peu mineur pour le débat en cause mais qui n'en a pas moins son importance : les présuppositions sont plus induites par les énoncés qu'elles ne sont présupposées par les phrases. Cela se manifeste principalement de deux façons. Il s'agit d'abord d'un vieux problème (ou d'une vieille famille de problèmes), les relations de la référence, de l'implication et de la présupposition. Ramenée à sa forme centrale, la question est la suivante, pour choisir un autre exemple quelque peu surmené : la phrase « L'actuel roi de France est chauve » implique-t-elle qu'il existe un roi de France ou le présuppose-t-elle ? Et si elle le présuppose, quelle est la nature de cette présupposition ? Est-elle sémantique ou pragmatique ? Une réponse est de dire que s'il n'existe pas de roi de France, la proposition exprimée est fausse (Russell, qui avait le sens des réalités) ou qu'elle est dénuée de valeur de vérité; une autre consiste à dire, avec Strawson que le locuteur qui énonce cette phrase veut néanmoins dire quelque chose ou faire référence à quelqu'un même s'il n'existe en fait personne qui satisfasse la description (que le locuteur le sache ou non). Cette seconde réponse est, à sa façon, pragmatique : elle lie la référence moins à la capacité désignative des signes qu'à l'usage qui en est fait par les locuteurs pour établir des relations référentielles. La conception de la présupposition de Stalnaker va un peu plus loin en direction de cette pragmatisation de la référence. Il s'agit pour lui de savoir dans quelles conditions on dirait que le roi de France est chauve s'il n'est pas présupposé communément qu'il existe un roi de France. Une conception sémantique estimerait qu'à défaut d'une telle existence la valeur de vérité s'abolit; la conception pragmatique revient pour sa part à estimer qu'on n'a pas l'habitude de proférer des énoncés dont on sait qu'ils manquent de conditions de vérité, puisqu'on est réputé parler normalement pour transmettre des informations dont la valeur de vérité peut, sinon être contrôlée de fait, du moins contribuer à des contenus vérifiables. C'est en ce sens que l'activité de production des énoncés engage des présuppositions (pragmatiques). La seconde façon dont les présuppositions sont induites est qu'il n'est pas nécessaire de croire que l'« activité » de présupposer a une quelconque réalité mentale et que les agents linguistiques les entretiennent réellement. Il s'agit plutôt, comme le dit Stalnaker (138), d'une « disposition linguistique », c'est-à-dire d'une façon de se comporter dans son activité verbale d'une manière cohérente, comme si on avait certaines croyances. Dans cette mesure, ces présuppositions sont les conditions de normalité du comportement verbal : à défaut de raisons sérieuses de les mettre en doute, on estimera que le locuteur a ou fait telles ou telles présuppositions[19].

L'autre correction consiste, en lui retirant les présuppositions, à assurer une certaine netteté de l'objet sémantique. Stalnaker voit quatre avantages au fait de présenter les présuppositions (ou certaines d'entre elles) comme pragmatiques et indépendantes des conditions de vérité. Premièrement, cela permet de comprendre comment les présuppositions peuvent varier d'un contexte à un autre sans que ces variations contraignent à faire varier l'interprétation sémantique de ce qui est dit. Deuxièmement, il devient possible de distinguer les questions relatives aux présuppositons de celles qui ont trait à l'implication. Troisièmement, les contraintes que l'énoncé exerce sur ce qui est présupposé peuvent apparaître comme étant affaire de degré, ce qui peut difficilement être le cas selon une approche sémantique. Finalement, l'analyse pragmatique des présuppositions, en rendant celles-ci relatives à la situation de communication, permet d'expliquer certains faits selon des principes généraux de «stratégies rationnelles».

Ce dernier point est le plus important pour ce qui est des relations de la pragmatique et de la sémantique. Même si Stalnaker ne spécifie pas quelles peuvent être ces «stratégies rationnelles», l'objectif est net : la pragmatique a à avoir avec l'usage du langage dans des contextes de communication tandis que la sémantique est destinée à s'occuper du contenu[20]. Si c'est un traitement pragmatique des présuppositions qui est recommandé, c'est d'abord et avant tout pour ne pas compliquer indûment la sémantique, en confiant à une «théorie de la rationalité» (théorie dont il faut cependant remarquer qu'elle est encore à venir, malgré Grice (1975) et les efforts déployés à sa suite) le soin de définir les règles de l'échange rationnel sur l'horizon desquelles les présuppositions devraient être évaluées.

Dans ce développement de l'idée pragmatique, il semble que quelque chose ait été gagné, mais il semble aussi que quelque chose ait été perdu. Ce qui est gagné, c'est un certain programme pragmatique, du moins certains des éléments possibles d'un tel programme. Les présuppositions pragmatiques auxquelles «Pragmatics» reconnaissait une pertinence somme toute de principe sont maintenant établies de plein droit comme dépendant du contexte (ou le constituant). L'espace pragmatique qui a été ouvert est maintenant mieux peuplé. Cependant, le geste qui ouvre cet espace le ferme en même temps, en ce sens que si on a gagné d'un côté une phénoménalité pragmatique qui échappe au cadre de la représentation, on perd une part de ce qui faisait l'originalité de l'idée pragmatique, à savoir son effet sur le sens. La perte semble être si nette qu'apparaît une contradiction entre l'élaboration que fait «Pragmatic Presupposition» de la notion qu'il retient et les résultats auxquels «Pragmatics» était parvenu. Il avait été posé que le contexte contribue à la définition des propositions et que les présuppositions pragmatiques sont une composante importante du contexte. Or, celles-ci se trouvent maintenant déportées à l'extérieur de l'objet sémantique.

Cette contradiction est plus apparente que réelle, mais cela qui la rend apparente n'arrange pas le destin pragmatique pour ce qui est de son articulation sur la sémantique. Dans «Pragmatic Presupposition», Stalnaker s'intéresse à une notion *linguistique*, telle qu'elle est traitée par des linguistes. Dans «Pragmatics», il s'agit de voir de manière générale quelles sont les relations qui unissent les propositions, les phrases, les contextes et les mondes possibles, du point de vue d'une théorie de la signification qui soit philosophiquement acceptable et qui rende justice aux phénomènes jugés philosophiquement pertinents. Bouter les présuppositions hors du territoire sémantique peut revenir à inviter le linguiste sémanticien à se donner un objet qui soit neutre quant à la pratique effective du langage et aux transactions linguistiques de la communication quotidienne. Cet objet, Stalnaker l'appelle le contenu.

Le contenu des uns n'étant pas forcément le contenu des autres, les présuppositions qui, pour le linguiste d'une certaine époque (celle des articles de Stalnaker), constituent les objets sémantiques privilégiés définissant le contenu peuvent se trouver, pour le philosophe ou le logicien, simplement rassembler les conditions de réalité de la pratique linguistique. Il n'est alors pas étonnant que le linguiste soit invité à s'attaquer à la définition de règles de conversation afin de «donner des explications de phénomènes linguistiques relatifs au contexte qui soient à la fois rigoureuses et intuitivement naturelles» (1973:145). La dépendance contextuelle dont il s'agissait dans «Pragmatics» avait d'abord trait à des éléments comme les pronoms personnels, les démonstratifs, les quantificateurs, la référence des descriptions définies et des noms propres, et la position adoptée était de dire que les croyances des locuteurs jouent un rôle déterminant dans leur fonctionnement sémantique. Même si sémantique et pragmatique recevaient des objets distincts[21], elles se trouvaient étroitement associées, en raison de la sous-détermination de la sémantique pour ce qui est de la compréhension des énoncés de la part des participants de la situation de communication, mais du point de vue de la théorie, sémantique et pragmatique demeuraient distinctes. Dans «Pragmatic Presupposition», elles le sont tout autant (Stalnaker écrit: «Je suggère que la distinction soit prise au sérieux» (144)), et la raison en est toujours fournie du point de vue de la théorie: l'objet théorique du linguiste ne doit pas être compliqué par des règles atomiques *ad hoc* (par exemple, pour chaque item lexical). Ces règles, généralisées par un recours à des principes du comportement rationnel, sont confiées à (l'idée d') une pragmatique. Ainsi, dit Stalnaker, «les phrases déviantes qui semblent entrer en conflit avec les généralisations syntaxiques [ne seraient plus] jetées dans une poubelle sémantique (*semantic wastebasket*)» (1973:145), mais seraient plutôt prises en charge par cette pragmatique dont la promesse et le principe sont acquis mais dont la forme reste encore à élaborer.

La situation pragmatique demeure donc quelque peu ambiguë :

1. Stalnaker donne à la pragmatique une consistance plus grande que celle qu'elle avait auparavant, puisqu'on insiste maintenant sur les éléments suivants : a) elle a trait à la dimension de production des énoncés ; b) le contexte qui constitue (partiellement) son domaine n'est plus réduit aux seuls paramètres sémantiques ; c) le point de vue des locuteurs est une donnée pertinente pour l'établissement du sens.

2. S'il s'agit de produire une théorie du sens en général, c'est-à-dire de définir quelles interactions les objets retenus ont les uns avec les autres, on admet qu'ils jouent tous un rôle dans la détermination de ce qui est dit. Cette théorie semble cependant plus limitée à un principe qu'elle n'est prête à se réaliser dans des cas particuliers.

3. S'il s'agit de passer, en quelque sorte, à l'acte, c'est-à-dire de rendre compte effectivement du fonctionnement des énoncés, la situation change. Le linguiste est invité à ne pas considérer comme sémantiques des présuppositions qui sont en fait pragmatiques (ce qui est conséquent avec les points 1 et 2) et à définir l'objet sémantique comme les conditions de vérité, non affectées par les présuppositions pragmatiques (ce qui n'est pas conséquent avec la stratégie d'ensemble posée au départ).

On a dit que l'originalité de Stalnaker vient de la façon informelle dont il pose des intentions formelles. Il veut, en effet, ne rien sacrifier des conditions naturelles qui semblent définir l'objet retenu, bien que ces conditions puissent être difficiles à aménager dans un modèle *formel*. On voit mal en particulier comment les présuppositions pragmatiques relatives aux croyances des locuteurs peuvent être représentées dans un tel modèle, alors même que leur pertinence est reconnue dans le programme initial. L'effet de l'effort de Stalnaker est néanmoins appréciable. D'une part, il complexifie l'approche modèle-théorétique et augmente son adéquation ; d'autre part, il rappelle au théoricien que ses objets proviennent, à un titre ou à un autre, d'une pratique. C'est dans cette double tension que se trouve la source de la difficulté : l'emphase peut être mise sur la pratique et on tente alors de saisir le point de vue du locuteur, à charge pour le théoricien d'élaborer un vocabulaire permettant de parler de cette pratique et d'en retracer l'élaboration ; elle peut aussi être mise sur l'objet théorique, dans l'espoir d'arriver à une plus grande simplicité ou à une plus grande pureté. Quelle que soit celle de ces deux attitudes qu'on adopte, l'autre doit être présente à l'esprit, si quelque chose du pragmatique est encore jugé intéressant. Le théoricien peut en effet trouver banals les éléments pragmatiques qui sont invoqués ou estimer qu'ils se concilient mal avec ses exigences formelles, le « pragmaticien » peut trouver suspectes des élaborations théoriques qui ne font pas sa place à l'usage du langage ou le travestissent et le rendent méconnaissable.

5. Bilan

L'évolution de cette idée d'une pragmatique formelle, de Montague à Stalnaker, est à plus d'un égard exemplaire. Les efforts de Carnap pour élaborer une pragmatique oscillaient entre une assise comportementale et une assise théorique. C'est d'une certaine manière ce qui se produit aussi dans le cas présent. A une extrémité, en intégrant des paramètres sémantiques plus ou moins directement liés à l'activité d'énonciation, elle fait une concession minimale (celle qui est requise par le fonctionnement sémantique des expressions indexicales) à ce que l'intuition reconnaît comme dimension pertinente, mais ces paramètres font l'objet d'un traitement qui n'a rien de distinctif. C'est simplement le traitement de la théorie des modèles étendu à des phénomènes nouveaux et il n'est à ce titre, comme le dit Kalish, qu'une extension de la sémantique vériconditionelle, un peu comme la pragmatique théorique de Carnap est une extension de la sémantique intensionnelle des postulats de signification. A l'autre extrémité, le comportement sert à définir une spécificité pragmatique, dans la mesure où quelque chose de ce comportement (ici, les actes de langage et les présuppositions) est appelé à fournir des éléments pertinents et à réintroduire l'activité de langage dans le cadre de l'analyse. De son côté, Reichenbach trouve dans l'expressivité le critère même d'identification du pragmatique. Chez Stalnaker, ce critère est endossé sous le mode d'un rappel: les propositions font l'objet d'actes de langage et d'attitudes propositionnelles, qui peuvent apparaître comme des contractions de l'idée d'expression (présente, depuis les *Fondements* de Morris, dans l'idée générale d'une pragmatique), de la même manière que l'indexicalité apparaît comme une contraction de l'idée d'expérience (sous la modalité du renvoi ou de l'embrayage). Le problème est alors de savoir quelle réalité donner à cette expressivité et de définir le type d'anthropologie que l'on estime souhaitable de lui associer. Stalnaker oriente cette anthropologie dans la direction d'une définition (à venir) et d'une acceptation (postulée) du «dispositif» de la communication. La description de ce «dispositif» peut faire difficulté: on a le choix entre une codification patiente des circonstances constituant le contexte et pouvant jouer d'une manière plus ou moins directe sur ce qui est dit, et une admission de principes (de postulats) conversationnels dont la spécification constitue à elle seule un programme de recherche.

Les systèmes de coordonnées et les présuppositions pragmatiques, s'ils donnent du contexte des versions assez différentes, ont quelque chose en commun, car dans les deux cas on fait appel à ce qu'on peut appeler les «paramètres pragmatiques du sens», c'est-à-dire au cadre à l'intérieur duquel les relations sémantiques peuvent être établies et évaluées. La définition de ces paramètres demeure, bien entendu, relative à un point de vue. Le contexte de Montague, Scott et Lewis est fonctionnalisé à l'intérieur de l'appareil théorique de la sémantique formelle; les présuppositions de Stalnaker fonctionnalisent le contexte à l'intérieur de la situation de communication et d'échange d'informations. Le sens qui est balisé par ces paramètres pragmatiques est assez neutre pour ce qui est de son appartenance à la sémantique ou à la pragmatique. Il s'agit d'un objet global, où sont intégrés les objets abstraits traditionnellement revendiqués par la sémantique et des déterminations liées à l'énonciation. Le fait de tracer une frontière entre ces deux aspects, comme Stalnaker recommande de le faire, ne revient pas à dire qu'ils sont distincts dans la réalité (présumée) de la pratique du langage, mais seulement à séparer, dans la théorie, les objets sémantiques de leurs conditions pragmatiques. La question de savoir s'il est également possible de définir quelque chose qui ressemble à une *théorie* pragmatique demeure posée.

Ce sont diverses réponses à cette question que la pragmatique formelle prospecte. Des entreprises comme celles de Montague et Kaplan tendent à répondre par la négative: les paramètres intégrés ne changent rien à la vériconditionalité, dont l'étude est la tâche centrale de l'entreprise. La réponse de Stalnaker est plus nuancée: d'une part, on admet que des phénomènes liés au contexte ont droit de cité et qu'ils échappent à la vériconditionalité et, d'autre part, et en raison même de la richesse qu'on leur reconnaît, on hésite à les inclure dans le cadre théorique sémantique et on leur réserve une place en propre. Le destin pragmatique, du moins tel qu'il se noue dans ce type d'entreprises, semble ainsi assez funeste: ce qui atteint le statut théorique exigé au départ n'est pas pragmatique et ce qui semble l'être correspond à une «théorie» qui est encore largement à naître.

L'idée de Bar-Hillel, selon laquelle la pragmatique est l'étude des expressions indexicales, n'implique ni ne présuppose que le traitement qui est donné de ces expressions doive nécessairement se situer à l'extérieur de la rationalité de la représentation. Il est en effet, comme on l'a indiqué, toujours possible de décider que c'est ainsi que seront les choses, *a fortiori* si une telle décision est la garantie d'une théorie rigoureuse et qu'elle permet la poursuite d'une conceptualité bien établie. Aussi les doutes qui sont émis ici ne visent-ils pas à contrer la seule appellation de la théorie: le mot «pragmatique» est à cet égard un nom comme un autre. On a plutôt cherché à identifier ce qui, de cette théorie, la distingue d'autre chose. La différence demeure assez discrète pour ne pas être décisive.

NOTES

[1] Cet extrait provient de l'article «Semantics» de l'*Encyclopedia of Philosophy* éditée par P. Edwards, où, il convient de le noter, la pragmatique n'a pas d'entrée distincte. Selon Kalish, les principaux artisans de cette sémantique pragmatique sont Peirce, Prior, Russell, Reichenbach, Scott, Montague et Cocchiarella, qui ont tous aménagé une place à part aux expressions indexicales. La référence qui est faite à Morris semble plus rituelle que fondée, car l'orientation donnée par celui-ci à la pragmatique est fort différente de celle de la tendance formalisante dont il est ici question.

[2] Voir en particulier les observations de Stalnaker à ce propos dans son article «Pragmatics» (1972), examiné plus bas (section 4).

[3] Par exemple, Gazdar (1979:2) définit «grossièrement» le domaine pragmatique tel qu'il semble être conçu par les théories contemporaines: «la pragmatique est égale à la signification moins les conditons de vérité». Si cela ne constitue pas une condition suffisante d'identification de la pragmatique, il s'agit néanmoins d'une condition nécessaire: la pragmatique doit minimalement se situer quelque part par rapport à la vériconditionalité, même si ce n'est que dans une marginalité indéterminée.

[4] Les textes utilisés ici sont: Montague (1968), «Pragmatics», (1970a), «Pragmatics and Intensional Logic» et (1970b), «Universal Grammar»; Scott (1970), «Advice on Modal Logic» et Lewis (1972), «General Semantics».

[5] Le texte «Pragmatics» est, à quelques variantes près, intégralement repris dans «Pragmatics and Intensional Logic».

[6] Le mot anglais normalement utilisé par cette tradition est «index», dont le pluriel est «indices». J'utilise pour ma part le mot «indice» au singulier comme au pluriel. La raison en est que la relation indexicale s'établissant à la fois du côté du langage et du côté du monde, il est préférable, en dépit du sens que le mot «indice» a par ailleurs, d'utiliser un terme qui ne désigne pas un type d'expression.

[7] Scott (1970:149-50) définit comme suit un contexte d'usage spécifiable en termes de points de référence: *The above example* [un exemple de quantification] *supplies us with a statement whose truth-value is not constant but varies as a function of i ε I. This situation is easily appreciated in the context of time-dependent statements; that is in the case where I represents the instants of time. Obviously, the same statement can be true at one moment and false at another. For more general situations one must not think of the i ε I as anything as simple as instants of time or even possible worlds. In general we will have (I=w, t, p, a,...) where the index i has many coordinates: for example, w is a world, t is a time, p=(x, y, z) is a (3-dimensional) position in the world, a is an agent, etc. All these coordinates can be varied, possibly independently, and thus affect the truth-value of statements which have indirect references to these coordinates.* La problématique en est nettement une de vériconditionalité. La liste des coordonnées assurant les conditions de vérité des expressions indexicales est laissée ouverte par Scott.

[8] Un «langage pragmatique» se compose des éléments suivants (1968:103-104; 1970a:143):
1. des constantes logiques ($\lor, \land, =, \rightarrow, \leftrightarrow$, etc.);
2. des parenthèses et d'autres signes de ponctuation;
3. des variables individuelles $v_o,... v_k,...$;
4. des constantes individuelles (1968); des prédicats à n-places (1970a);
5. des symboles d'opérateurs à n-places (1968); des constantes prédicatives à n-places (1970a);
6. des opérateurs à n-places.

[9] Dans «Universal Grammar», Montague établit une distinction entre I, l'ensemble des mondes possibles, et J, l'ensemble des contextes d'usage.

[10] La multiplication des coordonnées est en fait plus rapide que cette sage progression numérique, si l'on tient compte du fait qu'il n'y a chez Kripke que deux coordonnées véritables, *D* et *W*, les deux autres étant une fonction et une relation.

[11] Traduit par P. Gochet (1980:342), qui examine cette prolifération des coordonnées contextuelles et qui a attiré mon attention sur l'objection de Cresswell dont il est question plus bas, ainsi que sur l'exemple (2) qui l'appuie.

[12] Le texte que j'utilise est «On the Logic of Demonstratives» (1979).

[13] Les idées de Stalnaker sur la pragmatique se trouvent surtout dans «Pragmatics» (1972) et dans «Pragmatic Presupposition» (1973), auxquels je me limite ici.

[14] La notion de présupposition, qui n'est pas étudiée ici pour elle-même mais pour la lumière qu'elle peut jeter sur la question de la délimitation de la pragmatique, est une des notions sur lesquelles on a le plus écrit, tant en philosophie du langage qu'en linguistique théorique, en particulier dans les années 1968-1975. Elle a de ce fait connu une vaste élaboration théorique et a été affinée par de nombreuses distinctions. La présentation est ici réduite au minimum.

[15] C'est, entre autres exemples, ce qu'entreprend de faire Ruth Kempson (1975).

[16] Les références sont données en fonction de la pagination de: Rogers A., Wall B. et Murphy J.-P. éds. (1977).

[17] Cette définition (Stalnaker insiste cependant pour dire que ce n'en est pas une) de la présupposition pragmatique est proche de la définition que donne Schiffer (1972:30 sv) de la «connaissance mutuelle» (*mutual knowledge*) qui se trouve au fondement de travaux portant sur les actes de langage indirects, la signification non naturelle, les inférences invitées et, d'une manière générale, de maximes de conversation, comme celles définies par Grice (1975). Schiffer caractérise comme suit la connaissance mutuelle: «A et B savent mutuellement que p ssi: (1) A sait que p; (2) B sait que p; (3) A sait que 2); (4) B sait que 1); (5) A sait que 4); (6) B sait que 3); etc.». La définition de Stalnaker découpe un sous-ensemble minimal dans la suite de ses savoirs (croyances).

[18] La logique de la conversation de Grice constitue un effort de mise au jour des principes auxquels obéit la communication rationnelle. La question demeure cependant posée de savoir de quelle nature sont ces principes (sont-ils normatifs ou idéaux? constitutifs? observationnels?). En ce qui concerne la spécification des croyances, quelques-uns des problèmes qu'elle pose sont examinés au chapitre 6.

[19] Une chose analogue se produit dans le cas de l'expression des «états psychologiques» qui sont censés accompagner la production des actes de langage. Quelqu'un qui dit «Je vous remercie», «Je vous exprime toute ma gratitude», «Je suis sincèrement désolé de ce qui vous arrive», «Je vous offre mes condoléances les plus émues», etc. parviendra effectivement à faire ce qu'il dit faire si rien dans son comportement ne dément les conditions de sincérité que son comportement semble manifester. Les états psychologiques sont à ce titre induits par le comportement verbal: s'il ne suffit sans doute pas de dire qu'on est sincère pour l'être, on peut quand même de voir «prêter» de la sincérité si on «joue le jeu» (linguistique) de la sincérité.

[20] Stalnaker prend cependant soin d'ajouter: «En recommandant une séparation du contenu et du contexte, je ne dis pas qu'il n'y a aucune interaction entre eux, loin de là. (...) Mais cette interaction ne nous empêche pas d'étudier les traits qui définissent un contexte linguistique des propositions exprimées dans le contexte» (1973:144).

[21] «La syntaxe étudie les phrases, la sémantique étudie les propositions. La pragmatique est l'étude des actes linguistiques et des contextes dans lesquels ils se produisent» (1972:383).

> # Chapitre 5
> Pragmatique et linguistique :
> un fragment d'histoire et de théorie

0. Introduction

Carnap condamnait la linguistique de son temps à trouver son fondement dans la pragmatique, du fait que toutes les régularités qu'elle pose tirent leur origine de la pratique des individus. Morris, en pensant les régularités linguistiques comme des habitudes de comportement, a adopté une attitude globalement pragmatique pour le traitement des langues naturelles. Nous avons vu par ailleurs un certain nombre de cas où la distinction entre sémantique et pragmatique est particulièrement difficile pour ce qui est de la théorisation des langues naturelles.

Ce chapitre présente quelques aspects de l'idée pragmatique en linguistique, en s'attachant à un fragment d'histoire. Malgré les dimensions très modestes dans lesquelles elle sera maintenue ici, cette ambition rencontre d'entrée de jeu plusieurs difficultés. La première tient au fait que la discipline qu'on appelle « linguistique » est constituée d'un grand nombre de théories, de doctrines et de méthodologies, relativement auxquelles la pragmatique, ou ce qui à un moment donné est considéré tel, prend à chaque fois une coloration différente. Ainsi, une théorie alignée sur un idéal syntaxique peut définir comme sa marge pragmatique ce qu'une autre approche (psycholinguistique, sociolinguistique ou, plus simplement, davantage sémantisante) peut considérer comme son objet central. Une seconde difficulté vient de ce que, alors qu'on dispose d'un bon nombre de constructions qui peuvent être considérées comme des théories syntaxiques, sémantiques ou syntactico-sémantiques, il n'y a guère en linguistique de *théories* directement pragmatiques [1]. La pragmatique se présente plutôt comme une suite plus ou moins organisée de problèmes, de «*puzzles*» et d'apories, tendant à se constituer en problématiques par leur récurrence mais sans donner lieu à un traitement homogène (en dépit de l'invocation d'une pragmatique «intégrée»). Une troisième difficulté — dont l'importance ne saurait être mésestimée — provient de ce qu'on peut raisonnablement soutenir qu'une théorie linguistique vise dans son principe même une réduction du pragmatique par la neutralisation qu'elle effectue (ou tente d'effectuer) de certains traits de son objet, dont elle estime qu'ils constituent une réalité extra-linguistique à laquelle elle doit choisir délibérément de renoncer. Ce qui pour une approche donnée n'est pas du ressort de la linguistique proprement dite — qui devrait décrire la systématique de la langue et non les conditions concrètes ou particulières de son utilisation — peut être vu par une autre approche comme la promesse d'une linguistique enfin adéquate. Les aspects pragmatiques de la syntaxe, de la phonologie et, surtout, de la sémantique, pour omniprésents qu'ils soient, peuvent ainsi être autant des conditions de la théorisation que des matériaux qui lui seraient directement accessibles. Ces trois difficultés ne frappent pas de manière égale toutes les occurrences de la distinction qui est faite en linguistique entre la pragmatique et d'autres composantes de la théorie, mais il est certain que, dans l'ensemble, la situation n'est pas clairement tranchée et que les diverses tentatives de définition auxquelles on assiste à cet égard sont relatives à des présupposés théoriques qui doivent eux-mêmes faire l'objet d'un examen critique et aux stipulations que l'on formule à l'endroit de ce que doit être une théorie linguistique.

C'est la famille de travaux regroupés sous le nom de «grammaire générative» qui, en raison de l'importance sans précédent qu'elle a prise dans la linguistique contemporaine, fournit ici les principaux jalons d'une évaluation de la pragmatique linguistique. Celle-ci n'est pas limitée, il s'en faut, au seul paradigme générativiste, mais la grammaire générative s'appuyant non seulement sur un certain nombre de principes généraux touchant la forme des théories mais également sur toute une conception du langage et de sa mise en acte, c'est d'abord au cœur de la rationalité qu'elle instaure qu'une perspective pragmatique doit être évaluée.

Pour prendre la question d'assez haut et d'assez loin, considérons d'abord la célèbre définition que donne Chomsky (1965, 1971:12) de l'objet d'une théorie linguistique:

L'objet premier de la théorie linguistique est un locuteur-auditeur idéal, appartenant à une communauté linguistique complètement homogène, qui connaît parfaitement sa langue et qui, lorsqu'il s'applique en une performance effective sa connaissance de la langue, n'est pas affecté par des considérations grammaticalement non pertinentes (...).

Cette connaissance est dite constituer la *compétence* du locuteur-auditeur, par opposition à la *performance* qu'est «l'emploi effectif de la langue dans des situations concrètes» (Chomsky 1971:13). Cette distinction, qui a été abondamment endossée et discutée, est déterminante à plus d'un titre pour la position qu'une pragmatique est susceptible d'occuper dans une théorie linguistique.

Dans la mesure où quelque chose de la pragmatique est nécessairement afférent à l'usage de la langue, la définition que donne Chomsky du savoir que résume la compétence semble avoir pour conséquence directe de loger sans autre forme de procès toute pragmatique à l'extérieur de la théorie linguistique. Selon cette conception, la connaissance de la langue est en effet d'abord fournie par la maîtrise de règles syntaxiques, qui, existant en nombre fini, sont appliquées pour engendrer des phrases (en nombre infini), lesquelles sont les seuls observables linguistiques. De plus, ce savoir de nature syntaxique n'a, du moins idéalement, que peu d'interférences avec la sémantique; c'est la thèse qu'on a pris l'habitude d'identifier comme celle de la «syntaxe autonome». Une compétence ainsi saisie du seul point de vue de la machine syntaxique et imputée à un être relativement abstrait (les locuteurs-auditeurs idéaux ne faisant pas partie des populations empiriques) ne risque guère d'avoir des points de contact sérieux avec les conditions d'usage concret de la langue. Il s'agit d'une abstraction formulée par «idéalisation», dit-on, à partir de l'observation linguistique et c'est, dit-on aussi *et en même temps*, une hypothèse qui vise à *expliquer* la régularité du comportement verbal en termes formels. Elle ne nie pas que d'autres facteurs interviennent dans l'utilisation de la langue; elle postule plutôt une différence de type entre un savoir proprement *grammatical* et un ensemble, le plus souvent hétéroclite ou laissé indéfini, d'autres savoirs et aptitudes, qui ne sauraient être de même niveau que le précédent et ne peuvent par conséquent avoir de conflits avec lui. On estime couramment que cette compétence en tant que base explicative, suffit à formuler les «généralisations linguistiques intéressantes» (*passim*). Le résultat en est que ce que cette compétence doit à l'expérience du langage, c'est-à-dire à l'expérience des transactions linguistiques effectives, est marginalisé au profit de la seule forme syntaxique, afin d'expliquer comment il se fait que les locuteurs, à partir d'une exposition à des données linguistiques qui sont toujours partielles et fragmentaires, parviennent à développer (intérioriser) des grammaires largement comparables et dont on pense en général qu'elles sont homogènes. L'expérience est de cette façon limitée au matériau qui a contribué à cette portion de la compétence dont on hésiterait à dire qu'elle est innée et elle ne figure pas autrement dans l'élaboration du savoir linguistique central.

Dans ces conditions, une pragmatique linguistique ne peut voir son statut précisé qu'à la faveur: 1. d'une élucidation ou d'une redéfinition de la nature de la compétence en tant qu'objet premier de la théorie et 2. du développement d'une sémantique à l'intérieur de la grammaire, puisque c'est par rapport à cette sémantique que la question pragmatique pourra être posée. Ces deux questions ayant déjà mobilisé une attention considérable et s'étant portées sur la quasi-totalité de la théorie linguistique, on n'en retiendra ici que quelques aspects, sommairement résumés, directement pertinents pour le statut d'une pragmatique linguistique.

1. La nature de la compétence

La compétence linguistique, tout en jouant le rôle central qu'on a vu dans la détermination de l'objet de la théorie linguistique et dans les diverses exclusions qu'elle permet de prononcer, est une des notions les plus mal définies et les plus difficiles à définir de la théorie (ou de la méta-théorie) linguistique. Il en va de la distinction compétence/performance comme de la distinction langue/parole dans la tradition saussurienne: des termes qui ont une certaine netteté contrastive lorsqu'ils sont posés de façon générale et indicative, deviennent confus lorsqu'il s'agit d'en expliciter la désignation[2]. Il est vrai que le fait que Chomsky semble lui-même avoir favorisé plusieurs interprétations — inconciliables — de cette notion et des relations qu'elle est susceptible d'avoir avec celle de performance n'est pas pour arranger les choses. On peut distinguer trois interprétations principales[3].

a) La compétence comme idéalisation de la performance

Dans plusieurs passages, Chomsky présente le modèle de compétence qu'une grammaire doit être comme un résumé des conditions de production et de compréhension des phrases[4]. Les régularités dont une grammaire fait état pourraient alors servir à décrire et à expliquer les opérations concrètes des locuteurs et des auditeurs sous une forme idéalisée, c'est-à-dire en négligeant certains aspects de ces opérations. Chomsky a cependant mis grand soin à récuser cette interprétation, qu'il a pourtant fortement incité à considérer:

> Pour éviter ce qui a été un perpétuel malentendu, il n'est peut-être pas inutile de répéter qu'une grammaire générative n'est pas un modèle du locuteur ou de l'auditeur. Elle tente de caractériser de la façon la plus neutre (possible) la connaissance de la langue qui fournit sa base à la mise en acte effective du langage par le locuteur-auditeur. Lorsque nous disons qu'une grammaire engendre une phrase pourvue d'une certaine description structurale, nous entendons simplement que la grammaire assigne cette description structurale à la phrase. Lorsque nous disons qu'une phrase a une certaine dérivation du point de vue d'une grammaire générative particulière, nous ne disons rien sur la manière dont un locuteur ou un auditeur pourrait procéder (...) pour construire une telle dérivation. Ces questions appartiennent à la théorie de l'acte linguistique — la théorie de la performance» (1965, 1971:19-20).

La compétence devrait ainsi être vue comme un objet *neutre* pour ce qui est d'un quelconque engagement quant à la réalité des opérations effectuées par les usagers de la langue, lesquelles opérations seraient dévolues à une (encore inexistante) théorie de la performance. On constate cependant que plusieurs éléments des nombreuses définitions et caractérisations que Chomsky donne de la compétence[5] s'accordent mal avec cette neutralité. L'élément d'«appropriété» qui est mentionné («produire une phrase appropriée dans une situation donnée») est particulièrement intéressant, car c'est sur lui que certaines approches de la pragmatique (par exemple, Verschueren (1980)) fondent une spécificité pragmatique. Ce qui permet à un énoncé[6] de convenir ou d'être approprié à une situation semble (du moins selon le passage cité) devoir être inclus dans le savoir central dont la théorie doit rendre compte. Les désaveux de Chomsky, qui insiste sur la pure neutralité de la compétence, n'en indiquent que mieux le caractère trouble de la question. Le fait que les modèles de compétence dont l'idée est présentée n'aménagent pas une place explicite à ce qu'on peut appeler la «convenance situationnelle» constitue une raison suffisante pour considérer une autre interprétation, selon laquelle la compétence ferait partie d'un modèle de la performance.

b) La compétence comme composante centrale d'un modèle de la performance

A défaut de capturer la totalité de ce qui permet de rendre compte du comportement verbal, la notion de compétence peut être une partie d'un modèle qui tendrait au plus près à faire état des conditions effectives de l'acte linguistique. Certains passages de Chomsky vont dans ce sens, par exemple :

> (...) un modèle raisonnable de l'acte linguistique comprendra comme un de ses composants fondamentaux la grammaire générative où se formule la connaissance que le locuteur-auditeur a de sa langue; mais cette grammaire générative, en elle-même, n'engage ni le caractère ni le fonctionnement d'un modèle perceptuel ou d'un modèle de la production de parole» (1965; 1971:20).

On ne trouve malheureusement guère chez Chomsky d'indications permettant de savoir quelles peuvent être les autres composantes de ce «modèle raisonnable de l'acte linguistique», de même qu'il est difficile de voir comment la version de la compétence syntaxique qui est donnée peut être intégrée à quelque modèle que ce soit qui rende compte de la performance linguistique effective. Cette situation avalise l'ouverture des travaux présumément chargés de compléter le(s) modèle(s) de la compétence («la question de savoir comment la grammaire est utilisée dans la production ou la perception de la parole est, évidemment, passablement ouverte» (Chomsky (1967b:125)), de même qu'elle laisse indéfinie la nature des relations qui pourraient unir la grammaire et ces autres composantes. Le silence de Chomsky sur ce point n'est tempéré que par deux éléments. Le premier, relatif à la connaissance imputée aux locuteurs, a trait à ce qu'on appelle les «intuitions linguistiques», par lesquelles des jugements de grammaticalité ou d'acceptabilité sont portés sur les phrases et qui ne sont pas réductibles au savoir largement «inconscient» supposé être mis en œuvre lors de la production ou de la perception de ces phrases. Ces intuitions, impliquant dans leur principe même une réflexivité de la part des locuteurs, mobilisent autre chose que le savoir nécessaire à la seule production ou la seule perception, ne serait-ce que du fait qu'on peut parler une langue sans être pour autant enclin à la juger. Le second élément consiste à remettre à l'avenir («*deus ex futura*») et à d'autres disciplines que la linguistique le soin d'établir les conditions (non linguistiques) qui doivent être satisfaites pour que l'on arrive à une connaissance adéquate de l'activité de parole[7].

Ce que cette linguistique peut dire sur la nature d'un modèle de la performance demeure passablement indéfini, car l'idée qu'un tel modèle doit incorporer un modèle de la compétence ne va guère au-delà du fait qu'une quelconque connaissance de la langue est requise pour que parler soit possible. La nature de cette connaissance — passé le fait qu'elle doit avoir la même forme qu'une grammaire générative — et les relations qu'elle peut avoir avec d'autres types de savoir sont laissées totalement ouvertes. Cette ouverture permet de considérer une troisième interprétation.

c) La compétence comme entité radicalement distincte de la performance

Cette interprétation est surtout favorisée par Chomsky lorsqu'il s'agit de repousser les attaques consistant à juger les modèles de la compétence du point de vue de la réalité psychologique des règles grammaticales ou du point de vue de leur adéquation quant aux énoncés effectivement produits et observés. Chomsky a alors recours à l'argument de la différence de «caractère logique» (1970:58) des modèles de la performance et de la compétence ou à l'argument du caractère indirect de la correspondance des phénomènes observés et des règles postulées, de sorte que la «distance» entre compétence et performance devient si grande qu'elles ne peuvent plus être reliées que par une volonté d'assurer le fondement des données observables sur une théorie de la compétence et la réalité de celle-ci par une phénoménalité lointaine. L'objet premier de la théorie linguistique, la compétence, demeure ainsi distant: 1. de la plupart des observables linguistiques (Chomsky a du reste beaucoup insisté sur leur caractère «dégénéré» et partiel); 2. de ce que les psychologues appelés à prendre le relai des linguistes (par exemple, Bever (1968)) considèrent être la réalité de l'usage linguistique pour ce qui est des mécanismes linguistiques qui lui sont sous-jacents, et 3. de l'ensemble des facteurs non linguistiques (c'est-à-dire ni plus ni moins que les facteurs extérieurs au modèle de compétence proposé par Chomsky) qui pourraient être intégrés à un éventuel modèle de la performance[8].

C'est manifestement dans l'élaboration d'un tel modèle de la performance qu'une pragmatique linguistique pourrait trouver son lieu. Le savoir imputé aux locuteurs-auditeurs (idéaux) ne suffisant pas à rendre compte de ce qui apparaît être les déterminations effectives de l'activité de parole, il est tentant d'attribuer à une pragmatique la tâche de relayer les modèles de la compétence. Cependant, en raison du statut de la compétence, la situation d'une telle pragmatique n'est guère brillante, car elle n'aurait alors à choisir qu'entre deux possibilités : soit qu'elle s'efforce de trouver, sur le terrain de la psychologie, les corrélats des règles grammaticales posées au niveau de la compétence[9], soit qu'elle se définisse à l'extérieur de la linguistique proprement dite, en s'occupant des conditions empiriques d'utilisation du langage, qui viennent à des titres divers s'ajouter à l'objet linguistique central.

La limitation quasi exclusive de la compétence aux règles et aux structures syntaxiques n'est pas étrangère à cette situation, car une compétence ainsi définie, en faisant du locuteur, pour reprendre une expression de Searle (1976), un «animal syntaxique», livre à une performance d'autant plus accueillante qu'est étroit ce par rapport à quoi elle se contraste, la totalité des aspects «communicationnels», «situationnels» et, d'une manière générale, des aspects afférents à la pratique linguistique. La question la plus englobante que l'on peut adresser à la notion chomskyenne de compétence est celle de déterminer de quoi se compose le *savoir* qu'il faut imputer au locuteur afin d'expliquer les régularités de cette pratique. On a, par exemple, suggéré d'ajouter à la compétence linguistique *stricto sensu* une «compétence communicationnelle» (*lato sensu*), qui résumerait les conditions d'application de la compétence linguistique. Il est clair que si cette compétence communicationnelle doit rendre compte du caractère plus ou moins approprié des énoncés dans des situations de communication, des règles sociales ou culturelles régissant le comportement verbal et ses produits, des facultés qui permettent à l'auditeur de «calculer» le contenu de ce qui lui est communiqué, etc., il s'agit d'une notion pragmatique. Le programme qui consisterait à l'expliciter est très vaste, tant peuvent être diverses les conditions empiriques (ou quasi empiriques) jouant sur la communication. L'adjonction d'une composante sémantique à la grammaire permet de voir, sur une échelle réduite, la complexité et la relativité des paramètres qui définissent la pratique verbale.

2. Le développement d'une sémantique

L'histoire de la constitution de la sémantique à l'intérieur des modèles générativistes est extrêmement contournée : la retracer point par point équivaudrait ni plus ni moins à reprendre la totalité de l'histoire de la grammaire générative elle-même. Le présent exposé ne vise pas à récapituler cette histoire dans son détail ni même à la caractériser adéquatement dans sa forme générale ; il cherche simplement à indiquer certaines des coordonnées de l'inclusion du sens dans la théorie linguistique, en s'attachant surtout aux remises en question consécutives de la frontière entre syntaxe et sémantique, puis de la frontière entre sémantique et pragmatique.

La tâche d'une théorie linguistique peut être définie comme l'établissement des corrélations son/sens ou forme/contenu dont le jeu systématique constitue les langues naturelles et assure la distinctivité de leurs éléments constituants. Une dimension sémantique est ainsi présente à tous les niveaux d'opération : par exemple, le découpage des unités sonores pertinentes se fait en fonction de la valeur sémantique des unités phonologiques (des éléments qui n'assurent pas de distinctivité sémantique sont réputés faire partie de la même unité). Cependant, cette dimension sémantique n'est pas thématisée par toutes les théories avec un même relief. La grammaire chomskyenne a, pour sa part, toujours essayé de réduire au minimum le recours à des considérations de nature sémantique dans la caractérisation de la forme, mais elle a quand même dû, surtout à l'initiative de collaborateurs comme Katz, faire sa place à une composante sémantique plus ou moins riche. Cette intégration a d'abord suivi deux orientations principales: la définition de trois composantes de la grammaire et l'élaboration de la notion de dictionnaire.

A partir d'*Aspects* (1965), la forme générale d'une grammaire générative peut être résumée par l'interaction de trois composantes: une composante syntaxique, définie comme un ensemble infini d'objets formels abstraits dont chacun est censé contenir toute l'information nécessaire à l'interprétation sémantique, puis une composante phonologique qui détermine la forme phonétique d'une phrase engendrée par les règles syntaxiques, c'est-à-dire une composante qui relie une structure abstraite à un signal sonore, et finalement une composante sémantique dont la fonction est de déterminer l'interprétation sémantique de la phrase. Les composantes phonologique et sémantique n'ont qu'une fonction d'interprétation, tandis que la composante syntaxique a un rôle central: elle comporte deux niveaux, un niveau connu sous le nom de «structure profonde», qui est une description structurale pourvue de catégories grammaticales, et un niveau de «structure de surface» relié au précédent par des règles de transformation. Selon ce modèle, la syntaxe est autonome par rapport à la sémantique même si elle est «engagée» sémantiquement par le fait que les items lexicaux y sont introduits et qu'un *dictionnaire* y est chargé de les structurer sémantiquement.

Le rôle du dictionnaire dans l'organisation de la grammaire ne peut être évalué que si on considère les devoirs minimaux de la grammaire pour ce qui est de la signification. A cette époque [10], les phénomènes sémantiques dont une théorie devait d'abord rendre compte étaient l'*ambiguïté* et la *paraphrase* (ou la synonymie), c'est-à-dire les cas où à un objet physique correspondent deux objets non physiques (des sens) ou plus, et les cas où à deux objets physiques, ou plus, correspond un seul objet non physique. Ces phénomènes fixent deux tâches à la grammaire: d'une part, déceler les ambiguïtés et les répartir en classes (par exemple, ambiguïtés structurales et ambiguïtés lexicales) et, d'autre part, formuler un ensemble de paraphrases et les conditions sous lesquelles ces paraphrases sont effectivement paraphrastiques de leurs phrases-source. Le dictionnaire joue un rôle central dans la réalisation de ces deux tâches : c'est lui qui est chargé des cas d'ambiguïté qui ne sont pas réductibles à des structures syntaxiques différentes et sont plutôt imputables à la structuratioin du lexique, et qui doit établir les descriptions sémantiques exprimant les paraphrases lexicales. Ce dictionnaire est composé d'un ensemble de descripteurs comportant des traits de sous-catégorisation grammaticale et des traits dits « de sélection » (par exemple, les traits /± animé/, /± humain/, /± dénombrable/, etc.)., responsables de la description du sens.

La *structure profonde*, dont la remise en question ébranlera la frontière posée entre syntaxe et sémantique, est au total définie par quatre caractéristiques, qui constitueront ses justifications essentielles lors des attaques « sémantaxiques » des dissidents de la sémantique générative :

1. En conjonction avec la partie transformationnelle de la composante syntaxique, c'est elle qui établit l'ensemble des structures syntaxiques.
2. C'est sur sa sortie qu'opèrent les règles transformationnelles.
3. Elle est constituée d'un ensemble de règles de formation qui utilisent un vocabulaire de symboles fini : les catégories grammaticales et le lexique.
4. Les relations grammaticales qui y sont définies sont les seules qui soient pertinentes pour l'interprétation sémantique.

G. Lakoff (1968), l'un des principaux opposants de cette conception de la structure profonde et de la syntaxe autonome qui lui est associée, définit pour sa part quatre conditions qui doivent être conjointement satisfaites pour que puisse être maintenu un niveau de structure profonde :

1. Les relations grammaticales de base (« sujet-de », « objet-de », etc.) sont représentées à ce niveau au moyen des catégories grammaticales (P, SN, SV, etc.).
2. C'est à ce niveau que sont établies les généralisations correctes relatives aux contraintes de sélection et à la co-occurrence des items lexicaux.
3. C'est à ce niveau que les items lexicaux peuvent être assignés à leurs catégories.
4. Les structures définies à ce niveau constituent l'entrée pour l'opération des règles transformationnelles.

Les privilèges d'une structure profonde au caractère exclusivement syntaxique étant assez exorbitants, on comprend que cette notion ait pu faire l'objet d'un examen minutieux[11]. Lakoff entreprend de soumettre ces conditions à une validation empirique, en essayant de voir dans quelle mesure une structure profonde ainsi définie permet de faire état des phénomènes effectivement observés. Malgré les réticences que l'on peut légitimement éprouver à concéder sans examen particulier un caractère d'empiricité aux arguments de ces écoles linguistiques, tellement ils sont dépendants de cadres théoriques qui n'ont de portée empirique qu'indirecte ou lointaine, il est intéressant de noter que c'est une telle dimension empirique qui, d'une part, permet la confrontation des théories au-delà des supposées «variantes notationnelles» et met en question, la distinction entre compétence et performance, et, d'autre part, accompagnera le déploiement d'une pragmatique à l'intérieur de la nouvelle sémantique (compte tenu des remarques de Bar-Hillel dont il sera question plus bas).

Un des arguments «empiriques» de Lakoff a trait aux conditions 1 et 2. Sa thèse peut être résumée de la façon suivante: deux phrases synonymes auxquelles la composante syntaxique de base assignerait deux représentations différentes ont *en fait* un grand nombre de propriétés grammaticales communes, alors que les seules relations grammaticales sont impuissantes à rendre compte des régularités qu'on peut observer au niveau des contraintes de sélection. Par conséquent, la condition 1 et la condition 2 sont contradictoires. Sur l'horizon de cette thèse, un grand nombre d'analyses, d'abord assez anarchiques puis de plus en plus systématiques, ont été entreprises, la plupart portant sur la nature des représentations sous-jacentes par le biais d'une redéfinition du statut des items lexicaux dans la structure profonde. Par exemple, les deux phrases:

(1) Isabelle a coupé le salami avec un couteau.

et

(2) Isabelle a utilisé un couteau pour couper le salami.

seraient respectivement représentées par les structures sous-jacentes suivantes [12]:

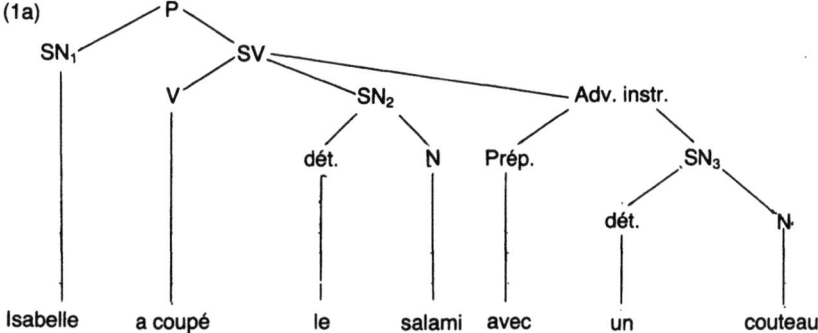

et (2a)

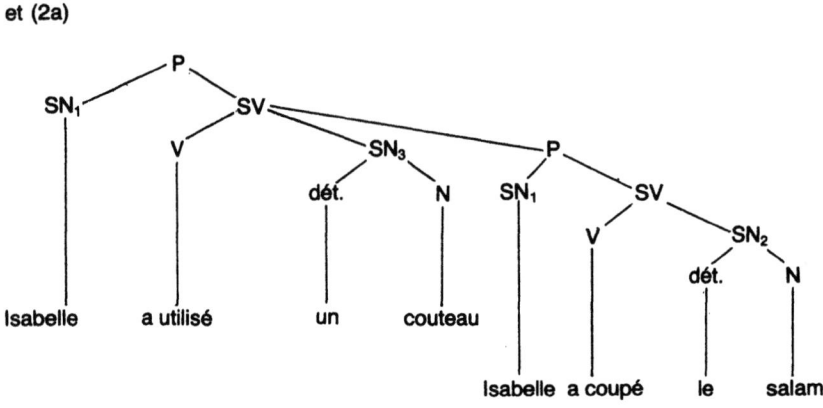

qui sont très différentes malgré l'équivalence sémantique des phrases qu'elles représentent. Cela conduit Lakoff à remettre en question l'analyse syntaxique standard, en retraçant les similitudes des deux phrases pour ce qui est de leurs propriétés grammaticales (identité des transformations qui peuvent leur être appliquées, sensibilité aux mêmes contraintes, etc.). La multiplication d'analyses de ce genre conduira progressivement à développer des représentations abstraites dans lesquelles syntaxe et sémantique sont indissociablement liées et, par conséquent, à rejeter la notion de structure profonde exclusivement syntaxique. L'idée selon laquelle les items lexicaux sont définis au niveau de la structure profonde (condition 3) fera à son tour l'objet d'attaques de plus en plus nourries: cette question, qui a polarisé la majeure partie de l'opposition entre sémantique interprétative et sémantique générative, a alimenté le débat (la querelle) de la «*décomposition lexicale*».

Ce débat tourne autour de la possibilité de présenter la structure syntactico-sémantique de verbes comme *to kill* (tuer) et *to remind* (rappeler) au moyen de paraphrases comme:

(3) CAUSE x to become not alive.

et

(4) Strike x as being similar to y.

Les tenants de la sémantique interprétative, cherchant à défendre la thèse «lexicaliste» d'une introduction des items lexicaux au niveau de la structure profonde, s'opposent à l'idée d'une telle décomposition, tandis que les tenants de la sémantique générative favorisent l'insertion lexicale par des transformations appliquées aux représentations abstraites. Sans entrer dans le détail des enjeux syntaxiques du débat, je retiens un aspect de la question, celui de l'équivalence sémantique des phrases construites avec un verbe non décomposé et des phrases construites avec la structure le décomposant; par exemple, la phrase (5):

(5) *John killed Peter.*

est-elle sémantiquement équivalente à la phrase (6):

(6) *John caused Peter to become not alive?*[13]

Cet aspect présente au surplus l'avantage d'indiquer une des questions fondamentales de la pragmatique, celle du rôle du contexte dans la détermination de la valeur sémantique des phrases.

Il faut d'abord noter que les deux positions s'appuient sur des prétentions analogues: c'est pour rendre compte de régularités distributionnelles que Mc Cawley et Lakoff (deux des principaux représentants de la sémantique générative) favorisent la décomposition et c'est aussi à des données de type distributionnel que Fodor (défenseur de la position interprétative) a recours lorsqu'il entreprend de réfuter la thèse de la décomposition lexicale. L'empiricité dont il est question peut ainsi jouer dans les deux sens: alors que les sémanticiens générativistes réussissent à présenter une douzaine de «preuves» favorisant la similitude structurale des deux types de construction, Fodor (et d'autres à sa suite) parviennent à invoquer bon nombre de cas où l'analyse par décomposition semble achopper pour ce qui est des distributions observées. Cette dissension ne laisse pas de troubler, car, étant donné que c'est de toute la question des relations entre syntaxes et sémantique à l'intérieur du cadre de la grammaire générative qu'il en va dans ce débat, on pourrait s'attendre à ce qu'une adéquation observationnelle et descriptive ait été réalisée autour de données établies avec une certaine fermeté, puisque c'est sur celles-ci que repose ultimement l'argumentation.

Dans les principaux articles qui ont alimenté ce débat[14], il apparaît que l'empiricité revendiquée — autant celle des présumées données que celle des arguments qui en sont issus — n'est elle-même pas à l'abri du soupçon. Il est revenu à Bar-Hillel (1971), dans un très percutant petit article au titre provocateur («Out of the Pragmatic Wastebasket») d'attirer l'attention sur la validité empirique problématique des arguments échangés de part et d'autre, ainsi que sur les aspects proprement méthodologiques que comporte le recours aux données pour fins de validation de théories compétitives. En résumé, sa critique consiste à soutenir que ce qu'on s'obstine à considérer comme des données syntaxiques ou sémantiques est en fait de nature pragmatique et qu'on devrait cesser de «contraindre à entrer dans la camisole de force de sa théorie syntactico-sémantique préférée» (1971:405) des considérations qui lui échappent. Après avoir rappelé les arguments invoqués, Bar-Hillel attaque les présupposés mêmes des protagonistes. Il conteste d'abord le recours aux jugements des linguistes — qui ne répugnent pas à être leurs propres informateurs — car ces jugements diffèrent radicalement les uns des autres pour ce qui est de la grammaticalité et de l'acceptabilité des phrases considérées. Ainsi, une phrase qui est pour Postal nettement agrammaticale («Paul rappelle un gorille à lui-même»[15]) est parfaitement bien formée pour Kimball, et ces deux jugements, dans la mesure où ils sont produits par des locuteurs dits natifs (dont on n'a pas de raisons de mettre la parole en doute), sont absolument irrévocables. Pour Postal, la non-grammaticalité de la phrase repose sur un certain nombre d'hypothèses (structure profonde particulière, transformation dite «de mouvement psychologique») que le «dialecte» de Kimball, qui l'exclut, nous contraindrait à abandonner, ce qui aurait pour conséquence que Postal et Kimball — pourtant tous deux locuteurs de l'anglais — n'ont pas la même structure profonde, conséquence qui est pour le moins lourde. La réaction de Bar-Hillel face à cette utilisation de l'argument des dialectes est de dire que Kimball est quelque peu complaisant avec le «my dialect-your dialect gambit», car s'il est vrai que Kimball dit que cette phrase est grammaticale (ou agrammaticale) dans son dialecte, cela constitue certes un fait (le fait qu'il le dit), mais le contenu de son assertion n'est pas pour autant empirique et n'a pas toute la positivité qu'on est en droit d'exiger des arbitres factuels de la discussion. La réflexivité des linguistes pouvant d'autant plus agir sur leurs jugements qu'ils désirent soutenir des hypothèses théoriques, Bar-Hillel propose d'abandonner les jugements portant sur les variations dialectales et de faire appel globalement au contexte :

Personnellement, je suis prêt, moyennant une rétribution raisonnable, à concocter une situation dans laquelle Postal montrerait par sa conduite qu'il comprend parfaitement ce que je dis [c'est-à-dire la phrase litigieuse], bien qu'il faudrait sans doute me payer beaucoup plus cher pour que je crée une situation dans laquelle il la dirait lui-même (1971:404).

Cela commande une seconde conclusion, qui s'applique aux cas où les jugements des linguistes concordent (Kimball et Postal estiment tous deux que la phrase *Harry reminds me of himself* n'est pas grammaticale) : la question, selon Bar-Hillel, est de savoir dans quelles circonstances on serait amené naturellement à proférer une phrase pareille (y compris une version jugée grammaticale), de la même manière qu'on ne dit pas «2 et 2 font 4» en dehors d'un contexte particulier, sans lequel l'énoncé, à défaut de sa proposition, semble quelque peu bizarre. Selon cette perspective, la bonne ou la mauvaise forme d'une phrase devrait être évaluée, du moins en partie, en fonction des circonstances de son énonciation et il faudrait considérer les jugements d'acceptabilité et de grammaticabilité selon les contextes dans lesquels ils sont produits. Ainsi, les matériaux que la grammaire considère comme ses «données» seraient toujours soumis à une dépendance contextuelle[16] et cela pourrait rendre problématique non seulement une théorie qui pose, à la façon de Chomsky, une syntaxe autonome, mais également une sémantique qui pense le sens en dehors du contexte de son expression. L'objet d'une grammaire ne serait plus alors des couples forme-sens ou expression-contenu caractérisables en eux-mêmes, c'est-à-dire l'objet traditionnellement sanctionné par la plupart des linguistiques[17], mais des triplets expression-contenu-contexte. (Le traitement de tels triplets risque cependant, comme on a eu l'occasion de le voir, de poser un certain nombre de problèmes s'il s'agit de formuler les contextes au-delà de leur nécessité de principe).

Selon le point de vue critique de Bar-Hillel, cette dépendance contextuelle fait chuter au pragmatique, c'est-à-dire à ce qui, selon la conception standard de la compétence, devrait être considéré comme non linguistique, l'objet de la théorie. Ce type de critiques, pour abrupt qu'il soit, conduit néanmoins à des questions générales qui ne se limitent pas aux circonstances théoriques immédiates qui les ont fait naître. Il s'agit, entre autres choses, de savoir (ou de décider):

1. Quels sont les critères auxquels doit obéir la bonne forme de l'expression. Cette question s'adresse certes à l'ensemble des stipulations linguistiques pour ce qui est des conditions de validation que leur impose une épistémologie raisonnable, mais elle concerne plus immédiatement l'image de la normalité d'usage qui est présupposée par les descriptions sémantiques (et même syntaxiques), dans laquelle un certain contexte d'emploi est favorisé au détriment d'autres contextes, aussi facilement imaginables et, à ce titre, aussi réels, susceptibles de normaliser les phrases autrement jugées déviantes.

2. Quelles sont les relations unissant l'interprétation sémantique et des concepts «normatifs» comme la compétence chomskyenne, c'est-à-dire des idéalités qui posent inlassablement la question de leurs conditions de réalité.

3. S'il est possible de procéder à une analyse sémantique sans tenir compte de la connaissance du monde qui instruit le savoir linguistique

global des locuteurs, ou, pour reformuler cette question dans les termes de la précédente, dans quelle mesure la compétence linguistique peut être dissociée d'une compétence «pratique», «culturelle», etc. (dont une partie correspond à une éventuelle compétence communicationnelle).

Une bonne part des discussions méta-théoriques poursuivies en linguistique au cours des dernières années gravite autour de ces questions et de questions analogues, dans lesquelles le contexte (comme nom générique de ce qui déborde l'objet jugé premier de la théorie) joue un rôle actif. Il est intéressant de voir que dans le cas d'une problématique linguistique assez bien définie (le débat mentionné a vu le jour dans le cadre d'un problème «technique») comme dans celui de questions générales de philosophie du langage (comme celle de savoir ce que le sens doit à l'usage), la frontière entre sémantique et pragmatique devient, si on ouvre la porte au contexte, assez diffuse pour que se pose sérieusement la question de l'origine des données sur lesquelles s'appuie la théorie.

En renvoyant à une pragmatique des questions réputées être de nature syntaxique ou sémantique, Bar-Hillel appelle moins de ses vœux une théorie pragmatique qui serait comparable aux théories linguistiques en place qu'il ne marque le point où les problèmes de forme et de contenu deviennent difficilement dissociables des problèmes d'énonciation en contexte, dans lesquels la connaissance du monde est mêlée à la reconnaissance des intentions de communication, à la normalisation de la forme par le contexte, à l'identification de la visée des actes de communication, etc. L'attitude de Bar-Hillel invite à une certaine modération perplexe les linguistes qui versent spontanément au dossier d'une théorie grammaticale des problèmes que leur caractère contingent et leur dépendance contextuelle marquée pousseraient plutôt à considérer comme étant d'un ressort pragmatique, c'est-à-dire des problèmes ponctuels qui se règlent un par un ou doivent être passés sous silence sans alimenter quelque argumentation théorique que ce soit.

Si l'on regarde ce qui se fait depuis une quinzaine d'années sous la rubrique «sémantique» en linguistique, on est d'abord frappé par l'essaimage de la théorie du contenu dans des directions très diverses, incommensurables avec la timidité ou l'abstinence qui étaient de mise ne serait-ce que dix ans plus tôt. Le contenu en est venu à envahir presque tous les domaines linguistiques et à se présenter sous des formes très différentes d'un cas à l'autre. Un exemple en est le destin de la notion de présupposition, esquissée au chapitre précédent, et qui pose rapidement, comme on l'a vu, des problèmes pour ce qui est de la délimitation entre sémantique et pragmatique. Considérons quelques autres exemples qui ont été utilisés dans le débat entre la sémantique interprétative et la sémantique générative :

1. Chomsky (1965) considérait, en raison de l'idée des restrictions de sélection, qu'une phrase comme (7) est bien formée :
(7) Le chacal mourait lentement sous le soleil brûlant.

et qu'une phrase comme (8) ne l'est pas :
(8) * Pendant ce temps, le salami ronflait sur le coin de la table.

La raison de ce jugement est que des verbes comme «mourir» et «ronfler» exigent un sujet ayant le trait /+ animé/. Selon des tenants de la sémantique générative, ce ne sont pas les items lexicaux qui ont des propriétés sémantiques et ce ne sont pas ces propriétés, assignées aux seuls items lexicaux, qui peuvent contrôler la co-occurrence de ces items avec les autres items remplissant les postes grammaticaux qui les entourent. L'idée est plutôt que les propriétés sémantiques doivent être associées aux syntagmes tout entiers. Un des effets en est qu'un phénomène syntaxique qu'on croyait définitivement réglé, l'alternance entre *who* et *which* en anglais, a reçu un nouveau traitement. La théorie standard posait qu'une relative ne peut être introduite par *who* que si le nom auquel elle est attachée a le trait /+ humain/, tandis qu'elle doit l'être par *which* si ce nom est /− humain/. Les phrases suivantes obéissent à cette contrainte :
(9) * *The human creature which I was fighting was fierce.*
(10) *The beast which I was fighting was fierce.*

Cependant, si on modifie la relative, on obtient des résultats sensiblement différents. Avec un item lexical dont le caractère d'humanité ne serait pas spécifié dans le dictionnaire mais prédiqué ou induit par la relative, les jugements de grammaticalité changent :
(11) *I saw a creature who I knew was human.*
(12) *?? I saw a creature who I doubt was human.*

Ce n'est donc pas l'unité *human* qui, dans ce cas, doit être caractérisé sémantiquement, mais bien la totalité du syntagme nominal, comprenant le verbe d'attitude et les présuppositions qu'il induit. «Savoir» étant un verbe dit «factif» (c'est-à-dire un verbe dont les présuppositions sont positives) et «douter» étant un verbe non factif, on doit tenir compte de ces traits sémantiques (au sens strict car la factivité est affaire de valeurs de vérité) pour établir le comportement des conjonctions.

2. L'idée est ainsi née de rendre la grammaticalité relative à la somme des présuppositions induites par les phrases ou entretenues par les locuteurs et les auditeurs. La «catégorie» de grammaticalité, qui constitue le critère décisif de la bonne forme des phrases, n'est alors plus conçue comme discontinue et exclusive, mais plutôt comme scalaire : les phrases se situent en un point ou un autre d'échelles de grammaticalité relative, en fonction des croyances que les locuteurs ont quant aux diverses propriétés des objets et des individus qui peuplent le monde. Un cas examiné par G. Lakoff (1969) peut être cité à ce chapitre. Lakoff propose de considérer des phrases comme les sept suivantes (les exemples originaux sont adaptés):

(13 a) mon oncle
(13 b) mon chat
(13 c) mon poisson rouge
(13 d) mon amibe   se rend compte que p
(13 e) ma poêle à frire
(13 f) la sincérité
(13 g) ma naissance

Selon les croyances des locuteurs, les jugements de bonne forme se modifient : si on estime qu'il faut disposer de certains «pouvoirs mentaux» pour se rendre compte, les phrases (13 a-b) pourront être considérées comme bien formées, tandis que les phrases (13 e-g) ne le seront que difficilement. Lakoff ajoute cependant que ces jugements peuvent varier d'une culture à une autre : ainsi, chez les Papagos, les événements sont réputés avoir un esprit, de sorte que la phrase (13 g) serait bien formée relativement à cette culture (dont les membres, je crois, ne doivent cependant parler ni le français ni l'anglais). Les jugements de grammaticalité seraient alors de nature scalaire et non du type « tout ou rien.» et seraient soumis aux paramètres culturels de la communauté qui les produit[18].

Il est certain que, si on accepte de rendre la grammaire sensible à des variations de ce genre, la frontière entre syntaxe-sémantique et pragmatique devient extrêmement précaire : les croyances des locuteurs quant aux facultés mentales des individus du monde n'étant ni homogènes d'une culture à une autre ni fixées une fois pour toutes, l'objet sémantique appartiendrait autant à la linguistique qu'à l'ethnologie ou à la psychopathologie (13 e). Selon cette façon de voir, non seulement l'idée d'une représentation sémantique universelle deviendrait extrêmement problématique, mais l'entreprise même d'une caractérisation des phrases rencontrerait d'entrée de jeu des obstacles sans nombre. Ces présuppositions pragmatiques (au sens de Stalnaker) sont si nombreuses et si mobiles qu'une entreprise qui tenterait de les inclure dans son objet verrait sans doute indéfiniment repoussé l'espoir de son achèvement.

3. Dans un article de la même époque, Robin Lakoff (1969) défie une règle syntaxique appelée «Indefinite Incorporation» (Klima) postulée pour rendre compte de l'alternance des quantificateurs anglais *some* et *any* et propose une solution qu'elle qualifie de «pragmatique». Selon la règle syntaxique, l'alternance de ces quantificateurs est indifférente pour ce qui est de la signification, les deux quantificateurs ayant la même portée sémantique. D'après Lakoff, elle obéit au contraire à des considérations afférentes au type d'actes de langage effectué par les énoncés. Elle examine les deux phrases suivantes:

(14) *If you eat any candy, I'll whip you.*

et

(15) *If you eat some candy, I'll whip you.*

Dans son opinion, (14) sert normalement à exprimer une menace ou un avertissement, tandis que (15) transmettrait quelque chose comme une promesse (conditionnelle: «Je ne te fouetterai que si tu manges des bonbons»). Alors que la proposition des deux énoncés est la même et que les mêmes conditions peuvent la satisfaire dans les deux cas, ils se distinguent néanmoins par ce qu'on appellera leur force illocutoire. La manière dont on peut introduire la force illocutoire dans les règles syntaxiques constitue, bien entendu, une question ouverte et indépendante. La façon la plus simple — mais aussi la plus insatisfaisante — de faire est sans doute de dire que s'il est présupposé par le locuteur (ou s'il suppose que son interlocuteur présuppose) qu'être fouetté est une chose désirable, il utilisera *some* et que si c'est une chose haïssable, il utilisera *any*. Cela est insatisfaisant dans la mesure où ces considérations, tout en étant actives dans la forme syntaxique des énoncés, sont simplement ajoutées en parallèle aux règles syntaxiques et constituent les conditions, stipulables ponctuellement, de leur application[19].

Ces exemples, choisis au nombre des dizaines de cas qui ont été minutieusement analysés, marquent la sensibilité des linguistes aux conditions gouvernant non la langue exclusivement mais aussi le discours, en tant que mise en acte de la langue dans des circonstances d'énonciation spécifiques. La question n'est pas ici de savoir lesquels ont raison, des tenants d'une linguistique sensible aux conditions particulières d'usage de la langue ou de ceux qui choisissent de la caractériser comme un objet abstrait et indépendant de son utilisation. Il faudrait pour se prononcer sur cette question évaluer d'après chacune de leurs prémisses les analyses présentées de part et d'autre, de même que la forme globale des grammaires qui en dérivent. Une remarque sur l'effet de l'introduction de ces considérations pragmatiques eu égard à l'entreprise de théorisation des langues naturelles suffira à marquer l'enjeu.

La promesse du développement d'un modèle de la performance venant combler le vide laissé par une conception formelle et abstraite de la compétence n'étant guère tenue, il n'est pas étonnant que ce soit d'abord la frontière entre les deux types de connaissance que représentent respectivement compétence et performance qui ait été attaquée par la dissidence de la sémantique générative. Une version fortement affirmée de la position orthodoxe (chomskyenne) est que la connaissance linguistique qui répond à la compétence est si radicalement différente de la connaissance requise pour l'interprétation des énoncés produits circonstantiellement que les éléments constituant la seconde sont inopérants au niveau de la première. Le mouvement de la sémantique générative a, pendant son heure de gloire, cherché à compromettre plusieurs des idées sous-tendant cette conception, en ouvrant la caractérisation linguistique à certaines déterminations de l'énonciation, relatives à la connaissance du monde, aux actes illocutoires, aux croyances entretenues par les locuteurs, au contexte discursif, etc. La richesse ainsi révélée a pour effet de remettre en cause la possibilité même d'une théorisation homogène de la langue, en favorisant l'intégration de considérations dont on peut bien aimer à penser qu'elles répondent à des «données» bien organisées mais qui demeurent, dans leur forme et dans leur principe, distinctes autant du type de caractérisation visé que de la conception du langage favorisée. La réticence de Chomsky — formulée dès avant les assauts de la sémantique générative — à tenir compte de ces déterminations correspond, dans sa lettre, à une attitude qui peut maintenant apparaître être faite autant de prudence attentiste que de rejet dogmatique:

> En général, on ne devrait pas s'attendre à pouvoir délimiter un domaine étendu et complexe avant de l'avoir complètement exploré. L'étude théorique et descriptive des règles syntaxiques et sémantiques n'a pas pour condition préalable une décision touchant la frontière séparant la syntaxe et la sémantique (s'il en est une). Au contraire, le problème de la délimitation restera en suspens jusqu'à ce que ces champs soient bien mieux connus qu'aujourd'hui. Il en va de même de la frontière séparant les systèmes sémantiques des systèmes de connaissance et de croyance. On a remarqué depuis longtemps qu'ils paraissent interférer de façon obscure. Il est difficile de parvenir à comprendre vraiment ces questions avant d'avoir pratiqué une analyse profonde des systèmes de règles sémantiques, d'une part, et des systèmes de croyances, d'autre part. Sans cela, on ne peut discuter que des exemples isolés à l'intérieur d'un vide théorique. Il n'est pas surprenant que rien de concluant ne résulte de là (1965; 1971:216).

La prudence consiste à explorer séparément les champs intuitivement imputables à la syntaxe et à la sémantique, de même qu'à ce domaine qui interfère avec elle «de façon obscure», avant de s'engager dans l'entreprise consistant à statuer sur un régime d'interrelations net. Ce qui occupe Chomsky, ce sont d'abord les relations de la syntaxe et de la sémantique, et la question de savoir ce que celle-ci doit à ce qui en est venu par la suite à constituer une problématique pragmatique (ou un ensemble de problématiques pragmatiques) ne présente qu'un intérêt en quelque sorte négatif: il s'agit d'écarter cette portion de la signification qui peut avoir partie liée avec ce qui est appelé «système de croyance» pour définir un «noyau sémantique» qui en soit indépendant, objet premier de la recherche et qui posera, une fois qu'il aura été adéquatement exploré, la question de ses relations avec la syntaxe. Se trouve alors repoussée *sine die* la tâche d'une spécification de ce à quoi les règles syntaxiques et sémantiques peuvent être relatives.

Face à une approche qui est prête à payer le prix du vœu de pauvreté de sa vocation syntaxique, les efforts des sémanticiens génératifs, qui enrichissent la théorie en compromettant le principe d'une distinction entre syntaxe et sémantique et en rendant de plus suspect le fait de négliger les déterminations qui jouent localement sur l'expression, ne peuvent apparaître que comme une discussion d'«exemples isolés dans un vide théorique» (bien que ces efforts se soient progressivement unifiés, comme en fait foi par exemple Lakoff (1971)). En revanche, face à l'esprit de l'entreprise de ses opposants, la position de Chomsky ne peut apparaître que comme une volonté de sauvegarder à tout prix un objet «compétentiel» aseptisé qui ne peut être maintenu que par la neutralisation de toutes considérations relatives à l'énonciation et aux circonstances de l'utilisation du langage[20].

Si le but d'une théorie linguistique est de rendre compte des conditions qui se trouvent au fondement de l'activité de parole, il lui faut d'abord effectuer un choix entre les *types* de conditions qu'elle estime immédiatement pertinents. Celui que fait Chomsky consiste à favoriser ces conditions abstraites que doit résumer la compétence, pensée comme une machinerie homogène et autosuffisante. On lui a souvent reproché[21] que la formulation qu'il donne de la compétence est dans son principe inconciliable non seulement avec l'expérience (c'est-à-dire l'observation et le comportement) et sous-déterminée par rapport à elle mais également avec toute conception plausible ou raisonnable de la «faculté de langage», en particulier pour ce qui est de l'acquisition, sans parler du caractère encore plus problématique de l'innéisme et du curieux rationalisme dont celui-ci s'assortit. Selon une approche qui mesure son succès à la généralité de ses assertions, la pureté du modèle et l'efficacité de son rendement ne peuvent être obtenues qu'au prix de la neutralisation des conditions particulières d'exercice du langage. Le produit de cette neutralisation peut certes être vu comme un savoir proprement linguistique sous-jacent à cet exercice, mais il demeure tacite du fait qu'il ne parvient jamais à se dire comme savoir[22]. Dans la perspective de ces travaux de pragmatique linguistique issus de la sémantique générative, les conditions pertinentes, en se diversifiant et en tendant à se constituer comme des conditions empiriques (à défaut de voir leur empiricité définitivement acquise), reconduisent l'objet linguistique à un ensemble de facteurs qui le «naturalisent», de sorte qu'il semblerait que le traitement soit plus proche de la réalité de la pratique du langage.

Dans les premières étapes de son élaboration, une théorie linguistique doit décider quels phénomènes doivent être intégrés à ses descriptions, quel type de relations elle aura par rapport à ce qui est estimé être la réalité de la pratique linguistique ou, d'une manière générale, quel découpage et quelle construction elle doit faire de son objet par rapport à un objet «naturel» qui serait la pratique linguistique elle-même. A cet égard, une théorie comme celle de la grammaire générative (même dans l'état relativement ancien et très général où elle est présentée ici) semble pouvoir revendiquer deux types de relation à une réalité qui lui donnerait une assise pragmatique. Le premier type lui viendrait d'une saisie des conditions effectivement actives dans les transactions linguistiques. Les facteurs qui sont invoqués à ce chapitre ont la pluralité de cette pratique. Leur diversité ne suffit certes pas à elle seule à les soustraire à un aménagement théorique mais un modèle de grammaire qui les intégrerait deviendrait plus limité dans ses prétentions universalistes et explicatives. Le second type de relations consiste à interpréter les construits théoriques comme correspondant à des conditions réalisées *de facto* chez les locuteurs et à penser que ceux-ci possèdent une grammaire (générative) qui est celle (ou proche de celle) que le linguiste élabore. C'est dans l'espace que décrivent ces deux types de relations qu'une pragmatique linguistique peut être pensée. Cet espace est passablement vaste, puisqu'il n'est délimité par rien d'autre que cela qui fait qu'une linguistique entend parler de quelque chose. Il permet néanmoins de repérer deux attitudes assez bien marquées.

On peut en effet concevoir, par une première hypothèse, qu'on appelle «pragmatique» une linguistique qui ajoute à ses descriptions des relations expression/contenu, les opérations des agents dans les contextes de parole où elles surviennent. Comme on l'a indiqué, la difficulté est alors de trouver comment intégrer les paramètres de ces opérations dans un quelconque modèle, générativiste ou non, car la frontière entre l'objet linguistique et un objet mixte (connaissance du monde, présuppositions, reconnaissance des stratégies des interlocuteurs, etc.) devient très précaire. On peut aussi estimer, par une deuxième hypothèse, que les modèles existants ont une réalité psychologique et qu'à défaut de rendre compte de la totalité des conditions d'exercice du langage (qui du reste le pourrait?), ils résument la condition principale, la possession d'une grammaire dont la forme générale est spécifiée. Cette condition reçoit dans le traitement de la grammaire générative une version qui ne se concilie pas immédiatement avec les données du comportement, mais rien n'interdit en principe de penser que quelque chose de l'organisation cognitive des locuteurs lui ressemble (bien que rien en principe ne permette de le penser *a priori*). Selon cette seconde hypothèse, une grammaire aurait une assise pragmatique du fait qu'elle capturerait un objet qui s'établit à la fois sur le plan de la langue et sur celui de la structure mentale des locuteurs, mais on ne dispose pas pour autant d'une spécificité pragmatique, ces deux plans se recouvrant parfaitement. Dans l'hypothèse où l'objet linguistique tiendrait compte de paramètres qui ne sont pas linguistiques au sens strict, quelque chose de pragmatique peut être maintenu, bien que le prix à payer puisse en être la perte du caractère de généralité dans lequel la grammaire voit la mesure de son succès.

Chomsky nous a depuis longtemps habitués à une position épistémologique mixte. D'une part, il est dit que les régularités dont une grammaire fait état trouvent leur fondement dans la structure psychobiologique de l'être humain; d'autre part, on insiste sur le fait que les régularités (et les règles qui en font état) sont obtenues par «idéalisation» et qu'elles ne trouvent pas de correspondants directs sur le plan du comportement. Considérés en eux-mêmes, ces deux points forment une conjonction assez insolite: l'objet linguistique, que l'on cherche à caractériser en fonction de principes universels, a à la fois des attaches concrètes et un profit abstrait. On peut penser qu'à défaut d'évidences empiriques directes, le premier point ne constitue ni plus ni moins qu'un acte de foi, qui cautionne la poursuite de l'entreprise dans les termes abstraits où elle est maintenue.

De leur côté, des analyses comme celles qui ont été esquissées par la sémantique générative sont assez sobres pour ce qui est de leurs fondements psycho-biologiques et favorisent des traitements où l'objet (abstrait) de la grammaire est composé avec des considérations pragmatiques concrètes. On ne peut en effet admettre les présuppositions des locuteurs à l'intérieur de l'objet d'analyse sans ouvrir du même coup la porte à un cortège de données socio-culturelles. L'objet qui en résulte est, comme l'indique Bar-Hillel, un objet qui ne présente pas de garanties théoriques immédiates ou qui, du moins, déplace le lieu et la nature du théorique.

3. Un intermédiaire entre compétence et performance : le discursif

De la même manière que la dichotomie saussurienne a été produite et conservée dans la forme figée sous laquelle on la connaît par la mise entre parenthèses des points intermédiaires d'un axe dont les extrémités sont une langue abstraite et sociale et une parole concrète et individuelle, on peut penser que la problématique opposition que trace Chomsky entre la compétence et la performance tient à la négligence de certains aspects de l'activité de parole qui sont peut-être réglés par autre chose que ce qui fait la compétence grammaticale et qui ne relèvent pas pour autant d'une performance pensée comme la seule résidualité de l'objet formel. Ce lieu intermédiaire est fréquemment présenté comme le lieu du discours. Il est à la fois propice et néfaste.

Dans la mesure où la pragmatique voit depuis Morris une partie de son domaine fournie par l'étude de ce qui fait la convergence des pratiques des locuteurs, il est raisonnable de faire sa place à l'aspect interactif et communicationnel du langage. C'est le parti que prennent de nombreux travaux contemporains qui étudient le comportement verbal en termes de production d'énoncés, d'interprétations contextuelles et de performance d'actes de discours réglés par un certain nombre de normes sociales et anthropologiques. Ces travaux ont en commun la recherche de principes permettant de comprendre l'activité verbale comme une activité rationnelle qui noue des liens contractuels entre ses participants et constitue le fond sur lequel les énoncés doivent être interprétés. Ils relèvent souvent indifféremment ou conjointement de la philosophie ou de la linguistique, une finalité commune les unissant à un niveau général. Une différence survient cependant entre leurs finalités spécifiques : les philosophes cherchent d'abord à élaborer les catégories qui permettraient de rendre compte du fonctionnement linguistique dans son principe, tandis que les linguistes, en accord avec les fins habituelles de leur discipline, ont plutôt en vue une description de la langue, saisie du point de vue des actions qu'elle autorise et de l'inscription en elle des marques de l'énonciation.

Discours et énonciation forment un couple notionnel très prisé de nos jours. La théorie (ou l'analyse) du discours mobilise une part considérable des énergies que stimule la volonté de comprendre la « mécanique » ou l'« appareil » présumément à l'œuvre derrière la production des énoncés et laissées encore inemployées par la construction des grammaires. C'est l'énonciation qui est appelée à fournir l'assise de la théorie et à assurer ses prétentions à une saisie des opérations du sujet. Notion polymorphe par excellence, l'énonciation désigne, simultanément ou alternativement, les divers aspects qui peuvent être identifiés dans la production pensée comme opération et les marques que laisse l'opération dans le corps du produit. Cette ambivalence définit les deux pôles qui déchirent la théorie du discours en la centrant tantôt sur une dynamique de l'émission (et de la réception) et tantôt sur l'image de l'émission que donne l'énoncé produit en discours. Une telle ambivalence n'est toutefois pas du type « ou bien/ou bien », car la saisie visée de la mécanique supposée être sous-jacente à l'énoncé est le plus souvent limitée à l'examen des marques dites formelles de l'énonciation, parmi lesquelles il n'est pas totalement surprenant que l'indexicalité occupe une place de premier rang. L'énonciation, dont le nom tire sa distinctivité par rapport à celui d'énoncé du fait qu'elle devrait désigner des opérations typiquement distinctes de ce qui est donné à entendre, se trouve ainsi aplatie par sa limitation à l'analyse de la surface de l'énoncé.

Le but de ces analyses de pragmatique linguistique est pourtant de mettre au jour les règles auxquelles obéissent la conversation et, d'une manière générale, le discours, selon les situations des interlocuteurs (situations qui peuvent être caractérisées sous des aspects aussi nombreux que les conditions de la parole elles-mêmes), les stratégies adoptées, les actes de langage qui sont exécutés et les diverses institutions qui sont reconnues comme ayant un effet sur les transactions linguistiques; l'objet premier qu'elles se donnent, dans ce qui se veut un déplacement radical de l'objet chomskyen, est l'énonciation elle-même, dont devrait rendre compte toute entreprise de structuratioin du discours qui ne soit pas lettre morte. Une « théorie de l'énonciation » aurait pour objet l'opérateur complexe qui produit l'information que les gens jugent pertinente lorsqu'ils parlent. La multicodicité de la communication et la multidétermination conséquente de la signification sont cependant telles que non seulement elles mettent en jeu des registres multiples mais qu'elles suivent aussi des canaux qui ne se prêtent pas immédiatement à un traitement unique : en sus de l'énonciation des mots et des phrases, la mimique, la kynésique, la proxémique, la prosodie (etc.) ont pour effet, par le caractère éclaté des phénomènes qui interviennent dans la communication et dont il faudrait tenir compte, de rendre poreuse la frontière qui est censée séparer le linguistique du non-linguistique ou, par extension, le langage du non-langage. La polyvalence de l'énonciation est à cet égard si considérable qu'il n'est pas certain qu'une théorie (ou même l'esquisse d'une théorie) puisse retracer des contenus discursifs comme provenant d'une source commune assignable.

Si protéiforme qu'il soit, le discours comporte néanmoins deux dimensions qui semblent particulièrement importantes pour la compréhension de l'idée pragmatique : une dimension contextuelle et une dimension de pratique langagière. D'une part, la notion de discours est indissociable de la notion de contexte : tout discours survient dans un contexte (à défaut de quoi il n'est que phrases abstraites), il contribue au contexte des énonciations subséquentes, il est contrôlé par les facteurs qui font notre sociabilité et qui permettent d'interpréter les énoncés qui nous sont adressés, etc. Une pragmatique peut difficilement être tout à fait insensible à ces questions, qui sont cela même qui en a amené l'idée. D'autre part, le discours, étant affaire d'actes et d'interactions, fait du langage le moyen d'une action communicative. C'est également dans cette perspective que les problèmes pragmatiques se posent, au moins en ce sens que c'est la pratique du langage qui constitue l'essentiel de la question pragmatique pour les langues naturelles. Le clavier illocutoire particulièrement riche de celles-ci superpose en effet aux sens régis par la langue des couches signifiantes supplémentaires, dont l'ajout répond au fait même du discours, c'est-à-dire au fait que la langue, dès l'instant où elle est utilisée, mobilise des effets qui vont au-delà du système structural qui en garantit la systématicité formelle.

Les prochains chapitres sont consacrés à quelques aspects de ces deux dimensions. Les paragraphes qui suivent ne constituent qu'une note générale relative à la place qu'une pragmatique qui chercherait son assise dans la notion de discours peut revendiquer en linguistique.

La version habituelle de la compétence, pour ce qui est de ses aspects sémantiques, est qu'elle a trait aux règles qui assignent de façon mécanique des descriptions structurales à des phrases, considérées comme des *types* (par opposition aux *tokens* énonciatifs), tandis que la performance (au niveau sémantique) aurait trait à des règles spécifiant comment des facteurs contextuels interagissent avec les structures grammaticales pour déterminer la signification des énoncés. Comme les locuteurs n'ont toujours affaire qu'à des énoncés, ce sont les facteurs contextuels qui portent le poids de la justification de la distinction. Dans la critique que Bar-Hillel adresse aux analyses tournant autour de la décomposition lexicale, on a vu que le contexte, considéré du point de vue de l'usager, peut avoir des pouvoirs considérables sur les jugements de grammaticalité ou d'acceptabilité. Contextualisés, ces jugements sont des gestes pragmatiques, qui présupposent comme leurs conditions un savoir important, dont on doit tenir compte si quelque chose de la connaissance qu'ont les locuteurs importe vraiment.

L'ouverture à la pratique discursive survient au point où se rencontrent les difficultés d'une compétence formellement potentielle et les carences d'une performance trop faible (du point de vue de sa spécification) ou trop forte (du point de vue des facteurs qu'on lui fait recouvrir). La connaissance qu'ont les locuteurs de ce qui règle (ou semble régler) leurs pratiques et guide leurs interprétations se montre d'abord dans ce qu'ils font avant de se refléter dans ce qu'ils disent sur ce qu'ils font. Les facteurs qui composent la performance ne sont pas uniquement des facteurs contingents sans lesquels la compétence pourrait, pour ainsi dire, se parler quand même; ce sont également des facteurs qui interviennent dans l'utilisation de quoi que ce soit qu'on appelle «compétence»[23]. Si la question est vraiment de définir les conditions qui font qu'on peut parler «comme tout le monde», il faut sans doute tenir compte aussi de ce qui fait que les locuteurs sont en mesure d'évaluer l'«appropriété» des énoncés et de tirer parti de cette «appropriété» (et de ses manquements apparents) pour conduire leurs affaires. Par sa position intermédiaire entre les deux termes de la distinction chomskyenne, le discours est un candidat qui pourrait occuper le lieu d'une pragmatique impossible à situer de façon satisfaisante dans l'un ou l'autre des termes extrêmes.

Il faudrait pour cela que les règles qui sont les siennes puissent être spécifiées, ce qui n'est pas une mince affaire si l'on en juge par l'abondance des efforts qui se font sur ce front. La situation se trouve encore compliquée du fait que l'on est facilement déchiré entre l'expérience des locuteurs et la reconstruction que l'on peut en faire. Rien n'assure *a priori* que ces deux points de vue puissent coïncider, ni même qu'ils permettent de voir les mêmes savoirs. Il est particulièrement indiqué de se rappeler que si dans des domaines dont la structure peut être entièrement établie, c'est toujours *par hypothèse* que des règles peuvent être imputées aux individus, dans le cas d'une pratique qui ne répond pas directement et objectivement à des règles explicites et nécessairement antérieures à ce qu'elles autorisent apparemment, le locuteur peut être dit savoir tout ce qu'il fait sans qu'on dispose de critères permettant de trancher entre ce qu'il fait «simplement» et ce qu'il fait «en connaissance de cause». La tentation est grande de substituer aux difficultés que pose l'explicitation ponctuelle des régularités pratiques l'action obscure d'une mécanique mentale (souvent présentée comme universelle) qui fonctionnerait quelles que soient les détériorations qu'elle subit dans ses réalisations et qui régirait de manière homogène une matière fragmentée qui deviendrait totalité du fait de son action[24]. A sa manière, une analyse du discours qui cherche son fondement dans l'énonciation est elle aussi soumise à cette tentation qui consiste, dans son cas, à supposer qu'un dispositif énonciatif a dû être actif puisque quelque chose est donné à entendre et que ce dispositif peut par conséquent être reconstruit comme l'histoire causale de cela qui a été dit. Emettre des doutes quant à la possibilité de structurer l'énonciation et de l'articuler à une théorie de la forme et du sens ne revient évidemment pas à combattre l'idée que l'acte de parler s'inscrit sur la surface du discours, car les signes en sont si nombreux qu'il y aurait une espèce de cécité volontaire à le nier. La question est plutôt de savoir quelle part de l'énonciation peut être identifiée au-delà des marques qu'elle laisse dans l'énoncé et qui ait un autre rôle que de rappeler que l'énoncé a été produit par quelqu'un qui parle une langue, dans un contexte.

NOTES

[1] A l'exception, peut-être, des travaux poursuivis dans la foulée de la théorie des actes de langages, qui ne sont cependant souvent guère distincts de leurs homologues philosophiques.

[2] Bien que le rapprochement en soit possible à un niveau général, les notions saussuriennes et chomskyennes ne sont pas parfaitement parallèles, du fait des différences qui séparent les deux cadres théoriques et les deux conceptions de la science qui les gouvernent. De plus, la «langue» saussurienne est principalement de nature lexicale, tandis que la «compétence» chomskyenne est essentiellement syntaxique. On trouve une excellente exégèse de la distinction saussurienne et une reconstruction éclairante des diverses étapes de son histoire dans l'article «Sistema, norma y habla» de Coseriu (1973).

[3] Ces trois interprétations sont distinguées par Derwing (1973), qui est lui-même inspiré de Harris (1970).

[4] Les termes de «production» et de «compréhension» revêtent une grande importance pour ce qui est du domaine possible d'une pragmatique linguistique. Cette première interprétation de la compétence est favorisée par exemple dans le passage suivant (Chomsky, 1966:3): «Une grammaire (...) est un compte rendu (*account*) de la compétence. Elle décrit et tente de rendre compte de la capacité (*ability*) du locuteur à comprendre une phrase arbitraire de sa langue et à produire une phrase appropriée dans une situation donnée. S'il s'agit d'une grammaire pédagogique, elle cherchera à doter l'étudiant de cette capacité; s'il s'agit d'une grammaire linguistique, elle cherchera à découvrir et à montrer les mécanismes qui rendent cette réalisation (*achievement*) possible».

[5] Pour ce qui est de la diversité de ces définitions, voir Chomsky (1966:4), Chomsky et Miller (1963:271, 464-465), Chomsky (1967a:76).

[6] L'ambiguïté de la position de Chomsky se montre aussi dans l'utilisation du mot *utterance* (énoncé) par opposition à *sentence* (phrase) pour désigner ce dont une grammaire doit rendre compte: *The fundamental fact that must be faced in any investigation of language and linguistic behavior is the following: a native speaker of a language has the ability to comprehend an immense number of sentences that he has never previously heard and to produce, on the appropriate occasion, novel utterances that are similarly understandable to other native speakers* (Chomsky et Miller (1963:271)).

[7] Par exemple, Chomsky écrit (1968; 1970:27): «L'honnêteté nous oblige à admettre que nous sommes aujourd'hui tout aussi loin que l'était Descartes il y a trois siècles de comprendre ce qui permet à un homme de parler de façon novatrice, libre du contrôle de stimuli, ainsi qu'adéquate et cohérente. C'est un sérieux problème que le psychologue et le biologiste doivent finalement aborder, et dont on ne peut nier l'existence en invoquant l'«habitude», le «conditionnement» ou la «sélection naturelle». En confiant à la psychologie la tâche de s'occuper de cette résidualité (bien qu'en l'invitant, notons-le, à apprendre quelque chose de la linguistique), Chomsky est proche de Morris, de Carnap et de Bloomfield; en refusant la psychologie favorisée par ceux-ci, il s'éloigne d'eux, sans que l'on sache pour autant où il choisit de porter ses pas.

[8] Steinberg (1970:180-181) présente une liste de facteurs de cet ordre: «(...) 1) limitations de mémoire, 2) distractions, 3) détournements de l'attention et de l'intérêt, 4) erreurs, 5) croyances et 6) règles gouvernant l'usage de la compétence». Les quatre premiers éléments sont en fait moins de véritables facteurs extra-linguistiques que des tares venant flétrir ponctuellement la perfection de la performance. Le cinquième est particulièrement important pour la question de la délimitation des présuppositions pragmatiques et sémantiques (les croyances entretenues par les locuteurs et les auditeurs pouvant être actives dans l'assignation d'une signification aux phrases et rendre cette assignation relative à une *interprétation*, en un sens quasi herméneutique), tandis que le sixième

élément marque une conception généralisée de la pragmatique, les structures définissant la compétence devenant alors elles-mêmes soumises aux conditions de mise en acte du langage.

⁹ La psycholinguistique contemporaine de la grammaire générative a pendant longtemps eu tendance à se limiter à la recherche d'isomorphismes entre les construits théoriques de la grammaire et les divers échos qu'on pouvait leur trouver sur le plan de l'organisation psychologique (présumée) des locuteurs, de sorte que le discours psychologique redoublait le discours linguistique et permettait une interprétation réaliste de la construction théorique. On trouvera dans Latraverse (1975) quelques remarques sur cet isomorphisme en phonologie.

¹⁰ Il s'agit de la période qui va de 1964 (publication de «The Structure of a Semantic Theory» de Katz et Fodor) aux premiers assauts de la sémantique générative (± 1968).

¹¹ Entre 1968 et 1972, plusieurs controverses distinctes, issues de questions grammaticales spécifiques (les adverbes instrumentaux, l'hypothèse performative, les quantificateurs, les échelles de grammaticalité, pour ne citer que les principales) se sont organisées autour de la notion de structure profonde. On trouve de bons résumés de l'ensemble de ces controverses dans Dubois-Charlier et Galmiche (1972) et Galmiche (1975).

¹² Cette présentation suit Galmiche (1975:61-63), qui suit Lakoff (1968).

¹³ En tant qu'*énoncé*, cette phrase est quelque peu étrange: on a du mal à voir dans quelles conditions elle pourrait être produite telle quelle. Elle est néanmoins concevable s'il s'agit d'opérer un détachement entre la cause et son effet: John a causé (en le frappant vendredi) le fait que Peter devienne non vivant (samedi). Ce genre de détachement a du reste été exploité dans le sens de la non-équivalence de «kill» et «cause to die».

¹⁴ Les principaux articles sont: Fodor (1970), Katz (1970) et (1971), Kimball (1970), Lakoff (1971), Mc Cawley (1970) et (1971) et Postal (1971).

¹⁵ Je traduis ainsi la phrase *Paul reminds a gorilla to himself*. Bien que les jugements dans ces domaines soient toujours assez précaires, l'acceptabilité de la version française me semble comparable à celle de son équivalent anglais.

¹⁶ Il va sans dire que cette dépendance contextuelle frappe certaines phrases plus fortement que d'autres. Cependant, le caractère particulièrement sophistiqué de l'argumentation des théories linguistiques de la période considérée et la relative finesse des phénomènes rendent particulièrement délicate la question de savoir où tracer la limite entre ce qui peut être caractérisé sans recours au contexte, c'est-à-dire ce qui serait imputable à la systématique de la langue, et ce qui en serait crucialement dépendant.

¹⁷ Une exception notable à cet égard étant la théorie linguistique développée par M.A.K. Halliday (1972) et (1975).

¹⁸ Notons de plus que le contenu de la proposition *p* n'est pas étranger à cette variation: si *p* = «Le théorème de Gödel est troublant», (13b) risque de ne pas passer le cap de la grammaticalité, tandis que si *p* = «Il fait froid», (13b), peut-être (13c) et, à la limite, (13d) pourront être considérées comme des suites bien formées. Si, de plus, on ajoute à cela des «univers de discours» dans lesquels les objets ont des propriétés différentes de celles qu'ils semblent avoir dans nos univers familiers, il va de soi que ces jugements seront encore modifiés. Le but général de ce type d'analyse, en particulier chez des auteurs comme G. Lakoff et J.R. Ross, est de mettre en question les notions primitives de la théorie: non seulement la grammaticalité, mais aussi les notions mêmes de catégories et de relations grammaticales. Le résultat en est que la relativité et la continuité apparaissent partout où la catégoricité et la discontinuité étaient auparavant présumées.

¹⁹ Peu après cette période, une idée, baptisée du nom d'«hypothèse performative» — et qui était du reste moins une hypothèse qu'un postulat — a consisté à inscrire au sommet de chaque structure de phrase un verbe performatif explicite (j'affirme que *p*, je demande si *p*, etc.) chargé de qualifier le type d'acte de langage que la phrase est

censée performer. Un des problèmes de cette vision hardie est que, puisque à une phrase donnée peuvent correspondre plusieurs actes de langage distincts, l'assignation d'une force illocutoire particulière demeure arbitraire et doit encore être justifiée.

[20] Une tendance plus récente en linguistique générative, en particulier avec *Lectures on Government and Binding* (1981) est d'ailleurs de prendre de plus en plus de distance par rapport à l'observation des données (supposées être déjà bien connues) et à tout ce qui, d'une manière ou d'une autre, peut être rapproché d'une quelconque pragmatique.

[21] Voir en particulier la critique de Bruce Derwing (1973), qui présente l'avantage de ne pouvoir être rangée dans le camp de la sémantique générative, où les critiques ont été légion, pour des raisons souvent très partisanes.

[22] La difficulté qu'éprouve ce savoir à se dire se montre entre autres choses dans les errances qui sont couramment associées aux jugements des locuteurs: les «intuitions» qui se trouvent au fondement de ces jugements ont la propriété paradoxale de fournir, en tant que reflet de la compétence, la matière première de l'analyse linguistique et de pouvoir quand même toujours être récusées parce que inexorablement entachées de facteurs relevant de la performance. Ce paradoxe rappelle celui qui frappait la définition pragmatique des intensions chez Carnap.

[23] Cf. l'élément 6 de la liste de Steinberg rapportée plus haut, note 8.

[24] Comme le dit Wittgenstein (PG 10), «Le savoir est le réservoir hypothétique d'où coule l'eau que l'on voit». L'ouvrage de Kripke (1982), *Wittgenstein: On Rules and Private Language* a récemment réactivé la querelle du scepticisme en matière de sémantique et d'épistémologie. Je laisse de côté la très abondante littérature (en général extrêmement critique) à laquelle ce travail a donné lieu, en particulier pour ce qui est de sa fidélité exégétique, pour n'en retenir que l'aspect le plus général: la détermination d'un comportement par une règle est indirecte et constitue une supposition dont il est présomptueux de donner une version causale. J. McDowell résume très justement l'image familière dont nous nous inspirons spontanément et que Wittgenstein s'est employé à critiquer: «Nous avons tendance à nous laisser tenter par une image (...) qui peut être reconstruite comme suit. Ce qui compte comme «faire la même chose» dans une pratique donnée est fixé par les règles de cette pratique. Ces règles définissent les rails que doit suivre l'activité correcte à l'intérieur de cette pratique. Ces rails sont là de toute manière, indépendamment des réponses et des réactions pour lesquelles on développe une propension lorsqu'on apprend la pratique elle-même, ou pour exprimer cette idée d'une manière moins métaphorique, il est en principe possible de discerner, d'un point de vue indépendant des réponses qui caractérisent l'individu qui prend part à une pratique, qu'une série de mouvements corrects (...) constitue réellement un cas où on aura continué à faire la même chose. Acquérir la maîtrise de la pratique devient ainsi quelque chose comme engager des rouages mentaux sur ces rails qui existent objectivement» (1981:145-146).

Chapitre 6
Quelques remarques sur la notion de contexte

> *Je pensais: pourquoi, diable, vient-il me les dire à moi ces choses-là?*
>
> *Leonardo Sciascia*, Le contexte

0. Introduction

Si on n'en juge qu'à l'abondance et à la fréquence de ses mentions, la notion la plus caractéristique des travaux associés à l'entreprise pragmatique est indubitablement celle de *contexte*, à telle enseigne que l'idée s'impose facilement que c'est dans l'exploitation de cette notion que la pragmatique doit être amenée à trouver son identité. Selon une concepiton très répandue et qui a pour elle une belle plausibilité, la pragmatique pourrait être assimilée à l'étude du langage en contexte[1], tandis que syntaxe et sémantique auraient affaire à des phrases considérées en quelque sorte en elles-mêmes, indépendamment de leurs occurrences et de leurs usages. L'intuition pragmatique ayant dès son origine été nourrie de ces aspects des signes qui ne sont réductibles ni aux dimensions structurales ni à des relations directes avec des dénotations, on a naturellement été amené à regrouper sous le nom de «contexte» ces éléments qui, externes si on les considère par rapport aux aspects syntaxiques et sémantiques étroitement compris, n'en sont pas moins pertinents pour une saisie adéquate et une juste compréhension des phénomènes signifiants.

On a vu comment certaines versions de la pragmatique lui assignent comme domaine propre les cas où la prise en compte du contexte est nécessaire à l'établissement des relations sémantiques — c'est par exemple le cas pour les phénomènes liés à l'indexicalité — et comment cette notion est ainsi appelée à jouer un rôle central dans la question de la délimitation. Le contexte est cependant invoqué bien au-delà de cet usage minimaliste et son emploi est devenu si important et sa taille si considérable par Max Black, il y a longtemps déjà, a suggéré la création d'une discipline spéciale (la «*contextics*») qui prendrait en charge tous les traits du contexte qui sont pertinents pour une théorie du langage[2].

Un examen de la notion de contexte se justifie non seulement de l'importance de la notion mais aussi du fait qu'elle se trouve dans une situation problématique, que l'on peut décrire de la façon suivante : alors qu'il est évident que le terme de contexte s'impose à toute théorie du langage qui accepte de faire une certaine place, si réduite soit-elle, aux conditions dans lesquelles l'exercice du langage a lieu, le seul recours à cette notion est impuissant à constituer une condition suffisante pour assurer une spécificité pragmatique. Cela tient principalement à deux raisons. La première est qu'il n'est guère de théorie ou d'approche sémantique (des langues naturelles) qui en fasse l'économie, de sorte qu'un critère de démarcation qui lui ferait appel afin de régler les relations de la sémantique et de la pragmatique risque plus de repousser les difficultés que de leur apporter une solution satisfaisante. La seconde raison — qui, si elle ne se présentait pas, rendrait le premier obstacle beaucoup moins dirimant — vient du fait que la notion de contexte est d'une telle souplesse et d'un accueil si généreux qu'il est difficile de considérer qu'elle a des frontières suffisamment bien établies pour jouer un rôle théorique non équivoque. On l'utilise en effet dans des directions très variées, qu'il est difficile de ramener à un commun dénominateur, et cette utilisation met en jeu des éléments dont le statut ne fait pas toujours l'objet des précautions critiques qui s'imposent, et qui sont incommensurables les uns par rapport aux autres. Cette multiplicité et cette diversité dépendent cependant beaucoup plus de l'*usage* auquel cette notion est asservie par les approches qui l'invoquent que des *définitions* qui en seraient données. C'est du reste un des traits les plus intéressants — et en même temps les plus symptomatiques — du contexte que les propriétés que manifestent l'usage prodigue qu'on en fait sont inversement proportionnelles aux définitions dont on dispose pour le circonscrire. Il en va à cet égard du contexte comme de la pragmatique dans ses définitions de principe : ce que disent les définitions générales et propédeutiques ne se retrouve que de manière indistincte dans les cas particuliers.

A défaut d'être spécifiée adéquatement, la notion de contexte risque de ne faire rien d'autre que de répéter inlassablement un truisme aux multiples figures, qui dirait que la production des énoncés est soumise à un certain nombre de contraintes et de déterminations, qu'elle ne survient pas dans des circonstances indifférentes, que le sens des énoncés dépend des conditions dans lesquelles ils apparaissent, etc. Cette inattaquable évidence ne suffit assurément pas à doter le contexte de propriétés qui en fassent un élément théorique défini et justifié. Pour le dire rapidement, le contexte, à supposer qu'il puisse être dit désigner quoi que ce soit, désigne un «objet» qui est encore à la recherche de sa conceptualisation. Ce n'est sans doute pas une situation si exceptionnelle dans le domaine de la théorie du langage qu'on doive travailler avec des notions dont le sens et la dénotation ne sont pas parfaitement contrôlés: nombre de termes linguistiques et philosophiques tirent leur importance autant des tentatives faites pour les définir que de leur capacité à désigner des objets et à se construire comme des concepts assignables, mais la question est dans le cas présent particulièrement sérieuse, car l'inflation à laquelle le contexte est enclin pose de façon cruciale le problème de la *pertinence* des éléments invoqués pour le peupler. Il est possible que cette situation quelque peu aporétique ne puisse jamais être complètement réduite, mais il est également permis de penser qu'elle pourrait être améliorée si on prêtait attention aux diverses perspectives théoriques dans lesquelles la contextualité est elle-même contextualisée.

1. Le contexte comme notion ouverte

Née des désarrois de la représentation, la pragmatique a tôt cherché un troisième terme qui pallie les insuffisances reconnues à une conception dualiste de la relation représentationnelle et c'est le contexte qui en raison de sa généralité, est apparu comme le plus susceptible de rassembler les diverses propositons qui ont été faites pour le formuler. A une conception qui poserait uniquement une relation *directe* langage-monde (propositions, pensées, faits, situations, etc.) — relation correspondant à diverses variantes de la conception classique du représentationalisme[3] — succéderait alors une relation ternaire dont le nouveau terme serait fourni par le contexte. Il s'agit là du «*pragmatic turn*» saisi sous sa forme la plus englobante. A ce niveau, l'adjonction de ce nouveau terme permet l'une de deux conclusions. On peut d'abord penser que la représentation est battue en brèche comme paradigme de la relation sémantique et qu'une nouvelle relation s'instaure, authentiquement différente de la précédente, qui correspond à une réalité nouvelle[4]. On peut par ailleurs conclure que, loin de mettre un terme de représentationalisme, l'introduction du contexte le renouvelle ou le modifie, tout en maintenant l'essentiel de sa forme. Bien qu'il soit difficile de trancher entre ces deux possibilités, qui ne peuvent être distinguées que de façon relativement spéculative, il est clair qu'elles dépendent du type de vocabulaire théorique qui sera utilisé pour définir la notion de contexte : un contexte qui fait par exemple appel aux intentions des locuteurs doit être fort différent d'un contexte qui se limite à la spécification des coordonnées d'énonciation pour ce qui est de son établissement à l'intérieur ou à l'extérieur de la rationalité de la représentation.

Pour que ce troisième terme puisse jouer un rôle non trivial, il faut l'articuler à une théorie du sens[5], car ce n'est que dans la mesure où les phénomènes qu'on lui fait désigner ont un effet sémantique quelconque que le contexte peut constituer une notion pertinente et intéressante, mais compte tenu de la possible exception des sémantiques formelles qui cherchent à rendre compte de l'indexicalité — dont on a vu quelques difficultés — force est d'admettre que nous ne disposons guère actuellement de traitements du contexte qui puissent figurer adéquatement dans une théorie du sens et y atteindre un statut satisfaisant. Au contraire, on est en général laissé dans un état d'ignorance quasi complète quant à la question de savoir quels sont les éléments qui peuvent y figurer, d'après la manière dont il est présenté par les théories qui sont sensibles à ce qu'il cherche à désigner, de sorte que cette notion joue davantage le rôle d'un dépôt ouvert où sont tacitement conduites les données dont la pertinence semble acquise que celui d'un authentique terme théorique. Le contexte se trouve ainsi doté de deux propriétés contradictoires, dont la co-présence indique à tout le moins une certaine anomalie.

Première propriété : la notion de contexte est le lieu d'un quasi-silence

Selon qu'on lui fait jouer un rôle de premier plan ou qu'on tente au contraire d'en réduire l'impact au minimum (c'est-à-dire selon le type de *contextualisme* que l'on défend et pratique), on s'engage à donner du contexte une définition plus ou moins élaborée. Il se trouve cependant que, tant chez les contextualistes que chez les tenants de la position opposée (« a-contextualistes » ou « contextualistes mitigés »), la « définition » la plus répandue est simplement la suivante : le contexte est ce à quoi le sens est relatif. Etant donné la diversité de ce qui est couramment invoqué comme constituants du contexte, une telle spécification a pour effet que cette notion est frappée de la pire tare qui puisse flétrir un terme théorique : l'inassignabilité. Elle rejoint en cela le cortège des termes traditionnellement décriés comme métaphysiques, dont on a évalué le droit de cité à leur capacité de voir leur définition instanciée dans des cas particuliers et mesurée par des critères d'assignabilité clairs. Ce rapprochement rencontre toutefois une différence de taille : alors que les termes métaphysiques habituellement critiqués sont presque par définition dépourvus d'instanciation au sens propre du mot, la notion de contexte souffre à l'inverse d'une espèce de surplus d'instances. Le libéralisme avec lequel elle est posée est tel que tout ce qui peut être identifié à l'intérieur d'une situation de communication peut figurer comme un de ses éléments, y compris l'énonciation elle-même. On verra plus bas un exemple des extrémités auxquelles conduit une conception aussi libérale et il suffira pour l'instant de noter le caractère forcément problématique d'une notion dont presque tout peut être un exemple et dont, par conséquent, nulle définition applicable ne peut être donnée.

Deuxième propriété : la notion de contexte est le lieu d'une surabondance

Le peu de précision apportée à la définition générale du contexte a pour corollaire une extrême prolixité lorsqu'il s'agit de l'utiliser, en raison de l'asymétrie qui sépare sa définition de ses usages. Bien que chaque orientation théorique aménage le contexte selon ses finalités propres, une liste des éléments couramment invoqués comme composants contextuels est particulièrement révélatrice de l'état de la question. Une telle liste peut difficilement être dressée de manière exhaustive mais chacun des éléments (ou groupe d'éléments) suivants a été, à un moment ou à un autre et dans un contexte ou dans un autre, versé au dossier de la contextualité[6].

(1) Les objets et individus présents dans la situation d'énonciation ou évoqués par elle.
(2) La totalité des déterminations qui constituent la situation de parole.
(3) L'ensemble du comportement du locuteur et de ses auditeurs.
(4) Ce que l'on sait ou croit au sujet de ces objets, de ces comportements et de leurs auteurs.
(5) L'identité des participants (avec les diverses catégories qui permettent d'en parler).
(6) Les paramètres spatio-temporels.
(7) Ce que l'on sait ou croit à leur sujet et au sujet des événements qui surviennent dans le cadre qu'ils définissent.
(8) Les émissions verbales antérieures ou concomitantes.

(9) Les intentions poursuivies, apparemment ou non, par les locuteurs.
(10) Les opinions des auditeurs quant à ces intentions[7].

Ces éléments fournissent les facteurs les plus immédiats qui peuvent servir à interpréter contextuellement ce qui est dit. On observe d'abord qu'ils ne sont pas ultimes et qu'ils se composent en fait d'un ensemble ouvert d'autres éléments au nombre difficilement spécifiable et à l'identité plus ou moins descriptible. En second lieu, ces éléments ont des interactions si complexes qu'il est difficile d'en définir les frontières respectives. Il faut en particulier mentionner le fait que les relations qui existent entre les objets, les locuteurs et les émissions verbales, d'une part, et l'ensemble des connaissances et des croyances entretenues à leur sujet, d'autre part, peuvent facilement devenir indistinctes si on prend en compte la situation de parole dans son entier avec la dynamique qui l'oriente, et si on ne présume pas d'une «ontologie atomique» qui serait composée uniquement des premiers, auxquels croyances et connaissances s'ajouteraient simplement comme un supplément facultatif. L'interprétation contextuelle est sans doute beaucoup moins sensible à ce qui est qu'à ce que les participants de la communication croient être, de sorte que les (systèmes de) croyances des individus construisent peut-être en un même mouvement les objets du monde et la façon dont ils peuvent déterminer l'interprétation.

La prolixité de ces éléments est telle que la place résiduelle qu'ils définissent et qui devrait être occupée par les objets linguistiques relativement auxquels ils sont posés (les objets dont ils sont le contexte) ne peut être destinée qu'à des êtres linguistiques particulièrement étiques parce que dépouillés de tout ce qui est afférent à la pratique du langage. Le fait que l'élément 8 (les intentions des locuteurs) soit fréquemment invoqué comme le principal élément du contexte n'est pas pour arranger les choses[8]. Cette situation risque d'être d'autant plus gênante que, toujours en règle générale, on accorde plus de soin à peupler la catégorie «contexte» qu'à montrer comment elle détermine effectivement l'interprétation des énoncés. Une telle situation a en revanche l'avantage de simplifier considérablement la sémantique, mais la question demeure entière de savoir comment le contexte agit de fait sur ce qu'on considérera être le sens pragmatique : le contextualisme, à défaut d'une réponse à cette question, demeurera une position théorique relativement vide. Les deux thèses opposées suivantes le montrent.

2. Une position a-contextualiste: le ciel de Katz

Au sens strict, une position contextualiste consiste à dire que le sens, saisi sous l'une quelconque de ses espèces, est toujours relatif à un contexte, qui seul permet de le fixer. Conséquemment, une position a-contextualiste sera de dire, non pas que le sens n'est jamais relatif au contexte — ce qui serait passablement absurde[9] — mais qu'une partie du sens ou un type de sens peuvent être établis indépendamment du contexte et faire l'objet d'un examen neutre. Selon le vocabulaire convenu, cette partie ou ce type sont considérés comme le «sens linguistique» ou le «sens littéral».

Dans *Illocutionary Force and Propositional Structures* (1977), Katz entreprend de délimiter l'objet propre de la composante sémantique de la grammaire, de manière à assurer la distinction qu'il cherche à poser entre les aspects pragmatiques et les aspects sémantiques du sens. Il écrit :

(...) cette tentative de définir le domaine des représentations sémantiques en lui assignant une limite supérieure et une limite inférieure ne peut réussir (...) que s'il est possible d'indiquer ce qu'est la pragmatique. Nous avons tenté de faire cela en caractérisant les phénomènes pragmatiques, d'une manière générale, comme ces phénomènes pour lesquels la connaissance des circonstances (*setting*) ou du contexte joue un rôle dans la compréhension des énoncés (1977:14).

Dans cette perspective, la pragmatique peut être définie comme une «théorie de la performance au niveau sémantique» (*a performance theory at the semantic level*) (1977:15) ou «un compte rendu des corrélations son-sens dans des contextes d'usage» (*an account of the sound-meaning correlation in contexts of use*) (1977:18). Pour sa part, la sémantique reçoit pour objet la signification des phrases dans des contextes neutres ou, pour le dire ainsi, dans des contextes où le contexte n'importe pas. Tout à fait raisonnable à un niveau général — ne serait-ce que parce qu'elle permet de ne pas rendre absolument suicidaires dans leur principe les avancées de la théorie sur le terrain d'une analyse du sens — une telle division risque cependant de poser des problèmes relativement contingents lorsque vient le moment de l'appliquer à des cas particuliers. Le contexte-critère que retient Katz pour appuyer l'idée d'une neutralité pragmatique est celui de «la situation de la lettre anonyme», actif dès Katz et Fodor (1963) et qui est présenté comme une idéalisation de la compétence sémantique :

[Cette situation] se réalise lorsqu'un locuteur idéal d'une langue reçoit une lettre anonyme ne contenant qu'une phrase de cette langue, sans quelque indice que ce soit quant aux motifs, aux circonstances de cet envoi ou tout autre facteur pertinent pour la compréhension de cette phrase sur la base de son contexte d'énonciation (1977:14).

Katz admet qu'une telle situation se présente rarement, mais il insiste sur le fait qu'elle a néanmoins autant de réalité que les gaz parfaits ou les mouvements sans friction dont parle le physicien, parvenant ainsi à appuyer sur un domaine dont la respectabilité ne saurait être mise en cause en linguistique sans des arrières particulièrement bien assurés un critère qui, dans le cas présent, doit quand même être justifié. On peut en effet penser que cette analogie boite, car alors que le physicien réduit des variables afin de calculer des comportements optimaux, le linguiste qui évalue le sens d'un énoncé dans le contexte de la lettre anonyme, pensant se trouver ainsi au berceau de la neutralité, risque de sur-déterminer le contexte, du moins dans la mesure où le point de vue de l'auditeur importe. Supposons que A, promu au titre de locuteur-auditeur idéal du français, reçoive un matin une feuille de papier portant la phrase [10] :

(1) Le canasson est sur le paillasson.

sans signature et sans autre élément lui permettant de l'interpréter au-delà de son sens réputé littéral. A se constitue dare-dare une représentation mentale d'un canasson sur un paillasson, représentation aussi générale qu'il est possible (un canasson idéal sur un paillasson idéal); il vient, à n'en pas douter, de comprendre quelque chose, mais il n'en est pas quitte pour autant avec le sens. Il ne lui suffit pas de «lire» un contenu, il lui faut aussi voir *que* ce contenu lui est livré, qu'il lui est livré de cette façon inhabituelle, avec des mobiles peut-être d'autant plus significatifs qu'ils ne sont pas manifestes, etc. Du point de vue de la communication, la situation de la lettre anonyme n'est pas un cas où les variantes contextuelles sont neutralisées, c'est au contraire un cas où elles sont exaltées (par l'absence de leurs marques normales) et où il n'est possible de comprendre le sens qu'en prenant en compte le fait des modalités spécifiques d'occurrence de l'énoncé: «Pourquoi, diable, me les dit-on ainsi, ces choses-là?». A peut considérer *ad libitum* sa représentation mentale, faire l'analyse de l'énoncé au moyen de sa théorie préférée, se dire à l'occasion qu'il doit s'agir d'un sacré paillasson ou d'un bien petit canasson, il n'en demeure pas moins que cela, quoi que ce soit, lui est dit *ainsi*. Une fois sa convenable stupeur passée, A peut aussi se demander quel est ce que Peirce appelle le «*purpose*» de l'énoncé: le prévient-on, le menace-t-on, tente-t-on de le sidérer, lui donne-t-on un exemple de phrase française, s'agit-il d'un (sur)codage, etc.?

Même si on peut ainsi prendre Katz à son propre piège, on comprend néanmoins le but de la «*Gedankenexperiment*» que cette situation cherche à incarner: il s'agit de définir ce qui est commun à la compréhension de toutes les occurrences d'un énoncé, de façon à ce que la compréhension de ce «sens commun» fournisse le sens littéral, sémantique et dé-contextualisé, de l'énoncé. Il est en revanche difficile de décrire l'objet de cette compréhension: qu'est-ce qui est compris à ce niveau, une fois effectuée la neutralisation de toutes les déterminations non strictement linguistiques (sous réserve d'une définition adéquate du «strictement linguistique» et du «non strictement linguistique»)? La réponse habituelle à cette question — qui est peut-être la seule réponse possible — est qu'est compris cela qui assure la distinctivité d'une phrase comme (1) par rapport à d'autres phrases («Le canasson est sous le paillasson», «Le chat est sur le paillasson», «Le canasson dort sur le paillasson», etc.). En dépit du fait qu'on ne peut en donner qu'une version contrastive, il y a assurément quelque chose qui est compris (ne serait-ce que ce qui permet justement le contraste) et qui joue en quelque sorte un rôle de «radical propositionnel». La capacité du locuteur-auditeur à dégager ou à construire de tels radicaux propositionnels constituerait alors sa compétence sémantique et la situation de la lettre anonyme comme illustration de cette capacité.

Il y a cependant un ennui, qui tient à la nature même du critère : une fois incarné dans une situation-contexte neutre donnée, il peut abattre plus de besogne que ce qu'on avait prévu. Comme le fait remarquer Gazdar (1979:3), un tel critère, pourtant destiné à délimiter compétence et performance, risque d'être trop puissant et d'empêcher ce qu'il visait à garantir, en allant jusqu'à rendre non synonymes des phrases comme les suivantes :

(2) *Tom's doggy killed Jane's bunny.*
(3) *Tom's dog killed Jane's rabbit.*

qui ont vraisemblablement les mêmes conditions de vérité. A la lecture de (2) et (3), le locuteur-auditeur idéal de l'anglais parviendra sans doute à la conclusion que la première est écrite par un enfant, par quelqu'un qui feint d'être un enfant, qui s'adresse à un enfant ou feint de s'adresser à un enfant, ce genre de choses, sans pour autant que ces phrases contiennent les indications dont le défaut constitue les lettres anonymes réussies (marque du destinateur, etc.) tandis que cette conclusion ne pourra être tirée de la lecture de la seconde. Si la distinction entre compétence et performance doit, comme Katz l'entend, recouper la distinction entre sémantique et pragmatique, il semble que l'illustration retenue ne parvienne pas à faire le travail adéquatement. Le tort du «test» de la lettre anonyme est sans doute de chercher à asseoir une définition qui se veut uniquement *conceptuelle* sur une situation particulière et d'en faire non pas simplement un exemple mais un critère décisif. Leur insertion dans quelque circonstance que ce soit transforme des phrases dont le sens est cela qui devrait être caractérisé abstraitement en énoncés qui ne peuvent être interprétés que contextuellement.

Les propositions, qui sont pour Katz les objets sémantiques centraux, peuvent alors être considérées comme étant indépendantes des phrases et comme s'établissant dans une relation directe avec des valeurs de vérité. C'est ce qui fait que ces objets sont en quelque sorte célestes : ils n'ont à voir ni avec les actions qui sont associées à la production des phrases, ni avec l'interprétation de l'expression en tant qu'activité, non plus qu'avec quelque condition que ce soit réglant la pratique du langage. Cet a-contextualisme, s'il admet le rôle du contexte à certains niveaux et en gonfle même la teneur au-delà de ce à quoi il est tenu en cherchant à poser un contexte neutre mais particularisé, met l'objet sémantique qu'il retient dans une situation inconfortable : le sens littéral des phrases n'est pratiquement plus le sens *des phrases*. A *fortiori* ne dépend-il d'aucun contexte.

3. Une position contextualiste : le purgatoire de Searle

Dans un article intitulé « Literal Meaning » (1978, 1979), John Searle prend à plusieurs égards le contrepied de la position de Katz : il soutient une forme de contextualisme radical ou, comme il serait peut-être préférable de dire, de relativisme sémantique généralisé.

Considéré dans son ouverture potentielle, le contexte correspond à tout ce qui peut être identifié à l'intérieur de la situation de communication et jouer un rôle quelconque dans la distinctivité des sens (libéralement compris). C'est cette multiplicité que Searle exploite pour défendre la thèse voulant que les conditions sous lesquelles on peut arrêter le sens littéral d'un énoncé soient essentiellement ouvertes. Cela ne revient pas à dire que le sens littéral « n'existe pas », mais bien que, existant, il est dans tous les cas relatifs[11].

Au début de son texte, Searle résume ce qu'il estime être l'opinion reçue en matière sémantique et qu'on peut rendre par trois thèses[12].

1. Les phrases ont un sens littéral, déterminé entièrement par le sens des unités qui les composent et par les règles syntaxiques qui gouvernent les combinaisons de ces unités. (Il s'agit de ce qu'on pourrait appeler une conception structuro-componentielle du sens).

2. On doit maintenir une distinction tranchée entre le sens littéral d'une phrase (ainsi déterminé) et ce que le locuteur veut dire lorsqu'il énonce cette phrase lors d'une énonciation particulière (Searle écrit : « lors d'un acte de langage »), car le sens de l'énonciation peut s'écarter considérablement du sens littéral (par métaphore, par ironie, dans des actes de langage indirects, etc.).

3. Le sens (littéral) des phrases détermine un ensemble de conditions de vérité (pour ce qui est des assertions) ou, d'une manière plus générale, de conditions de satisfaction

(ce qui permet d'inclure les requêtes, les ordres, etc.), spécifiables relativement à un contexte neutre (ou contexte-zéro). (Cette notion de «contexte neutre» vise à assurer la possibilité d'une caractérisation générale et, à ce titre, abstraite, du sens, pensé comme un objet permanent, laissé intact par les variations de ses réalisations).

Il entreprend ensuite de démontrer que «pour un très grand nombre de phrases, il n'existe rien de tel qu'un contexte neutre ou nul (...) et que nous ne comprenons la signification de ces phrases que par rapport à un ensemble d'assomptions préalables (*background assumptions*) concernant le contexte dans lequel elles peuvent être énoncées de manière appropriée»[13]. Constituée pour l'essentiel d'exemples de variation contextuelle, l'argumentation de Searle consiste à montrer que les conditions de satisfaction d'une assertion ou d'une requête varient en fonction de données contextuelles qui ne peuvent figurer dans ce qui est reconstruit comme la structure sémantique de l'énoncé. Cette impossibilité est motivée par deux raisons: «premièrement, elles sont en nombre indéfini, et deuxièmement à chaque fois que l'on produit un énoncé littéral de ces assomptions, l'énoncé repose sur d'autres assomptions comme conditions de son intelligibilité». Deux obstacles donc à cette spécification du sens littéral: l'indétermination (du moins en nombre) des spécificateurs et la régression à l'infini qu'entraîne leur formulation.

Pour illustrer cette thèse, Searle présente quelques analyses schématiques d'énoncés en s'ingéniant à modifier leurs conditions contextuelles de telle manière que la notion de sens littéral apparaisse en dépendre crucialement. Un exemple le montre clairement: soit la phrase (4)

(4) Le chat est sur le paillasson.

Selon le genre de compréhension auquel Katz fait appel, cette phrase aurait comme «noyau sémantique» ou comme sens littéral l'image familière d'un chat couché sur un paillasson (ou quelque chose d'approchant, les détails des chats et des paillassons particuliers n'important pas). Cette image semble représenter les conditions exemplaires où la proposition exprimée trouve ses conditions de vérité et où le sens littéral trouve à «s'appliquer» (*apply*). Mais imaginons maintenant, poursuit Searle, que le chat en question, durci au moyen d'une drogue spéciale, est planté dans le paillasson, que, empaillé, il fasse partie des accessoires d'un théâtre et qu'on le saisisse par une poignée pour le poser tantôt sur le paillasson tantôt sur un fauteuil, ou qu'il soit suspendu au moyen de fils invisibles, de telle manière qu'il «est» sur le paillasson sans exercer aucune pression sur lui, ou encore qu'un couple chat-paillasson flotte dans les espaces intersidéraux, où il n'y a pas d'attraction gravitationnelle, de sorte que chat et paillasson sont l'un « sur » l'autre en alternance. Dans chacun de ces cas, les conditions de vérité semblent être différentes et le sens littéral varier conséquemment. Si quelqu'un demande « Où est le chat ? », sa question pourra recevoir la même réponse dans chaque cas, et à chaque fois, cette réponse exprimera une proposition vraie, bien qu'elle puisse ne pas correspondre à l'image de la situation que se forme l'auditeur.

Afin de ne pas limiter la portée de sa thèse aux seules assertions, Searle présente un autre exemple : supposons que A entre dans un restaurant, farouchement déterminé à dire littéralement et précisément ce qu'il veut dire, et qu'il énonce quelque chose comme (5) :

(5) Apportez-moi un hamburger, ketchup moutarde, et mollo côté cornichons !

et qu'on lui apporte un hamburger correspondant en tous points à la description donnée, à ceci près qu'il fait un kilomètre de diamètre. La question qui se pose, selon Searle, est alors la suivante : A n'a-t-il pas réussi à dire littéralement et précisément ce qu'il avait en tête et B, le serveur de hamburgers, ne s'est-il pas conformé à sa requête ? Ou A aurait-il dû dire (5) en précisant le diamètre du hamburger ? Ces questions n'ont, d'après Searle, aucune réponse définie, car la somme des choses sur lesquelles on table en produisant et en interprétant des énoncés est indéfinie et à chaque fois que l'une d'entre elles est spécifiée, c'est au prix de l'apparition de nouvelles conditions.

L'effet de cette argumentation est net : le sens des énoncés les plus banals apparaît être relatif à tout un ensemble de présupposés qui règlent le fonctionnement linguistique jugé normal, font la précarité, ou du moins la dépendance, du sens littéral et ne peuvent être explicités sans effets curieux. Dans la mesure où la sémantique s'occuperait du sens linguistique conventionnel et où la pragmatique s'occuperait des ajouts que lui font les contextes particuliers — c'est la position recommandée par Katz — il semble bien que la thèse de Searle conduise à l'abolition pure et simple de la distinction entre sémantique et pragmatique : tous les contenus de sens sont relatifs aux «*background assumptions*», et le fait d'invoquer des contextes qui peuvent apparaître déviants ou farfelus ne fait que confirmer la relativité des contextes normaux. L'objet d'une théorie du sens serait donc un ensemble, peut-être hautement organisé, de relations où s'entremêleraient contenus et pré-conditions, posés et présupposés, savoir-dire et savoir-faire, etc., sans qu'il soit jamais possible de formuler la composition de cet ensemble. Une telle position correspond à la forme la plus radicale du holisme, tel qu'une théorie du langage peut le concevoir : non seulement le sens est-il contextualisé par l'ensemble des conditions qui peuvent jouer sur lui, mais cet ensemble est lui-même par nature réticent à l'explicitation. Le résultat en est une espèce de nihilisme sémantique; il est impossible de décrire la structure sémantique des énoncés car elle convoquerait la totalité de la connaissance du monde (ce qui est assez considérable). Le sens littéral peut bien «exister» malgré tout, les gens peuvent bien interpréter littéralement les énoncés, il n'en demeure pas moins, conclut Searle, que cette «littéralité» demeure toujours totalement relative.

En renvoyant le sens à ce qu'il estime être ses conditions naturelles, Searle en condamne la définition à une quête sans fin, les conditions assurant le sens fuyant perpétuellement du lieu où on cherche à les identifier. A supposer que quelqu'un dise qu'il faut néanmoins chercher à décrire le sens, la réponse de Searle, telle qu'on peut l'imaginer à partir du traitement donné, serait que c'est tout le système de nos croyances qu'il faudrait alors décrire [14]. Le contexte est alors omniprésent et c'est du tempérament plus ou moins aventureux du théoricien que dépend la décision de s'y attaquer ou non.

4. Théorie et contexte: distinctions

L'opinion de Katz est qu'il est possible de définir un objet sémantique qui soit affranchi de toutes les influences contextuelles afférentes à ce qu'il appelle la «performance». Celle de Searle est que cet objet sémantique est fictif et que dès l'instant où on tente de le saisir dans des conditions concrètes ou particulières, il se manifeste déterminé par un ensemble *indéfini* de présuppositions pragmatico-contextuelles. C'est une divergence d'opinions marquée. Je voudrais suggérer que ces deux opinions extrêmes partagent un même défaut, qui est de se rendre aveugle à ce que la position adverse essaye de montrer et de ne pas distinguer suffisamment les *points de vue* dont il faut tenir compte dans la question de savoir comment l'assignation d'un sens peut être faite relativement à un contexte.

On peut d'abord se demander quelle est la cible des attaques de Searle, car une telle vigueur doit être dirigée vers un objectif bien identifié. Il semble que cet objectif soit non seulement la thèse voulant qu'il existe un sens littéral (thèse somme toute assez inoffensive aussi longtemps qu'on n'a pas précisé ce qu'il faut entendre dans ce cas par «exister»), mais aussi la thèse qui identifie le sens littéral d'une phrase avec ses conditions de vérité (ou de satisfaction) et prétend déterminer celles-ci par un établissement des valeurs de vérité réelles de phrases réelles énoncées dans des circonstances réelles. La cible est taillée à la mesure de la flèche: même le plus radical des tarskiens hésiterait à soutenir qu'il est possible de définir des conditions de vérité précises pour des phrases (en langue naturelle) présentées hors contexte. L'opinion commune est plutôt que ces conditions peuvent être fixées relativement à certains paramètres, la différence avec la position de Searle tenant principalement au fait qu'on ne s'embarrasse normalement pas du souci de les définir effectivement et qu'on se contente d'assertions générales.

En spécifiant effectivement certains traits du contexte, Searle entreprend pour sa part de démontrer le bien-fondé de l'assertion générale voulant que le sens en dépende. Cette spécification tourne vite court pour les raisons que l'on a vues. Dans un monde dont le caractère contingent est encore amplifié par l'imagination des théoriciens, il est facile de faire varier les conditions d'application du sens de telle façon que l'idée s'impose que ces conditions sont si précaires qu'elles ne peuvent assurer le fondement d'aucun objet sémantique qui doive avoir la stabilité requise du sens littéral. Il se peut cependant que le monde et la communication tels que vus par l'usager soient différents du monde et de la signification tels que vus par le théoricien. Cette idée simple n'est pas sans impact sur le débat contextualisme/a-contextualisme: il ne s'agit en effet pas seulement de discuter de manière générale de la nature du sens pour ce qui est de sa dépendance par rapport au contexte ou de manière particulière de l'interprétation de certains énoncés dans des contextes déterminés, il faut également savoir selon quel point de vue des éléments sont invoqués pour jouer le rôle qui est dévolu au contexte et selon quelle perspective leur effet est évalué. S. Leblanc (1979) a, dans un commentaire de «Literal Meaning», suggéré que le relativisme favorisé par Searle est issu d'une confusion entre ces deux points de vue. Je reprends et développe cette idée pour l'orienter dans la direction d'une discussion des relations entre contexte et théorie.

Une première évidence s'impose: le contexte est relatif à une énonciation, à un énoncé, à l'occurrence d'une phrase, à un jugement, bref à un événement comportant une production linguistique (au sens large) quelconque. Le sommet du Cervin n'est un contexte que si quelqu'un y parle, y fait quelque chose qui doit être décrit, rapporté, interprété, etc. par quelqu'un d'autre. L'interprétation dont il s'agit est soumise à des finalités de communication: l'énoncé est produit à l'intention d'un allocutaire pour lui transmettre un contenu, l'influencer, l'énerver, ou pour toute autre fin communicationnelle. L'argumentation de Searle est à cet égard ambiguë. Il décrit avec un très grand soin des situations de communication (A demande à B de faire quelque chose, lui pose une question, etc.), mais il semble par la suite oublier (ce qui est curieux de la part d'un champion de ces actes de réciprocité que sont les actes de langage) qu'il s'agit de communication et ne considérer le sens des énoncés que du point de vue de leur signification représentationnelle. La personne qui demande «Où est le chat?» veut pourtant recevoir une réponse qui satisfasse ses besoins actuels, qui peuvent être décrits en fonction de ses intérêts du moment, et non seulement se former une représentation mentale pour le seul plaisir de la représentation. De même, quelqu'un qui passe commande d'un hamburger agit sur autrui dans le sens d'une requête, et si l'on tient absolument à considérer que cette requête ne peut être réussie qu'à la condition que la personne à laquelle elle s'adresse ait une représentation de son objet, il n'en demeure pas moins que cette représentation obéit au souci en quelque sorte pratique qui l'oriente.

Cela a des effets importants quant à la manière dont une théorie sémantique (ou pragmatico-sémantique) élabore la catégorie «contexte». Si on estime que le point de vue du participant de la situation de communication et celui du théoricien ne coïncident pas forcément, on peut être tenté de penser que ce qui chez l'un *agit* comme contexte n'est pas identique à ce qui chez l'autre *est reconstruit* comme contexte. Cette non-identité tient en particulier à la différence suivante: le théoricien procède, pour le dire ainsi, de l'énoncé au contexte tandis que l'usager procède du contexte à l'énoncé. Le premier cherche à savoir comment des traits de l'énoncé interagissent avec le contexte afin d'établir une visée sémantique possible (la référence de telle expression peut être x ou y, tel énoncé peut avoir telle ou telle force illocutoire, sa proposition est soumise à telles ou telles conditions de vérité, etc.) et le recours au contexte sert alors à assurer la distinctivité des sens, en fonction de laquelle la pertinence des éléments du contexte est mesurée. Le point de vue et l'activité de l'usager sont «fonctionnellement» différents. Dans une situation de communication verbale, le contexte est tout entier fourni et l'interprétation de l'énoncé tire parti de tout ce qui du contexte peut jouer un rôle quelconque dans l'établissement du sens, à quelque niveau que ce soit. S'il s'agit du contexte d'une énonciation antérieure, la situation est la même: si on demande à A «Dans quel contexte Machin a-t-il dit cela?», A sait à tout le moins ce qui peut *compter* comme élément pertinent de ce contexte s'il a compris le sens de la question qui lui est adressée et s'il n'est pas totalement aliéné à la pratique linguistique et sociale de sa communauté. S'il répond «Machin avait alors un bouquet de violettes à la main, il était vingt heures quarante et le temps allait changer», on pensera qu'il estime ces éléments pertinents pour la conduite des affaires en cours et qu'il y a quelque chose à en tirer. Ce genre de calcul est évidemment éminemment pragmatique (il constitue la ligne de force du célèbre article «Logic and Conversation» de Grice (1975), dont la «maxime de pertinence» suppose qu'on parle en général à propos et que ce qui est dit peut être interprété conséquemment).

En 1970, Bar-Hillel a introduit une distinction, devenue fameuse, entre deux types d'éléments susceptibles d'alimenter ce que l'on appelle «contexte». Il suggère d'une part de réserver le mot «contexte» pour les aspects non linguistiques de l'énonciation et d'autre part d'appeler «co-texte» l'environnement linguistique de l'énoncé, c'est-à-dire l'ensemble des échanges verbaux antérieurs, concomitants ou postérieurs à l'énonciation considérée. Pour Bar-Hillel, cette distinction présentait l'avantage de séparer minimalement des phénomènes que l'on rangeait auparavant dans une catégorie unique. Bien que les frontières entre contexte et co-texte soient fragiles du point de vue de l'usager, qui n'est pas forcément enclin à faire des distinctions de ce genre, ces catégories peuvent servir à articuler la distinction suggérée ici. Les *background assumptions* de Searle, si elles font partie du contexte lorsqu'elles sont tacitement acceptées, font partie du co-texte dès l'instant où elles sont énoncées[15]. Elles sont elles-mêmes contextualisées et Searle a raison d'insister sur le fait que cette contextualisation peut s'engendrer à l'infini. Il a cependant moins raison de négliger le fait que les *background assumptions* ne commencent d'être intéressantes et pertinentes qu'au moment où elles sont énoncées ou, du moins, où elles pourraient l'être de manière vraisemblable. (De ce point de vue, le contexte appartiendrait plus à une théorie de l'énonciation — si une telle chose existe — qu'à l'espèce de cosmologie imaginaire que convoque l'adversaire du sens littéral).

Un trait fréquent de la pratique des linguistes peut être rapproché de la distinction entre contexte et co-texte. Il s'agit des cas où on demande à un «informateur» de juger de la bonne forme d'une phrase après qu'on l'ait insérée dans un contexte présenté discursivement. Le texte de la phrase se trouve alors accompagné d'un co-texte, qui ne se distingue de la phrase examinée que par le fait que c'est sur cette dernière que l'attention est fixée. La confection de ce co-texte dépend de l'imagination du linguiste et son impact des capacités projectives du locuteur auquel il est soumis. La phrase apparaît ainsi être plus ou moins fautive ou plus ou moins bien formée, avoir plutôt tel sens ou pluôt tel autre, réaliser tel ou tel acte de langage à la faveur du lieu linguistique où elle est citée à figurer[16].

Ces deux situations ont en commun que la pertinence des données extérieures au texte est obvie pour sa compréhension. Si le locuteur n'accepte pas les présupposés du co-texte, il ne peut comprendre les présuppositions que celui-ci engage pour la compréhension du texte. Cette pertinence n'est cependant pas ouverte à l'infini; elle est réglée par ce qui fait la «communalité» de la parole, dans la mesure où celle-ci induit un sens, cherche à le faire et ne s'égare pas dans ce qui constitue ses conditions préliminaires[17]. Si on accepte de s'engager ne serait-ce que dans la considération de la régression à laquelle la version searlienne du contexte fait appel, on se place dans une position telle que non seulement le sens apparaîtra à tout jamais comme un phénomène improbable, mais aussi telle que l'acte même de prendre la parole sera saugrenu et résolument téméraire.

Wittgenstein accordait une grande importance à l'écart qui sépare le sens qu'ont les mots dans leur usage domestique, quotidien ou normal du sens qu'ils prennent dans leur usage philosophique[18]. Même en laissant de côté ce qui, dans cette distinction, indique le caractère problématique de la philosophie et alimente constamment le thème de son abolition, il demeure quelque chose de cet écart qui doit être pris en compte, à savoir, pour utiliser une terminologie que l'œuvre de Wittgenstein interdit avec une constance remarquable, que les jeux de langage métalinguistiques ne sauraient être confondus avec les jeux de langage-objets. Cet écart n'est pas réductible à la seule différence qui sépare un discours donné du discours qui peut être tenu sur lui, car les deux niveaux n'obéissent pas aux mêmes finalités: le recours au contexte est toujours de l'ordre du métalinguistique, en ce que le contexte est invoqué parce quelque chose du fonctionnement linguistique doit être expliqué, délimité, justifié, qui, autrement, serait déficient, insuffisant, incomplet. Une telle reconstruction théorique du contexte tient aussi à la sous-détermination sémantique: lorsque l'information linguistique est impuissante à fixer la portée sémantique d'un énoncé, le contexte est invoqué pour déterminer ce qui de cette information doit être retenu pour l'assignation d'un sens. Pour le dire autrement, le contexte est utilisé lorsque la seule configuration de l'énoncé ne permet pas d'en établir le sens.

Cette autarcie de l'énoncé varie cependant selon qu'on cherche à résoudre des problèmes théoriques ou qu'on veut restituer le fonctionnement «réel» du langage chez ses interprètes. S'il s'agit de rendre compte de l'ambiguïté, de l'indétermination de la force illocutoire, de la mouvance de la référence, il est clair que ces phénomènes ne peuvent se contraster que par rapport à des états qu'il faut considérer comme neutres et qui permettent, à ce titre, de penser que des énoncés peuvent être en quelque sorte autonomes pour ce qui est de leur sens : des *phrases* non ambiguës, dont la force illocutoire pourrait être fixée par la seule considération de leur énoncé[19] et qui ne comporteraient aucun autre élément référentiel que ceux dont le *type* de référence peut être établi sans recours à un contexte particulier[20]. Ces phrases ne mobilisent alors rien d'autre que la connaissance de la langue (en un sens qui est cependant assez large, car cette connaissance est non seulement celle de la signification des mots et des phrases, mais aussi celle d'un certain nombre de constantes pratiques — pour ce qui est de la détermination de la force illocutoire — et du fonctionnement des expressions référentielles) et si le but est de caractériser cette connaissance comme celle de l'objet *linguistique*, il est alors tout à fait légitime de limiter cette connaissance à la seule distinctivité formelle.

En revanche, lorsqu'il s'agit de reconstruire des opérations concrètes ou naturelles, la situation n'est plus la même, car dans le cas du parti que l'interprétation peut tirer du contexte dans ce qui est appelé l'usage naturel, le contexte est en quelque sorte «saturé» pour ce qui est de la réception des énoncés et l'auditeur exploite ce contexte saturé dans des directions et selon des contraintes pratiques (le locuteur veut-il dire ceci ou cela, le dit-il avec telle intention, est-ce bien à moi qu'il parle ?, etc.). Dans la perspective de ce genre de questions, cela qui est fixé *par* le contexte dans la situation naturelle *fait partie* du contexte dans la perspective théorique. Il en va ainsi si le contexte est considéré comme tout ce par rapport à quoi le sens s'établit.

La portion ou le niveau de sens qui survivrait lorsque les énoncés sont décontextualisés n'en a pas pour autant une existence chimérique : cela qui survit au contexte fait l'identité même de la langue, du moins en ce qu'il faut le supposer pour rendre eux-mêmes intelligibles la ressemblance des compréhensions et le voisinement des comportements d'un locuteur à un autre, alors même que les contextes n'importent pas puisqu'ils ont la diversité de toutes les situations de parole. On est donc fondé à postuler une espèce de «radical sémantique» indépendant des contextes, pour la seule raison qu'il est leur logiquement antérieur.

On peut reconnaître (au moins) quatre types d'usage du contexte, qui répondent certes à des considérations intuitives et préthéoriques, en ce qu'elles ne permettent pas une catégorisation sans résidus et ne commandent pas directement des critères de délimitation univoques, mais qui résument néanmoins quelques-unes des différences qui se manifestent.

On supposera d'abord un contexte *naturel* ou *réel* qui, en raison de son caractère particulièrement englobant, ne désigne rien de spécifique et dont il n'est pas assuré qu'il puisse être capturé par un quelconque discours analytique. On doit cependant en supposer la notion, ne serait-ce que parce qu'elle produit le fond sur lequel les autres usages peuvent se découper. L'usage vague qui lui échoit définit (si on peut dire) un objet indéfini, mais qui est peut-être celui qu'une perspective pragmatique trouve comme sa seule assurance. Les gens parlent évidemment dans ce contexte, mais cela ne signifie pas qu'il soit fait uniquement d'événements naturels, de choses réelles, d'individus de chair et d'os (ce n'est là ni ce qui parle ni ce qui fait parler); c'est seulement parce qu'on ne sait pas ce qui alimente la parole de chacun qu'il convient de le postuler.

Plus intéressant est un deuxième type d'usage, celui qui a trait au contexte *présupposé*. L'interprétation qui assigne un sens à un énoncé (que ce soit un sens littéral, un sens dérivé ou un sens correspondant à une quelconque intention du locuteur) requiert des présuppositions contextuelles sans lesquelles elle risque, comme Searle le montre, de se perdre dans l'exploration de l'ensemble du dicible. Ce contexte présupposé ne fait pas partie, contrairement à ce que Searle semble estimer, d'un contenu, si large ou si indéterminé soit-il, mais des conditions requises pour qu'un tel contenu, quel qu'il soit, puisse être établi. (Notons en passant que si les présupposés contextuels faisaient partie du contenu, rien dans une pragmatique qui y aurait recours n'échapperait au schéma correspondantiste : des états de choses, précis ou flous, seraient dans tous les cas représentés par des énoncés dont les conditions de satisfaction varieraient simplement, sans tenir cette variation d'autre chose que de l'indétermination des contenus. Il n'y a, dans cette hypothèse, plus guère d'intérêt à maintenir la notion de contenu). C'est parce qu'elles sont présupposées *par* le locuteur (ou, serait-il sans doute préférable de dire, parce qu'elles sont posées *dans* la pratique du langage) que les «*background assumptions*» peuvent contribuer à l'interprétation comme à une opération. Le contexte présupposé est de l'ordre du co-texte dans la mesure où il est fourni par le discursif : les croyances entretenues au sujet du monde, de ses états, des individus qui le composent, ce qui donne à l'énoncé les conditions d'une référence (au sens de : ce qui lui permet de représenter une réalité), cela est associé à ce que les agents font normalement avant de l'être à une machinerie mentale qui permettrait de dire et de comprendre ce que l'on «veut dire».

Il y a un contexte présupposé qui conditionne l'ensemble de l'activité de parole: lorsqu'on entreprend de parler, on présuppose que ce qu'on dit a un sens repérable, que certaines des expressions qu'on utilise ont une référence identifiable, que le monde est occupé par des éléments qui ne sont pas absolument rebelles au discours, qu'autrui dispose de moyens permettant de comprendre ce qu'on lui dit, et sans doute beaucoup d'autres choses de ce genre, mais ces présupposés ne suffisent pas à interpréter les énoncés, car il leur manque encore la relation qu'ils ont à ce qui est dit. Les présuppositions sémantiques habituelles ne peuvent, à proprement parler, faire partie du contexte car la seule considération des phrases permet de les extraire. Pour leur part, les présuppositions que Stalnaker appelle «pragmatiques» permettent au locuteur d'orienter l'interprétation des phrases à travers la multiplicité des contenus possibles et de construire le sens des énoncés sous l'espèce de propositions définies. En ce sens, elles sont contextuelles; même si elles peuvent, contrairement aux «*background assumptions*», figurer dans la structure sémantique (puisqu'elles contribuent à déterminer les propositions), elles sont entretenues par les locuteurs et ne font pas l'objet d'une spécification *a priori*.

Un troisième type de contexte, le contexte *induit*, se rattache au précédent. Il s'agit du contexte qu'il est possible de reconstituer comme assurant l'«appropriété» d'un énoncé. On a diverses raisons de présumer que les gens ne parlent pas totalement et toujours à tort et que ce qu'ils disent est compatible avec des circonstances. Il fait sans doute partie des aptitudes langagières des locuteurs-auditeurs (réels) d'être en mesure de reconstituer les circonstances dans lesquelles une phrase peut être énoncée de façon appropriée. Lorsque Searle entreprend sa croisade contre le sens littéral, à l'occasion de la phrase «Le chat est sur le paillasson», sa démarche heuristique consiste à imaginer d'abord une situation qui peut apparaître comme la situation standard, puis diverses modifications qu'on peut lui faire subir, de manière à illustrer les doutes qu'il entretient par rapport à l'a-contextualisme. L'espace de variation qui est ainsi exploré est cependant borné par une compréhension (plus ou moins raisonnable compte tenu des exemples considérés) des contextes dans lesquels l'énoncé est susceptible d'être produit. Si la notion de contexte peut être considérée aussi du point de vue du locuteur, on doit admettre que celui-ci, dans la mesure même où il fait partie d'une communauté de parole, peut parcourir dans les deux sens l'itinéraire qui va des phrases aux contextes possibles.

On posera finalement un quatrième usage, celui qu'à défaut d'un meilleur terme j'appellerai le contexte *projeté*. La tradition de la pragmatique formelle est un exemple particulièrement net de la manière dont le contexte peut être construit par projection à partir des éléments linguistiques qui sont ainsi faits que leurs références ne peuvent être fixées que par la prise en compte des coordonnées de l'énonciation, dont on a vu qu'elles ne parviennent pas à se constituer à l'extérieur du schéma correspondantiste et qu'elles définissent un contexte qui est tout entier découpé par le fonctionnement référentiel particulier des expressions indexicables. Ce type de contexte ne vise qu'à assurer la distinctivité des sens en fonction d'une reconstruction théorique et ne permet ni de s'engager quant à un rôle que le contexte jouerait dans la constitution du sens ni, par conséquent, de saisir le point de vue du locuteur.

Le parti qu'une pragmatique peut tirer de la notion de contexte varie considérablement selon ces usages. Dans le premier cas, le contexte pourrait être un objet pour un très grand nombre de disciplines et de discours à vocation concrète, et l'évaluation de leur capacité à saisir la réalité alléguée serait faite dans des cas toujours particuliers qui ne seraient reliés à une quelconque généralité que par la voie de l'encyclopédisme. Dans le dernier cas, s'il est possible de contrôler la version qui est donnée du contexte au moyen des phénomènes pertinents qui auraient déjà été filtrés par un appareil théorique, on rate du même coup cela qui devait faire du contexte une contrainte sur la relation de correspondance. Il ne reste alors plus que les usages intermédiaires.

Dans la mesure où, comme le dit Lichtenberg, une perspective ne se confond pas avec ce qu'elle permet de voir[21], rien ne permet de conclure qu'un discours particulier puisse prendre en charge le contexte «présupposé» et le contexte «induit». Quoi qu'il en soit, ces deux usages complémentaires indiquent quelque chose de commun qui se présente comme l'exigence minimale de l'orientation pragmatique que choisirait d'avoir une théorie du sens. Cette exigence tient en deux points. Le premier, qui a déjà été effleuré, est que, au nombre des conditions qui déterminent la pratique du langage, l'expérience que locuteurs et auditeurs ont du langage doit avoir sa place. Cette idée (d'autant plus évidente qu'elle a quelque chose de circulaire) vaut justement par son évidence: s'il s'agit de rendre compte de ce qui permet la production, l'interprétation des énoncés et les actions auxquelles ils sont associés, il convient de ne pas fermer l'espace où la question est posée et de ne pas réduire à néant les capacités des agents linguistiques alors même qu'on en reconnaît la réalité, du fait que la question de savoir ce qu'ils font est effectivement posée. Le deuxième point est que les conditions pragmatiques ne doivent pas être totalement assimilables à la relation sémantique *telle qu'elle est établie*, mais bien constituer des conditions qui agissent sur l'établissement de cette relation. Ici, encore, il s'agit d'abord de prendre minimalement acte de ce qui a amené la question pragmatique, à savoir la nature du troisième terme qui appuierait une relation sémantique dualiste. Il serait regrettable qu'un terme dont on attend autant soit immédiatement ramené au point de départ de sa question.

En attirant l'attention sur le statut particulier de la notion de contexte, on vise certes d'abord à indiquer qu'elle n'a pas toute la définition que l'on pourrait lui prêter spontanément du seul fait de l'évidence de sa nécessité, mais aussi à souligner que le fait de reconnaître sa pertinence est lui-même subordonné à la possibilité de formuler d'abord la perspective à partir de laquelle cette pertinence pourrait éventuellement se dire, puis les termes dans lesquels elle se dirait. Avant qu'une pragmatique puisse trouver dans la seule notion de contexte la certitude de son fondement et dans l'utilisation progressive de cette notion l'assurance de son développement, il faudrait que ces deux points soient éclaircis.

NOTES

[1] Pour n'en donner qu'un seul exemple, une publication relativement récente (Parret, éd. (1980)) dont le but est de présenter un panorama du domaine pragmatique dans des perspectives s'étendant de la logique à la psycho-sociologie de la communication porte le titre *Le langage en contexte*, la notion de contexte apparaissant comme susceptible d'unifier les diverses contributions.
[2] Cette suggestion semble avoir été faite au colloque tenu à Jérusalem en 1970 sur la pragmatique des langues naturelles (Bar-Hillel, éd. (1971)).
[3] C'est par rapport à une telle conception classique que Récanati (1979) situe les différents essors pragmatiques qu'il identifie, en exprimant ce qu'ils ont de particulier au moyen de la notion d'énonciation, qui joue, *cæteris paribus*, à peu près le même rôle que la notion de contexte, ne serait-ce que du fait qu'elle ne peut ni être réduite ni être véritablement spécifiée. Elle constitue alors une autre évidence.
[4] D'une certaine manière, la théorie des actes de langage telle qu'elle s'élabore depuis une vingtaine d'années se présente comme une théorie de remplacement face à l'«ancienne» théorie représentationaliste: tout énoncé est authentiquement relatif à l'acte de langage qui le produit.
[5] Pour les besoins présents de l'exposé, le mot «sens» désigne indifféremment la signification ou la référence, toutes deux pouvant être l'objet d'une dépendance contextuellement forte.
[6] John Lyons, dans son très englobant *Semantics*, mentionne la liste suivante des éléments contextuels pertinents pour l'interprétation des énoncés: 1) le rôle et le statut des participants de la communication, 2) la situation spatio-temporelle, 3) le caractère plus ou moins formel de la situation, 4) la connaissance du «médium» (phonique, graphique) qui est approprié à la situation, 5) le sujet de la situation de communication et 6) le «domaine» auquel appartient la situation (1977:574-585). Rien dans le propos de Lyons ne donne à penser qu'il estime qu'une telle liste est exhaustive. Elle ajoute à ma liste des éléments afférents aux dimensions socio-linguistiques de la communication. Lyons cite du reste le sociologue Goffman, dont l'opinion est qu'«il semble difficile d'identifier une seule variable sociologique qui n'ait en effet systématique sur le comportement verbal» (1977:574).
[7] Notons l'ouverture qu'introduit dans une telle liste l'espèce de récursivité par laquelle un élément peut être l'objet d'un autre; il faut ainsi distinguer X, la croyance que X, la croyance en la croyance que X, et ainsi de suite.
[8] Dans de nombreux textes de la théorie des actes de langage, les intentions poursuivies par un locuteur dans la performance d'un acte de langage donné et qui en fixent la force illocutoire sont assignées, sans guère d'autre forme de procès, au contexte, de sorte que celui-ci recouvre la totalité de ce qui n'est pas pure expression.
[9] Quelqu'un qui entreprend une croisade anti-historiciste ne nie pas que l'histoire existe, mais met simplement en doute sa capacité explicative. De même, une mise en question du contextualisme ne saurait équivaloir à un rejet de l'existence du contexte.
[10] Je dois ce très bel exemple à Benoît de Cornulier, que je remercie vigoureusement.
[11] Il y a quelque chose d'un peu étrange à parler de l'«existence» ou de la «non-existence» du sens; il arrive néanmoins qu'on se comporte face à lui comme face à une chose qui existerait objectivement.
[12] Ce résumé de l'opinion reçue est, dans sa forme, différent de celui qu'en donne Searle, mais il est fidèle pour ce qui est du fond: il retient précisément ces éléments théoriques que Searle s'emploie à réfuter.
[13] J'utilise ma traduction (Searle (1979)), qui demeure assez déficiente à plusieurs égards, en particulier en ce qui concerne l'expression «background assumptions».

¹⁴ Searle prend le soin de préciser que cette relativité vaut pour «un très grand nombre de phrases». Cependant, la «old philosophical chessnut» «The cas is on the mat», à laquelle il s'attaque, de même que la mention d'un exemple d'énoncé mathématique (dû à Wittgenstein) indiquent que la classe des énoncés indépendants du contexte risque d'être quasi vide.

¹⁵ Il faut bien entendu avoir des raisons pour les énoncer: on ne voit pas bien pourquoi un amateur de hamburgers prendrait la peine de spécifier qu'il ne veut pas que son hamburger soit coulé au milieu d'un mètre cube de béton (l'exemple est de Searle) lorsqu'il en passe commande. Selon le traitement que donne Searle du sens littéral, il faudrait exclure systématiquement tout ce qui peut en théorie arriver à un hamburger («Ne le peignez pas en bleu», «Ne le passez pas au rouleau compresseur», etc.) pour que la requête trouve des conditions de satisfaction comme celles qu'il imagine derrière le sens littéral. Considérée du point de vue de Sirius, toute parole qui sort de ma bouche alourdit considérablement la somme de ce que je ne dis pas.

¹⁶ Les effets de ce genre de localisation sont étonnants: insérée dans un contexte approprié, les suites les plus incongrues peuvent prendre des allures de normalité. Un exemple-limite m'a été communiqué par J. Mc Cawley: la phrase «Kissinger conjectures poached», qui est résolument agrammaticale considérée en elle-même, est parfaitement formée lorsqu'on la voit comme une réponse à une question du genre «Does anyone here have any idea as to how President Nixon likes his eggs?».

¹⁷ Le locuteur dont Searle parle devrait, pour justifier son accès au sens littéral, faire preuve d'une intelligence un peu encyclopédique (d'une encyclopédie que personne ne songerait du reste à écrire) ou d'une rare indigence d'esprit: on pourrait lui répondre aussi bien «Quelle perspicacité! Après tout, un hamburger pourrait être peint en bleu» que «Oui, oui, ne craignez rien, tout ira bien».

¹⁸ e.g. «Lorsque nous faisons de la philosophie, nous sommes comme des sauvages, des hommes primitifs, qui entendent les expressions des hommes civilisées, les interprètent mal et en tirent ensuite les conclusions les plus étranges» (PU 194); «Le philosophe est un homme qui doit se guérir de plusieurs maladies de l'entendement avant de parvenir aux notions de l'entendement humain sain» (BGM IV-53) ou encore «Lorsque les philosophes utilisent un mot — 'connaissance', 'être', 'objet', 'je', 'proposition', 'nom' — et tentent de saisir l'essence de la chose, on doit toujours se demander: ce mot est-il jamais utilisé de cette façon dans le jeu de langage qui est sa demeure originelle? Ce que nous faisons, c'est ramener les mots de leur usage métaphysique à leur usage quotidien» (PU 116).

¹⁹ On considère habituellement — mais peut-être seulement par habitude — que la force illocutoire fait partie de la signification (le débat consistant à savoir à quel niveau de signification elle intervient). Dans cette hypothèse d'un contexte neutre ou inopérant, il devrait donc être possible de déterminer une force illocutoire (type) associée à la mention de la phrase. Cela ne va pas de soi, car s'il est facile de concevoir des phrases qui ne peuvent pas avoir certaines forces illocutoires, il est plus difficile d'en concevoir qui n'en auraient qu'une seule (compte tenu d'une échelle de finesse raisonnable). Quoi qu'il en soit, cette force illocutoire unique devrait quand même provenir de la connaissance de constantes dans l'usage des phrases: telle phrase est normalement utilisée pour prononcer un interdit, telle autre, une requête, etc.

²⁰ La distinction entre le type de la référence (d'un signe indexical) et son «token» est, rappelons-nous, ce qui amène Searle, Kiefer et Bierwisch à penser que l'indexicalité appartient à la fois à la sémantique et à la pragmatique, ou, dans les termes de Katz, à la compétence et à la performance.

²¹ «Les véritables bonnes logiques ne servent qu'à ceux qui peuvent s'en passer, dit d'Alembert. La perspective ne permet pas aux aveugles de voir». Lichtenberg, G.C., *Aphorismes*, Paris, Denoël, 1985, p. 84.

Chapitre 7
Pragmatique et jeux de langage

> *La principale caractéristique de ma philosophie est que toutes choses s'y trouvent offertes directement au regard, aucun voile ne les recouvre.*
>
> Wittgenstein, Nachlass, *109*.

0. Introduction

Plusieurs des éléments qui se sont dégagés au cours de cet examen conduisent d'une manière plus ou moins immédiate à l'idée wittgensteinienne des jeux de langage. Le fait que l'intuition pragmatique ait constamment été associée aux difficultés que pose le maintien de la représentation comme notion paradigmatique de la sémantique, la question de la frontière entre les aspects linguistiques et non linguistiques du sens, la nécessité d'un troisième terme qui viennent s'ajouter à la conception exclusivement dualiste de la relation sémantique, la question aporétique de la conceptualisation de ce troisième terme de même que la mobilité de l'élément pragmatique constituent autant de points sur lesquels cette notion centrale mais relativement énigmatique de la «seconde manière» de Wittgenstein peut apporter un point de vue renouvelé.

Il est du reste assez fréquent qu'on ait recours à Wittgenstein, en particulier aux *Philosophische Untersuchungen*, dans des travaux proches des principales orientations pragmatiques contemporaines. En dépit de différences assez radicales survenant entre ces travaux et la pensée de Wittgenstein, la raison de ce recours est sans doute que, en plus de donner lieu à une multitude d'interprétations divergentes[1], l'œuvre de Wittgenstein montre qu'il n'est guère de problèmes préoccupant ou pouvant préoccuper une pragmatique qu'il n'ait abordés, soit directement en leur apportant une solution, soit indirectement en en définissant la place ou en soutenant simplement qu'ils sont inintéressants. Un tel recours à Wittgenstein obéit cependant le plus souvent davantage à une espèce d'exercice rituel qu'il ne parvient à se prévaloir d'une véritable continuité entre son œuvre et celles qui s'en réclament, car on se contente le plus souvent de rappeler des lieux relativement communs, comme celui de l'identité ou de la proximité de la signification et de l'usage, pour faire de lui l'ancêtre plus ou moins clairvoyant de notre modernité.

Mon but n'est pas ici de présenter la pensée de Wittgenstein pour elle-même : on dispose déjà dans ce domaine d'excellents ouvrages introductoires ou exégétiques et il serait quelque peu téméraire de penser pouvoir rendre justice en quelques pages à des positions aussi riches et nuancées. Il s'agit simplement d'en exploiter certains éléments pertinents pour l'examen mené jusqu'à maintenant, en particulier en ce qui a trait à la conceptualisation du contexte. Malgré les difficultés considérables que soulève l'explicitation de la notion de jeu de langage, l'opinion que je souhaite défendre est que la perspective que cette notion articule présente de nombreux avantages face à la situation inquiète de la pragmatique actuelle. D'une importance particulière apparaît le fait que la notion de jeu de langage permet de maintenir une position prudente en matière d'ontologie, dans le lieu même où la pragmatique est tentée d'invoquer une réalité particulière pour assurer sa distinctivité, lorsque, par exemple, un vocabulaire d'états intentionnels est invoqué pour nommer une réalité qui expliquerait le fonctionnement du langage et lui donnerait son assise ultime. La notion de jeu de langage permet à cet égard une certaine retenue, ce qui ne constitue pas une qualité négligeable à une époque peu avare d'ontologisation. Le danger est cependant grand d'exagérer les lumières qu'on peut en attendre. Dans la mesure où le problème critique général est de savoir si le mot «pragmatique» est un prédicat de théorie ou un prédicat d'objet, une notion qui vise à saisir et décrire une pratique tout en orientant une philosophie du langage peut néanmoins être pertinente pour la question du réalisme d'une théorie pragmatique. J'aimerais suggérer :

1. que les jeux de langage, dans lesquels on peut voir une formulation du contexte, ne sont pas et ne peuvent être des objets qui viendraient renouveler un élémentarisme qui continuerait de fournir à la relation sémantique le pôle de sa dénotation;

2. qu'une approche qui fait appel à cette notion se donne une orientation pragmatique mais ne capture aucun objet qui serait indépendant

du geste qui le pose : ces objets se constituent dans les jeux de langage et la construction d'une théorie est elle aussi un jeu de langage ;

3. qu'aucun jeu de langage n'est en relation de rationalisation ou de régulation par rapport à un autre jeu de langage : il n'existe pas à cet égard de « méta-jeux de langage » ;

4. que les relations qu'une théorie sémantique (des langues naturelles) reconnaît comme ses objets centraux doivent être rapportées aux jeux de langage dans lesquelles elles sont tissées : toute relation sémantique est relative à un jeu de langage ;

5. que la notion de jeu de langage est une des seules à ne s'établir exclusivement ni à une extrémité ni à l'autre de la relation de signification, de sorte qu'elle satisfait au requisit fondamental d'une notion pragmatique, qui est de se situer à l'extérieur du schéma correspondantiste.

De nos jours, un tel « retour à Wittgenstein » peut facilement prendre des allures de régression. A la vitesse à laquelle les innovations conceptuelles se succèdent et s'engendrent les théories, une pensée vieille de plus de trente années et qui préférait la lenteur et la perplexité à la précipitation et à l'affirmation[2] risque d'être perçue comme une mauvaise candidate au titre de pensée pragmatique achevée, surtout si l'on en juge à la sérénité avec laquelle la mécanique du langage est actuellement démontée et remontée. Aussi est-ce moins la postérité — souvent suspecte — que les idées de Wittgenstein auraient trouvée dans des théories plus tardives qui est intéressante que la réticence de Wittgenstein à faire de ces idées une théorie. C'est d'abord ce qui chez lui constitue et accrédite les limites du théorique qui retiendra l'attention : la notion de jeu de langage est posée sur cette limite.

1. Qu'est-ce qu'un jeu de langage ?

Comme plusieurs autres notions wittgensteiniennes, celle de jeu de langage comporte une certaine part métaphorique (à la valeur d'abord heuristique) et elle est plus parlante par son usage que par sa délimitation théorique ; ce n'est qu'en étant attentif à la diversité de ses emplois et aux indications souvent furtives les concernant qu'il devient possible de lui assigner un sens, à partir de ses instanciations pratiques ponctuelles et non de ses définitions[3]. Les tentatives définitionnelles de Wittgenstein procèdent le plus souvent par exemplification et le but en est de montrer que, pour chacun des cas considérés, on a autant affaire à des différences qu'à des similarités et que toute définition générale qui viserait à saisir la nature «essentielle» (d'un concept, d'un mot) achoppe sur les particularités qui, seules, se manifestent. Le paragraphe 23 des *Recherches* contient un élément important pour fixer dans cet esprit l'extension des jeux de langage; il s'agit d'une liste:

> Pensez à la multiplicité des jeux de langage d'après les exemples suivants (...): donner des ordres et leur obéir, décrire l'apparence d'un objet ou en donner les mesures, construire un objet à partir d'une description (d'un dessin), rapporter un événement, spéculer à son sujet, former et vérifier une hypothèse, présenter les résultats d'une expérience sous forme de tableaux et de diagrammes, inventer une histoire et la lire, jouer au théâtre, chanter des rondes, résoudre des devinettes, imaginer une plaisanterie et la raconter, résoudre un problème d'arithmétique, traduire d'une langue dans une autre, demander, remercier, maudire, souhaiter la bienvenue, prier[4].

Deux traits des exemples de cette liste sont à noter. L'un est que plusieurs ont à voir avec la *représentation*, c'est-à-dire ce dans quoi le *Tractatus* trouvait le principe même de la relation sémantique, relation directe, sans autre intermédiaire que la forme de la représentation. Ces cas sont maintenant présentés comme des activités, c'est-à-dire avec l'adjonction de quelque chose qui est extérieur à la relation représentative elle-même[5]. La seconde observation concerne la proximité de certains de ces exemples par rapport à ce dont traite la théorie des actes de langage contemporaine: des actes comme demander (adresser une requête ou poser une question) et remercier sont considérés comme les phénomènes centraux que la théorie doit analyser. En revanche, d'autres de ces exemples (spéculer au sujet d'un événement ou former une hypothèse) ne présument pas, ou ne présument qu'indirectement, d'une activité linguistique manifeste[6]. A en juger d'après cette liste, les jeux de langage s'étendent ainsi au-delà du comportement verbal observable et touchent tout ce dans quoi un apprentissage ou une compréhension ont dû trouver le langage et sa pratique comme leurs conditions. Les jeux de langage ne sont ainsi pas uniquement des jeux *de* langage, c'est-à-dire des jeux fabriqués avec le langage et qui ont une expression exclusivement linguistique, mais des jeux dans lesquels le langage figure comme un composant ou qu'on peut interpréter et traduire par une expression linguistique. Ces exemples suggèrent que c'est de la définition (de la frontière) de ce qu'on doit considérer comme langage qu'il en va ici.

K. Specht (1969:39-62) a donné une classification relativement élaborée[7] des types d'usage que Wittgenstein semble faire de cette notion et des définitions qu'on peut en dériver. Il distingue trois «groupes»:

> a) certaines formes de langage primitives et simplifiées, comme, par exemple, celle qu'utilise un enfant qui apprend une langue ou celles que l'on peut construire artificiellement[8];

b) le langage quotidien ordinaire, associé à toutes les activités et performances qui lui appartiennent de manière indissociable ;

c) certains systèmes linguistiques individuels et partiels, certaines entités fonctionnelles ou certains contextes d'application qui font partie d'un tout organique (1969 : 42).

Ce troisième groupe est subdivisé en plusieurs sous-groupes : ce que l'on peut appeler « actes linguistiques » (ordres, requêtes, remerciements, etc.), les jeux de langage qui ne sont pas des actes linguistiques, mais dans lesquels le langage joue néanmoins un rôle décisif (traduire, lire, etc.), des activités dans lesquelles l'usage du langage se retire à l'arrière-plan, bien qu'elles demeurent associées au langage (construire un objet à partir d'une description, former une hypothèse, etc.), et finalement, certains systèmes spécifiques (par exemple, le jeu de langage des expressions de couleur, de douleur, etc.). Ce groupement est relativement hétéroclite, car il va de l'identifié singulier (certains actes illocutoires et perlocutoires, certains modes sémantiques) au postulé général (l'activité langagière dans son ensemble, la totalité des déterminations du langage).

Un autre commentateur, W. Stegmüller (1969 : 44), rassemble pour sa part ces usages sous l'acception générale suivante : « Un jeu de langage consiste (...) en une suite d'énoncés linguistiques, associée à une situation extérieure déterminée et (...) à d'autres actions ». Aussi bien les exemples fournis par Wittgenstein que la classification de Specht et la caractérisation de Stegmüller indiquent une même direction : le jeu de langage associe des objets linguistiques à des activités, des formes d'action, des habitudes de comportement, etc. Quoi qu'il en soit des distinctions ultérieures qui sont faites à l'intérieur de la notion, cette association présente (au moins) les deux constantes suivantes :

1. C'est à elle que doivent être ramenées toutes les formes de fonctionnement linguistique. On ne peut distinguer, d'une part, les énoncés et leurs propriétés, et d'autre part, les activités associées. C'est au contraire de ces activités que les énoncés tirent les propriétés par lesquelles nous établissons leur signification.

2. Du fait que l'association des objets linguistiques à leurs déterminations met en jeu une « totalité » dans laquelle on ne peut séparer les aspects linguistiques des autres aspects, ce qu'on appelle « langage » n'a pas de frontières autonomes : le jeu de langage désigne le langage comme expression *et* ce avec quoi il est, comme le dit une métaphore de Wittgenstein, « tissé ».

C'est cette liaison organique qui amène Wittgenstein à présenter le jeu de langage comme une « forme de vie » : « Imaginer un langage, c'est imaginer une forme de vie» (PU 19)⁹. Cet aspect «biotique» (pour parler comme Morris) des jeux de langage n'est pas le dernier responsable du halo mystérieux qui semble parer une notion qui peut pourtant être rendue sous une forme assez simple: comme l'indique à propos Hanna Pitkin (1972:132), «parce qu'il s'agit de '*patterns*', de régularités, de configurations, Wittgenstein les appelle des formes, et parce que ce sont des «*patterns*» dans le tissu de l'existence humaine et de l'activité (...), il les appelle des formes de vie». Il y a ainsi deux dimensions dans les jeux de langage pensés comme formes de vie: une dimension «formelle» qui tient au fait que le langage, comme l'activité en général, manifeste des régularités (et suit peut-être des règles) et une dimension «vécue» qui noue le langage avec l'expérience et l'en rend indissociable [10]. Une telle «connexité», si irréductible soit-elle, n'interdit pas le détail dans l'examen des formes de vie. Dans un article consacré à cette notion, J.F.M. Hunter (1971) propose quatre interprétations des «*Lebensformen*», dont la quatrième est celle qu'il favorise.

1. Le «*language-game account*» (275), où l'élément dominant est le fait que les formes de vie sont «standardisées» et observables dans la pratique du langage, ce qui exclut la possibilité de jeux de langage «privés».

2. L'interprétation selon laquelle «une forme de vie est un ensemble de tendances (...) à se comporter de diverses manières: avoir certaines expressions faciales, faire certains gestes, (..) dire certaines choses» (275-276). La forme de vie résume alors une forme de comportement.

3. L'interprétation culturelle et historique, qui veut que la forme de vie soit gouvernée par l'histoire culturelle de la communauté et par tout ce qui constitue celle-ci comme une entité réglée. Selon cette interprétation, le langage est déterminé par des facteurs comme «les structures industrielles, commerciales, militaires et familiales» (277).

4. L'interprétation «organique»: la forme de vie est «ce qui est typique de l'être vivant» (278) et qui permet l'adaptation à l'environnement. Cette interprétation peut être qualifiée de naturaliste.

La question n'est pas de savoir laquelle de ces interprétations est la plus conforme à la pensée de Wittgenstein (ce qu'il aurait «vraiment» dit), car toutes sont, d'une manière ou d'une autre, compatibles avec des positions qu'il a tenues. Ce qu'il importe de voir ici, c'est la proximité qu'elles ont, et jusque dans la formulation de Hunter, par rapport à des tendances alléguées de la pragmatique contemporaine.

La structuration des formes de vie sur laquelle elle insiste peut rendre la première interprétation proche de la théorie des actes de langage. L'objet de celle-ci est en effet l'étude d'un certain nombre de formes conventionnalisées et dont une description analytique est jugée possible. Cette description s'engage par ailleurs quant à la réalité psychologique de (certains de) ses termes théoriques: l'exécution des actes de langage est gouvernée par une intentionalité pensée comme une mécanique réelle et concrète.

La seconde interprétation est, dans son esprit, voisine d'une orientation behaviorale comme celle qui a été favorisée par Morris ou par Bloomfield. La forme de vie y est saisie sous l'espèce des dispositions, induites socialement et psychologiquement, à répondre à des comportements par d'autres comportements. L'apprentissage du langage qui correspond à cette interprétation est souvent celui d'un «*training*» de la causalité, dans lequel un facteur de généralité (ou de généralisation) peut figurer.

La troisième interprétation, en rendant le langage relatif à tout l'héritage culturel de la communauté, dilue le pragmatique dans l'ensemble des conditions sociales observables, directement ou indirectement. On trouve des exemples de cette tendance dans le relativisme sémantique de Searle, dans une pragmatique comme celle qui est esquissée par Klaus et, d'une manière générale, dans toute approche du langage et du sens qui est sensible à ce qui se tient sous le nom d'«idéologie».

En ce qui concerne la quatrième version, différente des précédentes en ce qu'elle est encore moins spécifique quant à l'objet qu'elle définit, elle ne correspond à aucune pragmatique qui se donne pour elle. Elle rassemble cependant le minimum d'une orientation pragmatique: saisir le langage en fonction de ses usages dans la vie (humaine). Au-delà de cette généralité, elle présente certains aspects qui, d'une part, sont importants pour l'approche wittgensteinienne du langage et qui, d'autre part, se situent au cœur de problèmes posés par la conceptualité pragmatique telle qu'elle cherche à s'élaborer. On peut mentionner en particulier le fait que l'aspect «adaptationnel» dont cette interprétation s'assortit présente le langage dans un milieu d'interaction et non dans l'intériorité d'un sujet qui en gouvernerait la potentialité. Selon la perspective de cette interprétation, c'est d'abord et avant tout la *pratique* linguistique qui permet de rendre compte de ce que l'on considérera, pour utiliser un mot dont Wittgenstein n'a cessé de critiquer l'emploi, comme l'«essence» du langage.

Quoi qu'il en soit des raisons qui poussent à favoriser une lecture plutôt qu'une autre des formes de vie wittgensteiniennes[11], celles-ci résument dans tous les cas des caractères et des conditions de la pratique du langage et demeurent, à ce niveau d'examen et aussi longtemps qu'on n'en donne pas une présentation mentaliste, neutres tant quant à un quelconque engagement psychologique que quant à son établissement exclusif sur l'un ou l'autre des pôles de la relation de signification. Qu'elle soit formulée en termes d'activités linguistiques strictes, de schémas de comportement, de convergences culturelles ou de pratiques d'adaptation mutuelle, il n'est pas nécessaire que la forme de vie outrepasse sa neutralité à cet égard et c'est ce qui rend particulièrement indiquée la prise en considération des jeux de langage. Ce sont des formes que prend l'activité commune de la parole, pensée moins comme l'expression de l'intériorité du sujet que comme ce qui doit être accepté pour qu'apparaisse une convergence entre les comportements, à partir de laquelle l'hypothèsee d'une intériorité peut être formulée.

Deux traits complémentaires, la spontanéité et l'autonomie, caractérisent les jeux de langage et indiquent dans leur conjonction que ceux-ci n'obéissent pas à un plan qui leur serait originairement fixé selon des finalités fonctionnelles. En accordant l'importance première aux jeux de langage tels qu'ils sont joués et en refusant d'en faire, comme on dit de nos jours, une lecture «symptomale», c'est-à-dire en refusant de voir en eux les signes d'une réalité qui les animerait par ailleurs, Wittgenstein les soustrait à la recherche d'une origine commune et en même temps à l'action d'un modèle unique.

2. Représentation et jeux de langage

D'un bout à l'autre de l'itinéraire qui mène du *Tractatus* aux *Recherches philosophiques*, un des principaux soucis de Wittgenstein est de savoir quelle est la «logique de notre langage». Cependant, d'une œuvre à l'autre, ce à quoi le langage est rapporté pour que la logique réelle en soit saisie a changé, et le traitement — dont le thème et le projet sont communs aux deux œuvres — des maux dont la méconnaissance de cette logique est responsable connaît des modifications substantielles. Il semble en particulier que le Wittgenstein des *Recherches* puisse reprocher au *Tractatus* de faire comme si le vocabulaire qu'il utilise pour fins d'analyse était lui-même à l'abri d'un examen analytique. Cela touche surtout des termes comme «signifier» (ou «vouloir dire», *meinen*) ou «comprendre» (cf. PU 81), ainsi que l'idée d'une analyse complète.

La notion de *représentation* (selon les cas, *Darstellung*, *Vorstellung* ou *Abbildung*) constitue l'axe du *Tractatus*: la tâche de la philosophie est de dire comment le langage peut représenter le monde et la réponse de montrer ce qu'ils doivent avoir en commun pour que s'établisse cette relation de représentation. Bien qu'on puisse penser que le *Tractatus* comporte des assomptions psychologiques non explicitées, la relation de correspondance qui définit l'essentiel de la représentation est présentée comme fonctionnant sans la médiation d'un sujet opérant et l'analyse de la proposition (qui est *un* des exemples de ce par rapport à quoi la question de l'analyse de la représentation se pose, tout ce qui a un caractère d'*image* y étant inclus) est jugée terminée lorsque sont mis au jour d'une part les structures que le représentant et le représenté ont en commun et d'autre part les éléments *simples* dont chacun se compose (l'objet simple sur le plan de l'ontologie et le nom sur le plan linguistique). La proposition signifie en disant comment sont les choses (son sens étant la possibilité de son accord ou de son désaccord avec les faits) et elle est comprise lorsque «quelqu'un» voit ce qui est le cas si la proposition est vraie et ce qui n'est pas le cas si la proposition est fausse.

La première manière de Wittgenstein a un caractère de généralité extrême : elle reconstruit de manière *a priori* les conditions du sens pour ce qui est de leur forme générale et postule qu'elles doivent être réglées par des conditions homogènes. Tous les problèmes philosophiques, estime Wittgenstein, sont résolus une fois qu'on a établi le tracé entre ce qui est sensé et peut être dit (les propositions empiriques) et ce qui doit être passé sous silence (c'est-à-dire les (pseudo-)propositions métaphysiques, éthiques et esthétiques, les conditions et la forme de la représentation et les propriétés du sujet). La seconde manière a une visée aussi large, mais les objets qu'elle considère sont d'abord marqués par la diversité et la différence et il est difficile de les ramener à une caractérisation unique au-delà de ce qui, précisément, fait leur généralité : par exemple, leur appellation de «jeux de langage». Une image du *Brown Book* montre bien ce qu'il en est une fois qu'on a renoncé à aligner la philosophie sur un idéal de discours *a priori* :

> Nous découvrons que ce qui lie les uns aux autres tous les cas de comparaison, ce sont des ressemblances multiples et enchevêtrées, et dès que nous avons vu cela, nous ne nous sentons plus tenus de dire que tous ces cas doivent avoir un trait en commun. Ce qui retient le bateau au quai, c'est un câble, et ce câble est composé de multiples fibres, mais sa force ne lui vient pas d'une fibre particulière qui court d'un bout à l'autre, mais plutôt de l'enchevêtrement de toutes les fibres (BrB, p. 87)[12].

Comme le dit Wittgenstein, cet enchevêtrement des fils[13] est quelque chose que la philosophie doit défaire, mais c'est par conséquent aussi quelque chose qu'une pratique a fait. C'est pourquoi la philosophie n'est plus essentiellement simple : elle a au moins la complexité des nœuds qu'elle doit dénouer (cf. Z 452). Le résultat auquel elle parvient peut lui-même être simple (trivial, se plaît-on souvent à dire), mais le chemin qu'elle emprunte risque d'être fort détourné, car il passe par toutes les élaborations par lesquelles la pratique humaine a constitué et modelé le langage. Ce qui rend la philosophie de Wittgenstein particulièrement pertinente pour la question pragmatique, c'est qu'elle se donne explicitement pour but de situer les objets qu'elle retient dans le contexte pratique où ils naissent et se développent. Dans la mesure où une formulation générale de la question pragmatique est de savoir ce qu'il faut ajouter à la relation de représentation pour déborder la rationalité correspondantiste, la position des jeux de langage s'inscrit dans l'espace même où cette question est posée : si l'isomorphisme postulé par le *Tractatus* constitue en quelque sorte l'idéal sémantique visé par la rationalité de la représentation, les corrections que la seconde manière apporte à cette conception sont pragmatiques, au moins en ce sens que la relation de représentation n'y est pensée ni comme la relation exemplaire ni comme une relation primitive. Un type d'exemple sur lequel Wittgenstein s'est fait particulièrement insistant le montre bien. Il s'agit de la définition par « monstration » ou de la définition « ostensive »[14].

Selon cette définition, le sens d'un signe peut lui être primitivement (sur un plan génétique) ou ultimement (sur un plan théorique) fourni par un geste qui associe directement le signe et la chose signifiée. Ce geste, sémantique s'il en fut, permettrait — si on peut effectuer un tel rapprochement de Peirce et de Wittgenstein — d'éviter l'engendrement des interprétants chargés de définir, discursivement, le sens du signe et d'établir une relation (indexicale) directe[15]. La critique qu'adresse Wittgenstein à cette définition comporte deux points principaux. Le premier consiste à dire qu'une telle définition n'est concevable que pour certains signes ou certaines classes de signes. C'est d'abord en ce sens que ce qui est identifié comme la « conception augustinienne du langage » est critiqué au début des *Recherches*. On ne peut en effet définir par monstration des signes comme « ici », « à droite », « par », ou « à l'aide de » de la même manière dont on est censé pouvoir le faire pour « table » ou « parapluie ». Le second point a trait au caractère primitif d'une telle définition. Alors que c'est une définition en quelque sorte sans antériorité qu'il s'agit de trouver, la définition ostensive présuppose en fait la connaissance ou la maîtrise de quelque chose d'autre que le sens des mots, à savoir le jeu de langage dont ce type de définition fait partie et sans lequel la finalité et le type de l'acte de définition risquent de ne pas être perçus. On peut pointer une chose du doigt pour identifier la dénotation d'un signe ou une propriété de cette dénotation mais on peut aussi le faire pour donner un ordre, faire une prédictioin, déplorer un état de choses, ou même pour donner un exemple de définition ostensive, de geste, etc. Si cela parvient à être vu, interprété comme une définition, c'est à la faveur de l'identification de l'activité plus ou moins spécifique qui consiste, *conventionnellement*, à donner ce genre de définitions.

Evaluer la représentation en fonction de l'idée de jeu de langage permet ainsi, d'une part, de considérer que la représentation n'est qu'une des vocations du langage (on n'est en cela pas loin de la dénonciation austinienne de l'erreur descriptive) et d'autre part, de montrer que même les cas de représentation qui semblent les plus nets sont relatifs aux jeux de langage qui les conditionnent. Ce qui est particulièrement intéressant dans cette idée, c'est moins la diversité qui est introduite à l'intérieur du langage — quoique cela soit loin d'être négligeable — que le fait que les jeux de langage auxquels les objets linguistiques sont rapportés ne peuvent en aucun cas, et par définition, être réduits aux seuls énoncés qui les manifestent. Etablissant les conditions de fonctionnement des objets linguistiques, les jeux de langage sont antérieurs[16] aux énoncés et fonctionnent, à ce titre, comme ce que Granger (1968) appelle dans un esprit kantien des «conditions régulatrices transcendantales».

Une des questions auxquelles peut devoir répondre une position qui voit dans les jeux de langage une formulation possible du troisième terme dont dépend une conceptualité pragmatique est celle de savoir si ces jeux de langage peuvent être pris en charge par une quelconque théorie. On insiste en général beaucoup sur ce qui dans l'attitude philosophique de Wittgenstein est réticent à la théorisation: il serait plus enclin à l'analyse spéculative ou à la simple rêverie philosophante qu'aux dures exigences de la pensée théorisante[17]. Si ce reproche retient du philosophe la prudence, le souci de l'exactitude, l'attention portée à la relativité, la réticence à généraliser, il est très certainement fondé, car Wittgenstein préférait un «calme examen des faits de langage» à «la turbulence des hypothèses et des explications» (Z 447) et voyait dans la hâte à produire des théories la source de la plupart de nos malaises philosophiques. Cela ne saurait cependant signifier que Wittgenstein avait des objections de principe au fait de soumettre les questions qui intéressent la philosophie à un traitement rigoureux: à travers les analyses en apparence décousues des *Recherches*, les remarques souvent très ponctuelles de l'ensemble de l'œuvre, les doutes quant au pouvoir d'affirmation de la philosophie, le lecteur attentif, et non prévenu, peut percevoir des lignes directrices qui forment un motif qui a plus de cohérence que celle de la seule obsession: à défaut d'avoir produit une *théorie* du langage (en un quelconque sens moderne), Wittgenstein a à tout le moins maintenu une position très stable sur les conditions auxquelles une telle théorie serait soumise. Son attitude est pertinente pour la situation pragmatique qui s'est dégagée jusqu'à présent, du fait qu'elle allie deux vertus importantes d'une position philosophique, à savoir la conscience de ce qui est mis en jeu par les thèses que la philosophie propose et l'attention prêtée à l'idée de *progrès* philosophique.

Le traitement wittgensteinien des jeux de langage ne sacrifie ni la vigilance réflexive qui est requise lorsque des termes théoriques sont posés ni les exigences de l'innovation conceptuelle. Le trait le plus marquant de ce traitement est sa prudence en matière d'engagement ontologique. Les jeux de langage ne sont pas et ne sauraient être les nouveaux atomes destinés à renouveler la nature du monde et qui pourraient s'inscrire de nouveau à l'intérieur d'un schéma représentationaliste. Les jeux de langage sont plutôt les paramètres relativement auxquels tant les relations sémantiques que le discours tenu sur celles-ci sont possibles. Dans cette mesure, il est certain qu'ils ne se prêtent pas à une théorie descriptive au même titre qu'un objet du monde. Comme Wittgenstein l'a souligné de manière répétée, le discours de la philosophie obéit lui-même à un ou plusieurs jeux de langage, de sorte que, pris dans le réseau qu'ils définissent, il ne peut être dans une position externe par rapport à eux : un mouvement discursif est toujours un mouvement dans un jeu de langage.

Si Wittgenstein est peu désireux de s'engager dans une véritable théorisation des jeux de langage[18], on n'est pas pour autant obligé d'endosser sa réticence et ses doutes quant à la possibilité d'une telle théorisation et on peut retenir simplement ce qui de ces doutes incite à la prudence et considérer que les paramètres des jeux de langage sont spécifiables dans une certaine mesure, sous condition qu'on ne les réifie pas. Puisqu'ils font la «communalité» de nos pratiques et assurent, en étant partagés — un jeu de langage se joue au moins à deux — la convergence de la compréhension, de l'interprétation et, d'une manière générale, du sens, leur caractère intersubjectif est présupposé. Ils ne sont par conséquent pas essentiellement réfractaires à une certaine codification, ou du moins à certaines spécifications locales. Les problèmes sérieux commencent lorsqu'on entreprend de spécifier la «totalité» des jeux de langage ou de fonder ceux-ci sur des jeux de langage exemplaires, en ayant au besoin recours à des catégories mentalistes pour assurer ce fondement. Dans le cas où on entreprendrait de faire état de la totalité des jeux de langage, la difficulté tient évidemment à la clôture de l'ensemble considéré. Chez Wittgenstein, l'ouverture reconnue aux jeux de langage correspond autant à l'idée qu'ils naissent et disparaissant qu'à la difficulté qu'éprouve la philosophie dans son principe à embrasser la totalité qu'elle pourrait considérer. Dans le cas où on fonderait les jeux de langage multiples sur des jeux de langage exemplaires, le problème tient essentiellement à la justification de ce choix. Les jeux de langage élémentaires que Wittgenstein retient sont utilisés comme «proto-phénomènes» destinés à éclairer des phénomènes plus complexes et non parce que les seconds dériveraient de fait des premiers. De plus, si on considère comme fondamentaux des jeux de langage qui mettent en cause des états dont des catégories mentalistes (croyances ou désirs) seraient appelées à rendre compte, les difficultés s'accroissent, car il faut encore examiner la prétention de ces catégories à articuler un fondement. La réaction de Wittgenstein devant cette entreprise de justification est d'estimer qu'elle est vouée à l'échec car elle s'enferme d'entrée dans la circularité: les catégories invoquées comme fondement dérivent elles-mêmes de la pratique des jeux de langage qu'elles viseraient à expliquer[19].

Codifier les jeux de langage ou même en présenter une certaine caractérisation ne posent pas de difficultés en soi. Le scepticisme radical prêté à Wittgenstein à cet égard peut, pour des fins d'analyses ponctuelles, s'adoucir et donner lieu à un scepticisme si timide qu'il n'exprime rien d'autre qu'une prudente retenue. Face à l'obligation qu'il y a à dire quelque chose de spécifique sur certains jeux de langage, rien n'oblige à entériner une forme extrême de relativisme pour laquelle les jeux de langage seraient fugaces par essence et se déroberaient à toute espèce de «régimentation». Il suffit au contraire de prendre acte de ce qui des jeux de langage doit être partagé pour leur reconnaître une objectivité minimale, qui tient à la reconnaissance partagée de certains paramètres, qu'on peut considérer comme pragmatiques. C'est en fonction d'eux qu'une représentation, une interprétation, une saisie du vouloir dire d'autrui et, d'une manière générale, l'assignation d'un sens sont rendues possibles. La spécification de ces paramètres est cependant mise en perspective et, comme on l'a vu dans l'examen de la notion de contexte, la définition de ce relativement à quoi les objets sémantiques sont définis ne peut se faire d'une manière neutre ou indifférente.

Même si la philosophie peut être elle-même assimilée à un jeu de langage ou à un ensemble de jeux de langage (au moins en ce sens qu'elle n'est pas dans une relation purement objective par rapport à ce dont elle pense que c'est le cas), il n'en demeure pas moins que son but, si elle choisit de se compromettre quant à eux, est de rendre compte des jeux de langage qui sont effectivement joués. Wittgenstein reconnaît cependant quelques difficultés à une telle entreprise.

3. Justification et régressivité grammaticales

Un des arguments que Searle oppose à une spécification des conditions assurant le sens littéral des phrases est qu'elle s'engage dans une régression à l'infini, car elle est faite au moyen d'énoncés qui dépendent eux-mêmes de conditions qui ne peuvent être énoncées qu'en spécifiant d'autres conditions, usw. Ce type d'argument pose le problème du commencement radical dans la définition d'un objet sémantique : sur quelle base primitive peut-on construire le sens? Le problème d'une origine sans antériorité a considérablement préoccupé Wittgenstein, à telle enseigne qu'on peut penser que la question de savoir ce que c'est de rendre compte, de fonder ou d'expliquer est la question centrale élaborée par sa pratique philosophique. Cette question rend l'idée des jeux de langage proche de la problématique générale d'une pragmatique dans la mesure où celle-ci cherche souvent à appuyer le langage sur une réalité qui l'expliquerait en lui fournissant sa base première.

La principale difficulté que Wittgenstein reconnaît à une entreprise de justification philosophique est liée à la nature de la factualité dont cette justification peut se prévaloir. C'est la notion de *grammaire* qui permet de formuler le problème dans les termes les plus proches de ceux où il s'est originellement posé. Cette notion, tout comme celle de jeu de langage, est assez énigmatique[20]. Wittgenstein l'utilise en effet d'une manière très variée qu'il n'est pas facile de ramener à un commun dénominateur: il est question, d'un côté, de la grammaire de certains mots, comme le mot «je» (BB 66), mais aussi de la grammaire d'un état (PU 572), de la grammaire d'un processus (Z 236), de celle des couleurs primaires (PG 134) ou de l'explication (PG 25), pour ne donner que quelques-uns des dizaines d'exemplaires qui peuvent être cités à cet égard. En dépit de la diversité de cet usage souple, elle présente quelques traits constants.

Le premier, et sans doute le plus important, est sa vocation *descriptive*. Wittgenstein a beaucoup insisté sur le fait que la philosophie en général (et une philosophie grammaticalisée en particulier) est impuissante à expliquer les phénomènes qu'elle retient et qu'elle doit se contenter de les décrire.

La grammaire ne dit pas comment le langage doit être construit pour remplir sa fonction et agir de telle ou telle façon sur les hommes. Elle ne fait que décrire l'usage des signes sans l'expliquer d'aucune manière (PU 496).

La grammaire est ainsi chargée de restituer les configurations des jeux de langage sans interférer avec elles et sans parvenir à les fonder par la voie d'une explication qui ajouterait au «c'est bien ainsi que les choses sont» un «et c'est ainsi qu'elles *doivent* être».

Un deuxième trait est fourni par l'exigence d'une grammaire «*synoptique*». Bien que Wittgenstein parle souvent de la grammaire d'une unité, la grammaire a d'abord un caractère comparatif et contrastif; de nature relationnelle, elle met en rapport des objets et leurs propriétés de sorte que chaque «point grammatical» est vu en relation avec d'autres points. Cela constitue un élément caractéristique de la «méthode» philosophique que Wittgenstein a progressivement développée après le *Tractatus*[21]. Il s'agit de mettre en rapport le plus grand nombre de cas possible, non pas pour parvenir à une description exhaustive, mais parce que les jeux de langage sont interreliés et que chacun éclaire, directement ou indirectement, les autres[22].

Un troisième trait est fourni par la relative *neutralité* de la grammaire entre le nécessaire et le contingent et entre l'empirique et le non-empirique. Un exemple de cette neutralité est ce que Wittgenstein appelle «propositions grammaticales». Quelques cas:

> La proposition «Les sensations sont privées» est comparable à la proposition «Les réussites sont un jeu auquel on joue seul» (PU 248).
>
> Il ne peut certainement pas se tromper lorsqu'il dit qu'il n'a pas compris ce mot. C'est une observation sur la grammaire de l'énoncé «Je n'ai pas compris ce mot» (PG 40).

et même:

> Tu ne peux entendre Dieu parler à quelqu'un d'autre, tu ne l'entends que s'il s'adresse à toi. C'est là une remarque grammaticale (Z 717).

Ces propositions, auxquelles on pourrait ajouter de nombreux exemples plus près de ce qui est habituellement convoqué au chapitre de la distinction entre l'analytique et le synthétique, ont en commun d'osciller pour ce qui est de leur valeur de vérité entre une certaine factualité (il est vrai «de fait» que les sensations sont privées) et quelque chose qui est de l'ordre d'une conventionalité absolue[23]. Ce sont des propositions pour ainsi dire «incorrigibles», en ce qu'on ne saurait trop concevoir comment les falsifier sans changer du même coup notre représentation du monde. Contrairement aux propositions analytiques «classiques» (comme «Les célibataires ne sont pas mariés», etc.), elles ne doivent pas leur vérité à la seule signification des termes, bien que, les niant, on sente que quelque chose à dû être changé dans cette signification. De ne se rapporter directement ni aux faits constitutifs du monde ni aux systèmes symboliques, elles sont marquées par une ambivalence qui s'étend chez Wittgenstein à la capacité de la philosophie («gérante de la grammaire», PB 7) à dire quoi que ce soit de la réalité sans passer par les postulats qu'elle se donne pour parvenir même à parler. Les propositions typiquement philosophiques trouvent la limite de leur pouvoir d'assertion dans leur nature grammaticale. Ne pouvant être infirmées, les propositions grammaticales ne sauraient non plus être justifiées, car elles constituent en quelque sorte la limite de l'empirique[24], le point de partage entre une justification par les faits et les conditions de cette justification, entre ce qui doit être accepté comme donné et les cas particuliers qui peuvent être évalués en fonction de cette acceptation[25].

Les conventions de la grammaire ne tirent pas leur justification d'une description de ce qui est représenté. Toute description de ce genre présuppose déjà les règles de la grammaire. Autrement dit, ce qui est non-sens dans la grammaire qui appelle justification, ne peut pas plus être sens dans la grammaire des propositions qui la justifient et inversement. Avec le langage on ne peut pas outrepasser la possibilité de l'évidence (PB 7).

L'entreprise qui consisterait à faire reposer les conventions de la grammaire sur une factualité qui la déborderait est ainsi vouée à l'échec : cela qui est reconnu *comme* factualité est déjà déterminé et formé par la grammaire. La spécification de toutes les «règles» grammaticales risque alors d'ouvrir une régression à l'infini qui ressemble, *mutatis mutandis*, à celle qui préoccupe tellement Searle, car, à procéder de justification en justification, on n'atteindra jamais le terme cherché, qui est celui d'une factualité sans autre antériorité que l'histoire qui l'a constituée.

«La grammaire, écrit Wittgenstein (PG 44), est faite des livres de comptes (*Geschäfsbücher*) du langage, qui doivent nous montrer les transactions réelles (*die tatsächlichen Transaktionen*) du langage, tout ce qui n'est pas une question de sensations parallèles». Cette opposition entre la transaction et la sensation (contraction de l'idée d'intériorité) est elle aussi particulièrement importante pour l'évaluation d'une pragmatique qui se poserait la question de son point de départ et le chercherait tantôt du côté d'une description des faits, tantôt du côté d'une investigation de phénomènes psychologiques qui seraient reliés, comme hypothèse explicative, à cette description. Quelque chose dans l'approche de Wittgenstein ferme chacun des termes de cette alternative pour ce qui est de leur capacité à fournir la terre ferme d'une réalité pragmatique.

Dans le cas où cette réalité serait cherchée du côté d'une description des transactions linguistiques effectives, il est certain que, selon tous les critères qui peuvent être invoqués, une telle description serait au moins aussi pragmatique que la factualité identifiée par Carnap au fondement de la théorie des langues naturelles. On pourrait ainsi penser l'ensemble d'une entreprise philosophique comme celle de Wittgenstein comme une entreprise pragmatique[26]. L'ennui, c'est que ce que cette pragmatique laisserait comme sa marge serait bien mince, de sorte qu'elle ne trouverait plus rien par rapport à quoi se contraster. Si l'on ne tient pas à importer à l'intérieur de l'approche wittgensteinienne la distinction entre sémantique et pragmatique, il suffit de dire que l'objet retenu par Wittgenstein doit toujours être caractérisé en tenant compte des jeux de langage qui semblent être joués et que, si cet objet est proche de ce qu'on reconnaît comme étant celui d'une théorie du sens, la distinction doit être abandonnée.

Dans le cas où c'est une réalité mentale qui serait appelée à fournir le point de départ pragmatique, l'attitude philosophique de Wittgenstein nous convierait à reconnaître que cette réalité mentale est davantage quelque chose qu'il faut expliquer (ou, à tout le moins, expliciter) que quelque chose qui serait assez solide pour jouer par soi-même un rôle explicatif clair. Wittgenstein a suffisamment insisté sur ce qu'a de trompeur et d'improductif la distinction entre l'«intérieur» et l'«extérieur»[27] pour qu'une pragmatique qui choisit d'y avoir recours s'arme de prudence dans son maniement.

Un trait récurrent de l'idée pragmatique est la précarité qui lui vient de la mobilité de son «objet» et de la difficile distinctivité du discours qui serait tenu sur lui par rapport à des discours autres (en particulier un discours sémantique). Dans les cas où l'on cherche à appuyer le discours pragmatique sur certains faits, il arrive que cette factualité se dérobe à toute saisie particulière et devienne impuissante à assurer un fondement. Cette situation frappe également un fondement qui serait cherché du côté d'une réalité psychologique comme celle que représenteraient des catégories mentalistes comme l'intention. Les jeux de langage se trouvent au cœur de cette situation.

Jeux de langage et factualité

Le recours à une notion comme celle de jeux de langage vise à rapprocher le discours de la philosophie de la réalité présumée des transactions linguistiques plutôt que de dévoiler un plan qui se trouverait derrière ces transactions. De là à penser que cette réalité se présente comme une factualité «brute» dont on pourrait rendre compte directement, il n'y a qu'un pas, que Wittgenstein interdit de franchir, ou du moins qu'il invite à ne franchir qu'avec une prudence considérable. La « description » que fait la grammaire de l'usage des signes ne se trouve pas quant à cet usage dans une relation de descriptivité. La raison en est que l'identification de cet usage est elle-même prise dans un « réseau grammatical » et qu'il n'y a pas de lieu extérieur aux jeux de langage à partir duquel on pourrait les décrire comme des objets neutres. C'est du reste ce qui conduit à considérer les jeux de langage comme des candidats particulièrement adéquats pour incarner la notion de contexte.

Un jeu de langage n'est pas constitué des seuls *faits* du langage (c'est-à-dire des « données » dans lesquelles les linguistes ont, à une époque, vu le point de départ de toute théorie), mais également des conditions de ces faits et des relations qui les unissent dans une pratique. On ne peut par conséquent penser une théorie des jeux de langage qui serait entièrement positive et qui s'alignerait sur un modèle atomiste permettant de les traiter un à un comme autant d'ingrédients composant une totalité achevée qui serait « le » langage. Au contraire, c'est d'abord par leur relativité et par la nécessité qui en découle d'une *« übersichtliche Darstellung »* que les jeux de langage wittgensteiniens permettent d'évaluer correctement le rôle qu'ils peuvent jouer dans l'entreprise qui consiste à « rendre compte » en philosophie.

L'opposition que trace Wittgenstein entre la description et l'explication n'est pas entièrement exclusive. Avant que de l'être dans sa réalisation, une théorie des jeux de langage est descriptive par son opposition à une théorie qui chercherait à l'extérieur de l'acte linguistique le ressort d'une explication. Du fait que les jeux de langage ne sont pas des objets empiriques existant comme des positivités qui n'attendraient que leur codification, et qu'ils apparaissent plutôt comme des conditions de constitution des objets, il suit qu'une théorie qui les retiendrait comme une des ses notions centrales se place à sa manière dans une perspective explicative, qui ne consiste cependant pas à ramener le langage à un plan non linguistique qui se trouverait par rapport au langage dans une relation *causale*, mais simplement à comprendre les faits de langage sur le fond de ce qui constitue les activités dans lesquelles le langage figure et qui lui donnent, à ce titre, sa finalité. On peut certes juger que cela ne constitue pas une explication au sens fort du terme, mais cette difficulté ne marque rien d'autre, dans une perspective comme celle de Wittgenstein, que l'impossibilité d'outrepasser ce qu'il y a à constater. Les faits ne peuvent ainsi être expliqués ou justifiés que par d'autres faits et toute explication s'arrête devant les jeux de langage et les pratiques qu'ils élaborent : en ce sens, tout objet qui se donne à la réflexion doit être rapporté au jeu de langage qui le pose et le définit. C'est cette dépendance qui entraîne le caractère non concluant du recours aux faits et le rend circulaire : même si plusieurs des jeux de langage qui sont les nôtres devaient cesser de fonctionner et disparaître si certains faits ne se produisaient pas, cela ne signifie pas que de tels faits les ont fondés. L'entreprise qui consisterait à asseoir une pragmatique sur une description des faits passe donc nécessairement par les jeux de langage relativement auxquels ils se constituent et sans lesquels ils perdent le rôle qui leur donne leur sens.

La base pragmatique qui serait cherchée dans un recours aux faits risque ainsi de s'enfoncer indéfiniment. Wittgenstein indique de manière répétée que les jeux de langage, qui sont là comme notre vie[28], constituent les évidences qu'il faut prendre pour acquises si l'on veut parvenir à comprendre quelque régularité que ce soit dans le comportement observé. A ce titre, ils sont les conditions de tout discours, de sorte qu'aucune spécification ne peut en être faite qui en soit indépendante. La façon la plus raisonnable d'échapper à ce qui peut facilement être une régression à l'infini consiste à accorder le statut de point de départ non pas à certains jeux de langage particuliers ou à de quelconques données considérées comme fondamentales, mais à l'acceptation d'un type ou d'un niveau qui correspond moins à des phénomènes spécifiques qu'à une limitation des possibilités théoriques. Il s'agit de ce que Wittgenstein appelle l'*action*[29].

Ce recours à l'action, catégorie dont le contenu ne peut être précisé que de manière ponctuelle et dont l'indifférenciation a du reste, par preuve de pudding interposée, alimenté en son temps des sottises de taille, est dans ce contexte à la fois satisfaisant et insatisfaisant. Son aspect négatif tient à ce qu'il semble diluer dans une pratique non qualifiée les problèmes dont il s'agissait de rendre compte et de résoudre : on lui confierait alors le soin de s'occuper (tacitement) de la somme de nos tracas théoriques. Ainsi posée, la solution est facile. Cet aspect négatif est cependant contrebalancé par un important aspect positif, qui est complémentaire du précédent. L'action sert en effet à reconduire à son lieu de plus adéquat une question dont le caractère aporétique tient entre autres choses à l'oubli de ce qui l'a fait naître : si la question du contexte se pose d'une manière urgente à une théorie du sens, il convient de faire sa place à ce qui l'a précisément amenée, qui est le rôle que le contexte joue dans la détermination de ce qui se passe lorsque les gens parlent. Une réponse wittgensteinienne à cette question serait de dire que si le contexte joue un rôle si important dans ce qui est dit, c'est parce que ce qui est dit est lié à ce qui est fait et que ce qui est fait est identifié à l'intérieur de ce que nous comprenons comme les menées pratiques de nos communautés. Cette liaison du discours (du sens) et de l'action conduit parfois à considérer que la position de Wittgenstein en philosophie est voisine de ce qu'on appelle «pragmatisme»[30]. Mon propos n'est pas de me prononcer sur cette question, assez complexe d'un point de vue exégétique, mais simplement d'indiquer ce que la liaison générale qui est invoquée entre le langage et l'action peut apporter à une perspective pragmatique qui accepterait d'être sensible au type de préoccupation qui anime Wittgenstein.

Une des questions auxquelles conduit l'idée peircienne des interprétants est celle de savoir s'il est possible de trouver dans les chaînes interprétatives un interprétant terminal qui donne au sens ainsi développé une assise ultime. Peirce suggère que l'interprétant final est fourni par la relation des signes aux besoins et aux intérêts des interprètes, de sorte que le processus interprétatif trouverait son terme dans la reconnaissance de ce à quoi la production du signe sert dans un contexte particulier[31]. Plusieurs traits d'une telle façon de voir se retrouvent dans la perspective adoptée par Wittgenstein, en particulier l'idée que le sens d'un signe dépend des inférences pratiques qu'il permet et de l'origine qu'il trouve dans des formes de vie. C'est l'ensemble de celles-ci qui constitue la base sur laquelle on peut interpréter les signes, leur assigner un rôle et comprendre la place qu'ils occupent dans les transactions humaines. Si les faits par lesquels elles se manifestent ne peuvent être compris qu'en fonction des jeux de langage, une pragmatique qui s'y intéressait doit se préoccuper de la totalité des jeux de langage. Wittgenstein les présente moins comme une totalité achevée, qu'un discours, descriptif ou autre, pourrait embrasser, mais comme la totalité d'une perspective qui établit des relations entre les divers jeux de langage que nous choisissons d'identifier[32].

Il n'y a, comme on l'a indiqué, aucun obstacle *de principe* à envisager une théorie qui entreprendrait de traiter les jeux de langage pour en mettre la «structure» à jour. Une telle structure fournirait les paramètres pragmatiques de tout objet linguistique. Ce qui me semble cependant devoir être souligné, c'est le fait que le compte rendu des divers jeux de langage correspond lui-même à un jeu de langage et qu'à ce titre, il n'est pas neutre. De même, il ne peut prétendre avoir quant à ses «jeux de langage - objets» une position de rationalisation ou de régulation. En ce sens, il n'y a pas de «méta-jeux de langages» purs. Cela signifie certes l'engagement de la philosophie par rapport à ses objets, mais également, au-delà de cela, la limitation d'un discours théorique qui cherche à rendre compte d'une totalité dont il ne ferait pas partie.

Jeux de langage et mentalisme

La grammaire, dit Wittgenstein, n'est pas affaire de « sensations parallèles ». Il n'est pas rare de voir des approches revendiquer le nom de « pragmatique » (ou se le voir accoler) parce qu'elles font état de phénomènes mentaux (en un sens philosophique ou psychologique quelconque) qui accompagneraient la production des phrases et sans lesquels le langage perdrait une part importante de sa nature et ne serait que vaine expression, machine tournant à vide. La perspective des jeux de langage sert dans une importante mesure à mettre en question la capacité d'un vocabulaire mentaliste à saisir une réalité originale qui puisse assurer un fondement à l'activité verbale[33]. La seconde possibilité d'ancrage d'une pragmatique consiste, selon l'opposition tracée par Wittgenstein au paragraphe 44 de la *Grammaire philosophique*, à accéder à un plan mental qui fournirait au langage *stricto sensu* son fondement explicatif.

Bien qu'il ait été naturellement assez peu enclin à convoquer des entités mentales pour assumer le pragmatique, Carnap a à sa manière favorisé une telle version de la pragmatique, en traduisant dans les termes d'une physiologie un mentalisme selon lui irrecevable si on le maintenait dans le cadre d'une intériorité qui ne trouverait jamais ses marques objectives. De même, il est concevable que les interprétants peirciens articulent une réalité mentale qui serait spécifiée par la description des états psychologiques qui leur correspondent. Il est donc tentant de concevoir cette réalité alléguée comme un objet susceptible de garantir une spécificité pragmatique[34]. La question n'est pas tant de voir comment une telle réalité psychologique peut être décrite que de savoir comment il est possible de la relier à la généralité de la question pragmatique telle qu'elle s'est posée jusqu'à présent : qu'est-ce qui peut s'inscrire à l'extérieur de la relation de correspondance entre le monde et le langage et contribuer à la signification ?

Le mentalisme n'est pas une « position » philosophique simple et il n'est pas facile d'en donner un résumé qui satisfasse tous ceux qui le professent ou qui en manient le terme. Il ne saurait donc s'agir ici de présenter le mentalisme d'une manière satisfaisante, ni même de montrer de façon quelque peu détaillée comment le recours à la perspective des jeux de langage permet de « régler » (ou de dissoudre) les problèmes qui lui sont rattachés[35]. Je chercherai simplement à indiquer, en une note expéditive, comment la perspective des jeux de langage permet en quelque sorte de ne pas poser un certain nombre d'entités ou de phénomènes de nature mentale et comment, par conséquent, cette perspective répond à une certaine prudence dans ce type d'engagement.

Dans la mesure où ce qu'on appelle «pragmatique» doit faire sa place à l'usage du langage, il est assez compréhensible que l'on cherche dans une organisation quelconque des locuteurs des propriétés susceptibles de fonder cet usage. C'est sur ce point que la question du mentalisme rencontre la question pragmatique et la «solution» des jeux de langage qu'il est raisonnable de lui apporter. L'idée générale commune à diverses formes de mentalisme en matière de langage est que le fonctionnement linguistique doit être relié à des propriétés d'un «esprit», d'une «vie mentale» ou d'une «psyché» susceptibles de l'éclairer, de l'expliquer ou de lui donner sa finalité. L'intentionalité du langage est une propriété de ce type et c'est sur elle que se concentre ce bref examen.

Comme on le dit souvent, la production d'une phrase (une «phrase-*token*») parvient à réaliser un acte de langage et à se rapporter au monde parce qu'elle répond à une intention de son auteur. Ainsi une phrase comme «Vous irez à Tombouctou» peut être prononcée pour faire une prédiction, pour donner un ordre, pour faire une promesse ou pour proférer une menace, selon les intentions du locuteur. Certains traits de l'expression, comme l'intonation, interagissent avec des éléments du contexte de son énoncitation pour favoriser une interprétation plutôt qu'une autre, mais quelle que soit l'importance de ces traits et de ces éléments, ils sont pensés comme des marques, des indices ou même des expressions de l'intention qui constitue la source de l'énoncé. L'intention est ainsi posée à l'extérieur de la phrase, à l'extérieur de l'action verbale de son émission et, d'une manière générale, à l'extérieur de tout ce qui peut être observé ou entendu. De manière symétrique, c'est en reconnaissant cette intention que l'auditeur est censé être en mesure d'interpréter l'énoncé, d'agir et de réagir adéquatement. Les marques de l'intention doivent par conséquent être assez conventionnelles ou du moins assez intersubjectives pour pouvoir être reconnues comme étant celles *de* l'intention[36], sans quoi l'intention risquerait de piétiner indéfiniment au seuil de sa reconnaissance.

On peut présenter les intentions de deux façons. On peut d'abord les voir comme des existants qu'un vocabulaire dénotatif quelconque pourrait nommer et qui auraient leur lieu dans l'intériorité d'un sujet. C'est alors en fonction de cette intériorité que le fonctionnement du langage pourrait être le mieux compris et toute la question serait de savoir comment parler de cette intériorité (cela constituerait d'autant plus un problème que des descriptions strictement psychologiques ne correspondent habituellement pas à ce que les philosophes qui parlent d'intentions semblent avoir en tête). On peut ensuite voir les intentions comme les corrélats anthropologiques de la saisie du langage dans une perspective d'action, c'est-à-dire comme des «effets» induits par la pratique du langage et par l'habitude et la compréhension que nous en avons. Il y a des cas simples et nets : quelqu'un qui dit «Je vous déclare mon intention d'épouser votre fille» *a* au moins l'intention de ce dont il est dit avoir l'intention parce qu'il dit cette intention, de même que la personne qui dit exprimer ses vœux, ses remerciements ou ses condoléances les *exprime* d'abord en disant qu'elle les exprime. Ces cas sont nets parce qu'ils correspondent à des usages qui sont presque explicitement conventionnalisés. On observe également des cas où les choses semblent moins claires, des cas où le jeu de l'intention n'est pas réglé aussi simplement et où son interprétation mobilise une part (sans doute) considérable de la connaissance de la pratique du langage.

La première présentation de l'idée d'intention est de peu d'intérêt. On voit en effet mal comment on pourrait traiter les intentions comme des existants sans se voir immédiatement poser la question de savoir quelle connaissance on peut bien en avoir, ou, dans le cas où une description objective d'un état psychique quelconque serait donnée, la question de savoir si cet état est bien un état intentionnel, c'est-à-dire un état correspondant à ce qu'on entend habituellement par «intention». Les gens n'ont assurément pas des intentions au sens où ils ont de l'argent à la banque ou un sang appartenant à tel groupe. Une investigation portant sur les intentions ne saurait être une investigation portant sur un objet spécifique qu'on pourrait isoler du contexte dans lequel il apparaît. On se trouve alors amené à considérer les intentions comme partie prenante dans la pratique linguistique, en ce sens qu'on apprend à les reconnaître comme on apprend à interpréter les signes eux-mêmes, qu'on les pose (ou les suppose) dans le même mouvement qui nous fait accepter le langage, identifier ses finalités et admettre son caractère intersubjectif. Autrement dit, nous avons besoin d'intentions comme nous avons besoin de nous rallier à la raison du langage. Il ne s'agit pas de poser des intentions — ou quelque autre expression d'une intériorité — pour fonder le langage en l'appuyant sur un ordre autre que lui, mais seulement de reconnaître l'évidence que le langage, dès qu'on accepte de le considérer dans une perspective d'action, mobilisa comme sa contrepartie anthropologique des propriétés des agents.

La «posture» philosophique de Wittgenstein invite à traiter les intentions, de même que l'ensemble du vocabulaire mentaliste, dans les termes des jeux de langage. Malheureusement, cette conceptualité est plus claire par le genre de perspective qu'elle cherche à élaborer que dans le traitement effectif qu'elle permet. Cela est largement dû, pour ce qui est du texte de Wittgenstein, au fait que la notion de jeu de langage est une notion qui a un usage dans une pratique philosophique plutôt que d'avoir une place dans une théorie philosophique. Quoi qu'il en soit, cette perspective a du moins le double avantage d'être la plus ouverte pour les traitements qu'elle autoriserait et de ne pas s'engager dans la spécification d'objets particuliers (et «inscrutables») qui donneraient au langage un fondement d'autant plus stable que le plan en est caché. Même s'il n'est pas évident que les jeux de langage puissent être saisis par une théorie descriptive[37], ils ont le mérite considérable que «toutes choses se trouvent offertes directement au regard» et qu'il n'est pas nécessaire de convoquer une réalité parallèle chargée de fournir une vérité pragmatique à un objet qui en serait autrement dépourvu. Selon cette façon de voir, le vocabulaire mentaliste ne nomme rien d'autre que les coordonnées d'un jeu public.

Si une justification de la grammaire (comme seul «fondement» des jeux de langage) ouvre une régression à l'infini, c'est parce qu'il est en soi contradictoire de définir du même coup la condition et l'objet. Par contre, si on considère que les jeux de langage tels qu'ils sont joués si on en juge par ce que nous *faisons* manifestent les paramètres de ce que nous prenons pour acquis, rien n'empêche d'estimer que ces jeux de langage définissent effectivement une base assez assurée pour permettre les opérations que nous faisons. Savoir si ce pouvoir peut être explicité par un discours propre est une autre question, à laquelle Wittgenstein répond pour sa part indirectement en en laissant la notion travailler de manière relativement circonscrite dans sa pratique philosophique, sans la thématiser pour elle-même.

4. Réalisme et «méthodologisme»

Cet examen de l'idée pragmatique a soulevé la question de savoir si le mot «pragmatique» est un prédicat de théorie ou un prédicat d'objet. Cette question peut maintenant être rendue de la façon suivante: cela qu'une approche pragmatique cherche à saisir est-il un objet ou la condition d'une définition d'objet? Cette question est en particulier amenée par la difficulté récurrente qu'il y a à associer les «objets» pragmatiques qui ont été prospectés par différentes approches aux objets traditionnels des approches sémantiques. Ce passage par Wittgenstein est une occasion tout indiquée pour examiner cette question dans les termes où l'idée des jeux de langage invite à la considérer.

Tout au long de l'histoire de l'intuition pragmatique, de nombreux auteurs ont présenté le discours pragmatique à venir comme un discours qui dirait les conditions de réalité du langage en mettant au jour des mécanismes concrets qui en expliqueraient la production. Certains de ces auteurs, comme Carnap, ont vu ces conditions de réalité du côté de phénomènes empiriques dont diverses sciences traitent; d'autres, plus près de nous et de l'état contemporain de la question pragmatique, cherchent, à l'intérieur de la philosophie, cette réalité du côté d'une activité psychique. Dans chacun de ces deux cas, la situation de la pragmatique se joue différemment.

Un des points sur lesquels Wittgenstein a été le plus constant à travers l'ensemble de son œuvre est fourni par les relations de la philosophie à la science et à ce que celle-ci considère comme réalité. Dès les *Notes sur la logique* (1913) jusqu'aux *Recherches philosophiques* (1945), un interdit est prononcé à l'endroit des possibilités d'interférence de la philosophie par rapport aux résultats de la science. Il est pour lui essentiel non seulement que la philosophie n'interfère pas de fait avec la science, mais aussi, en tant que *philosophie*, qu'elle en soit indépendante pour ce qui est du type de discours qu'elle peut produire. Il écrit par exemple :

> La philosophie dispose simplement toutes choses devant nous et n'explique ni ne déduit rien. Puisque tout est là à découvert, il n'y a rien à expliquer. Car ce qui est caché ne nous intéresse pas.
>
> On pourrait aussi donner le nom de «philosophie» à ce qui est possible *avant* toutes les découvertes et inventions nouvelles (PU 126).

Si la philosophie ne peut pas réfuter les affirmations scientifiques, elle risque de ne pas y trouver à alimenter ses propres assertions. Ce que disent les sciences sur les conditions de réalité du langage ne saurait entrer en compétition avec ce qu'en dirait une philosophie, ni s'inscrire dans le lieu philosophique où quelque chose pourrait en être dit. Une pragmatique biologique, physiologique ou même psychologique (qui parviendrait par ailleurs à justifier le fait de s'appeler «pragmatique» et non seulement «biologie», «physiologie», etc.), si elle peut présenter l'avantage de libérer le philosophe de l'obligation de peupler lui-même le domaine pragmatique dont il reconnaît par ailleurs la pertinence, demeure sans intérêt intrinsèque pour la philosophie. Les discussions qui ont cours en science sur la réalité du langage ne peuvent, d'un point de vue philosophique, qu'être enregistrées avec un intérêt éventuellement critique, mais non être associées à l'argumentation philosophique.

Dans la mesure où quelque chose de la philosophie choisit de rendre compte de la pratique du langage, il faut chercher ailleurs qu'en science les candidats à nommer ou codifier cette réalité, du moins si on estime que la pragmatique qu'il s'agirait de construire doit capturer des objets qui aient des noms ou des traits spécifiables. On peut parler, dans ce contexte, de *réalisme* moins au sens que donnent à ce mot les théories de la perception et de la connaissance qu'en un sens qui est à sa façon voisin du sens médiéval: les termes que nous utilisons pour désigner une réalité trouvent cette réalité comme leur correspondant et peuvent être interprétés selon une dénotation qui vérifie l'usage de ces termes.

Une approche pragmatique peut, comme on l'a vu, prétendre accéder à une réalité distincte des objets habituels d'une théorie du langage en disposant à côté de la caractérisation qui en est faite des objets pourvus de pouvoirs explicatifs. C'est en ce sens qu'une interprétation réaliste des termes mentalistes postule une relation explicative au fonctionnement linguistique. Cette interprétation réaliste est invérifiable au sens strict: il est difficile de prouver hors de tout doute que les gens ont effectivement des états intentionnels et que ceux-ci ont des propriétés positives bien arrêtées. On s'en remet en général à la réflexivité des locuteurs et à l'expérience que l'on a de la pratique du langage: il semble alors que le langage fonctionne comme s'il était l'expression d'une intentionalité. Le mentalisme, en tant que prétendant à une vérité, ne peut ainsi être ni prouvé ni réfuté comme tel et c'est pourquoi il est sans doute préférable de le traiter comme un effet des jeux de langage. Si on ne peut évaluer directement le mentalisme en termes de correspondance à des phénomènes particuliers, il n'en demeure pas moins que l'engagement mentaliste peut être vu comme un engagement par rapport à une réalité (et avoir ce qu'on a déjà appelé un «effet de réel»). Une assertion qui dirait que le langage est lié à des catégories mentales peut en effet être interprétées de deux manières assez différentes. Elle peut signifier que ces catégories mentales (et ce qui les remplit) ont une relation effective au langage et qu'il fait partie de la nature de celui-ci de les exprimer comme autant de référents. Elle peut également signifier, plus sobrement, que du point de vue de l'interprète des phénomènes de communication peuvent être résumés sous le nom de «catégories mentales» sans que ce nom désigne pour autant des existants qui seraient réellement mentaux. On peut appeler la première interprétation «réaliste» et la seconde, «méthodologiste».

C'est probablement une position méthodologiste qui convient le mieux à la situation actuelle de la pragmatique. La possibilité de donner de l'élément pragmatique des versions nettement différentes, notre ignorance quant à ce qui se passe effectivement chez les interprètes et l'attitude prudente qu'il convient d'adopter lorsqu'on a affaire à des conceptualités nouvelles[38] sont autant de raisons de freiner l'enthousiasme qu'on peut ressentir à la découverte d'une réalité qui semble neuve et correspondre à une phénoménalité qui poserait comme seul problème celui — technique — de son aménagement dans un cadre théorique quelconque. Une attitude méthodologiste reviendrait simplement à penser que, avant d'être des objets dont une discipline pourrait s'occuper, les éléments reconnus comme pragmatiques constituent les paramètres relativement auxquels tout objet linguistique que l'on tente de saisir dans la perspective de son usage doit être défini.

Wittgenstein a adopté, entre autres à l'endroit des mathématiques, une attitude qui peut être présentée comme une forme extrême de constructivisme. En laissant de côté ce que cette appellation a maintenant de polémique, un constructivisme conséquent (sensible à ce qui dans la théorie du langage hésite entre l'innovation conceptuelle et la prospection d'une réalité) est une position en tous points raisonnable. Elle conserve de l'idée pragmatique l'ouverture qui la caractérise et rend moins spontanée l'interprétation qui veut que tout terme psychologique soit le désignateur d'un élément du réel. Le méthodologisme recommandé ici répond à ces exigences constructivistes. Il permet de voir le discours d'une théorie qui se donnerait une orientation pragmatique comme réglé par un ou plusieurs *jeux de langage théoriques*.

A première vue, cette idée est d'une extrême banalité. Elle semble en effet ne rien dire d'autre que, les théories étant fort évidemment affaire de discours et le discursif étant balisé par les jeux de langage, il découle naturellement que toute théorie répond à un jeu de langage. Cette banalité est cependant améliorée lorsqu'on en tire les enseignements qui s'imposent pour le cas du discours pragmatique. L'idée est que nos théories, en tant que constructions discursives, sont soumises à des conditions analogues à celles auxquelles obéissent les jeux de langage que nous jouons et qui nous constituent: une théorie du langage est un jeu de langage théorique dans la mesure où elle retient des aspects de son objet qui ne peuvent être entièrement évalués dans une perspective correspondantiste, parce qu'ils font partie de cela même qui constitue une telle perspective. Une théorie qui se donne une orientation pragmatique est une théorie dont les objets sont traités en faisant une place aux conditions d'existence qu'ils trouvent dans la pratique du langage et non une théorie qui a pour objets ces conditions d'existence elles-mêmes. Il n'y aurait, à cet égard, pas d'*objets* pragmatiques propres et pas de réalité distincte qui pourrait être prospectée par une théorie qui en tirerait des propriétés distinctives. Le pseudo-objet pragmatique est alors «simplement» la condition de l'objet sémantique pensé dans l'optique de son usage. A ce titre, le pragmatique est omniprésent et dépourvu de phénoménalité autonome.

Si on en juge à ce qu'elle apporte à la philosophie sur le plan des certitudes, du discours positif et de la saisie d'une réalité inébranlable, la contribution de Wittgenstein est d'une extrême fragilité. Trop de doutes la travaillent, trop de vigilance la guide pour qu'elle parvienne à se mesurer à des philosophies qui trouvent dans la conquête de nouveaux territoires et dans la description qui en serait faite l'assurance du progrès. Cependant, la contribution de Wittgenstein, si elle n'est pas faite de thèses susceptibles de nous apprendre ce que nous ignorerions ou d'être réfutées[39], est exemplaire pour l'attitude qu'elle manifeste quant aux problèmes philosophiques et pour les traitements qu'elle commande. Cette attitude consiste en particulier à rappeler que ce n'est pas parce que des mots ont un usage qu'ils ont une référence asssurée et que ce n'est pas parce que nous nous agitons que nous produisons quelque chose[40]. Elle invite, pour utiliser des images qu'il a employées ou qui sont proches de la sensibilité qu'il a favorisée, à tenter de voir plus le geste qui montre que la chose montrée, plus les mouvements que le plan auquel ils sont censés obéir, plus la carte que le territoire.

En faisant de ces quelques idées de Wittgenstein le lieu d'une inspiration pour évaluer (sinon répondre à) la question pragmatique, on sacrifie aux exigences minimales d'un discours pragmatique qui voudrait être conscient de ses propres limitations. Pour les résumer rapidement, ces exigences sont les suivantes:

1. Ce discours pragmatique ne peut chercher la garantie de sa référence en dehors de ce qui l'a amené lui-même: si la pragmatique doit rendre compte d'une quelconque pratique du langage, c'est dans le lieu de cette pratique que ce qui en rend compte doit être posé, et non dans l'espace hypothétique d'une intériorité, causale ou autre. Les considérations pragmatiques font ainsi partie du «domaine public».

2. Les éléments pragmatiques sont moins des objets qui se donnent à une théorie que les conditions de constitution de ces objets. En posant ces conditions comme des «paramètres, on se met en position de voir la question pragmatique dans les termes où elle a été formulée: quelles caractéristiques les objets linguistiques doivent-ils avoir pour parvenir à représenter et, d'une manière générale, à avoir du sens? Si les diverses réponses qui sont apportées à cette question sont jugées

insatisfaisantes, il est toujours possible de s'abstenir de poser la question qui les a fait naître. Ce silence, qui peut être déplorable en lui-même (nulle vertu particulière ne s'y attachant) est sans doute préférable à un discours dont les solutions ne feraient que reproduire ou déplacer les problèmes originaux.

Ces deux exigences sont respectées par la conceptualité des jeux de langage et par la pratique philosophique qui leur correspond. Si cette conceptualité et cette pratique nous semblent ne pas convenir à ce que nous estimons être nos problèmes et nos espoirs, cela nous contraint peut-être à choisir entre le profit aléatoire de l'inflation et la pauvreté relative de la retenue.

NOTES

[1] Il serait à cet égard assez révélateur de dresser la liste des philosophies auxquelles on a cherché, à tort ou à raison, à apparenter la pensée de Wittgenstein, ou la liste des auteurs qui s'en sont prévalus pour donner appui à des positions qui lui sont souvent étrangères. Cette liste pourrait être un élément à verser au dossier de la folklorisation en philosophie.
[2] « Dans la course de la philosophie, gagne celui qui court le plus lentement, ou : celui qui atteint le but le dernier » (VB p. 71).
[3] Dans un de ses dialogues avec un interlocuteur imaginaire, Wittgenstein écrit : « Tu parles sans cesse de toutes sortes de jeux de langage, mais nulle part tu n'as dit quelle est l'essence d'un jeu de langage et donc l'essence du langage : ce qui est commun à toutes ces activités et en fait un langage ou des parties d'un langage. Tu te libères ainsi de cette partie de la recherche qui t'a déjà causé les pires maux de tête, celle qui concerne la *forme générale de la proposition* et du langage » (PU 65). Malgré cette indétermination, l'usage que fait Wittgenstein des jeux de langage est quand même mieux contrôlé que ce que manifestent de nombreux usages contemporains, qui s'autorisent de la diversité, de la mobilité, de la spontanéité, du «mélange» qui les caractérisent pour exploiter les jeux de langage dans des directions qui ne doivent rien à leur origine. On trouvera, parmi plusieurs autres sources, quelques remarques critiques sur l'analogie entre jeu et langage dans Stegmüller (1969).
[4] Ce paragraphe contient un autre élément important, qui porte sur le nombre des types ou des cas qu'il faut prendre en considération : « Mais combien de genres de phrases y a-t-il ? La question, l'assertion, l'ordre ? Il existe un nombre indéfini (*unzählige*) de genres (...) d'usage de ce que nous appelons «symboles», «mots», «phrases». Et cette multiplicité n'est pas fixée, donnée une fois pour toutes. De nouveaux types de langages, de nouveaux jeux de langage (...) apparaissent tandis que d'autres disparaissent ». Cette ouverture est déjà peu conciliable en principe avec le projet d'une classification des

jeux de langage, mais elle est surtout radicalement inconciliable avec celui qui consisterait à déduire les jeux de langage à partir de formes centrales ou «archétypales».

[5] Par exemple: «Comment sais-je que cette image est une représentation du soleil? Je l'*appelle* représentation du soleil. Je l'*utilise* comme représentation du soleil» (BGM I-129).

[6] Dans son article «A Classification of Illocutionary Acts» (1973), Searle fait cependant une distinction (critère 9) «entre les actes qui doivent toujours être des actes de langage et ceux qui peuvent mais ne doivent pas être performés comme des actes de langage».

[7] Dans son commentaire analytique des *Recherches*, G. Hallet (1977) apporte aussi de multiples distinctions et raffinements.

[8] Certaines indications de Wittgenstein vont en effet dans ce sens: par exemple, «[les jeux de langage] sont des façons d'utiliser les signes qui sont plus simples que celles de notre langage quotidien hautement compliqué. Les jeux de langage sont les formes de langage par lesquelles un enfant commence d'apprendre à utiliser les mots. L'étude des jeux de langage est l'étude de formes primitives du langage ou l'étude de langages primitifs» (BB p. 17). Toutefois, le caractère élémentaire que le *Blue Book* (présenté par les éditeurs comme une étude préliminaire aux *Recherches philosophiques*) associe aux jeux de langage ne survit dans les *Recherches* que sous l'idée que les jeux de langage qui sont analysés dans leur simplicité sont des éléments de comparaison, des «proto-phénomènes» permettant de mesurer les jeux de langage réels.

[9] Toulmin (1969:71) émet l'hypothèse que Wittgenstein a pu emprunter l'expression «forme la vie» à l'ouvrage de Spranger *Lebensformen*, qui a eu une large audience dans les pays germanophones au cours des années trente.

[10] De nombreux passages des textes de Wittgenstein exploitent la liaison de la vie — souvent présentée comme l'activité presque «brute» d'un organisme — et du langage. Par exemple, «Donner des ordres, poser des questions, raconter, converser font autant partie de notre histoire naturelle que marcher, manger, boire, jouer» (PU 25); «Tu dois avoir présent à l'esprit que le jeu de langage est pour ainsi dire quelque chose d'imprévisible. (...) Il est là, comme notre vie» (UG 559) et déjà dans le *Tractatus*, «Le langage quotidien (*Umgangssprache*) fait partie de l'organisme humain et n'est pas moins compliqué que lui» (T. 4.002).

[11] Au nombre de ces raisons figure la possibilité plus ou moins forte d'un discours positif permise par chacune des interprétations. Par exemple, les seconde et troisième interprétations peuvent donner lieu à des discours psychologiques ou sociologiques, alors que la première et la dernière sont moins déterminées quant à la conceptualité qui peut les articuler. On peut s'autoriser de la promesse des unes pour négliger la difficulté des autres.

[12] Traduction (corrigée) de Guy Durand (Wittgenstein 1965:156).

[13] De toutes les images auxquelles Wittgenstein a recours, celles qui sont relatives au tissage, à la trame, au réseau, à l'écheveau, aux nœuds, etc. sont sans doute les plus fréquentes et les plus riches. Si une philosophie a plus qu'une relation instrumentale aux métaphores dont elle se soutient, on peut voir dans cet usage une tendance fondamentale de la philosophie wittgensteinienne, qui est celle qui meut l'exigence d'une «*übersichtliche Darstellung*» (PU 122).

[14] Pour une analyse et une critique approfondies de cette notion, voir Bouveresse (1976:381-408).

[15] Dans son célèbre article proclamatoire «Wende der Philosophie», Schlick écrit: «Ce processus [de définition des mots par des mots] ne peut se poursuivre indéfiniment. Il trouve toujours un terme dans des indications (...), dans des actes réels. Ceux-ci (...) n'ont plus besoin d'explications supplémentaires. L'attribution finale d'un sens s'effectue ainsi toujours par des gestes. Ce sont ces gestes ou ces actes qui constituent l'activité philosophique» (1959:57).

¹⁶ Cette antériorité ne doit pas être entendue en un sens chronologique, car les jeux de langage, nous dit Wittgenstein, peuvent naître spontanément et leur ordre n'est pas réglé une fois pour toutes. Il s'agit plutôt d'une antériorité en quelque sorte logique, qui résume ce qui doit être accepté pour que quelque chose soit identifié, effectué et compris.
¹⁷ Deux opinions peuvent à cet égard être retenues, du fait qu'elles proviennent de «lieux» philosophiques bien distincts. La première est de Russell (1959:160-161): «[le second Wittgenstein] demeure pour moi totalement incompréhensible. Ce qu'il y a de positif chez lui me semble trivial et ce qu'il y a de négatif, dénué de fondements. Je n'ai pas trouvé dans les *Recherches philosophiques* quoi que ce soit d'intéressant et je ne comprends pas pourquoi une école entière trouve dans ses pages une sagesse d'importance. D'un point de vue psychologique, une telle chose est surprenante. Le premier Wittgenstein (...) était un homme qui se consacrait passionnément à une pensée intense et qui était très conscient de problèmes difficiles dont je sentais, tout comme lui, l'importance, doué qu'il était (du moins le pensais-je) d'un authentique génie philosophique. Le second Wittgenstein semble au contraire s'être lassé de la pensée sérieuse et avoir inventé une doctrine qui rend cette activité superfétatoire. Je ne pense pas un instant qu'une doctrine qui a pour conséquences d'inciter à la paresse puisse être vraie». La seconde est de Habermas (1974:183): «Un désengagement glacé rentre dans ses frais. Par l'analyse du langage, nous nous débarrassons de la profondeur d'esprit sans toutefois manquer d'esprit de profondeur. Nous jouissons des avantages du positivisme, sans partager sa grossièreté empiriste. Nous sommes radicaux de la manière la plus sereine; car cette fois, nous n'avons pas besoin de trop sacrifier de notre destin au goût de l'avant-garde. Est-ce là une philosophie de diversion pour les années soixante?».
¹⁸ On verra à la section suivante («Justification et régressivité grammaticales»), quelques-unes des raisons motivant cette réticence. Les jeux de langage sont moins chez Wittgenstein des topiques philosophiques que des instances dans le jeu de l'explication ou de la justification philosophiques: c'est pour traiter autrement certains problèmes récurrents que recours est fait à la notion de jeux de langage et non pour mettre au monde un nouvel ordre de réalité qui se donnerait à la philosophie.
¹⁹ Quelque chose de cette prétention à capturer la totalité des transactions linguistiques et de l'entreprise de fonder le langage sur des catégories explicatives mentalistes peut sans doute être reconnu dans certains accents de la théorie des actes de langage contemporaine. Il arrive en effet que, forte de sa puissance analytique et confiante en ses moyens conceptuels, cette théorie se donne pour visée de faire état de la totalité des actes de langage, d'en donner une version formalisée (éventuellement assortie de mécanismes de prédiction), de manière à en présenter l'organisation systématique sur un mode déductif. Il est difficile d'avoir des objections de principe à une telle entreprise, qui a tellement pour elle. On peut par contre raisonnablement invoquer qu'elle risque de trouver plus sa systématicité dans l'expression linguistique dont elle rend compte que dans les actions qui lui sont reliées, du fait qu'il y a une différence entre, par exemple, les verbes d'action anglais tels que le lexique de la langue anglaise les identifie et les organise et l'effectuation des actions nommées.
²⁰ En dépit de particularités manifestes, Wittgenstein insistait, selon G.E. Moore, sur le fait que son usage du terme n'avait rien de que de très normal. Je me permets de renvoyer à Latraverse (1986b) et (1986c) pour quelques développements sur certains traits de cette notion.
²¹ Par exemple, «Le concept d'une représentation synoptique (*übersichtliche Darstellung*) est pour nous d'une importance fondamentale. Il désigne notre forme de représentation, la façon dont nous regardons les choses» (PU 122).
²² «Si j'attache de l'importance à traiter toutes ces manifestations de la vie psychique, ce n'est pas que je tienne à faire des états complets (*weil es mir auf Vollständigkeit*

ankommt), mais parce que chacune m'éclaire sur la façon correcte de les régler *toutes*» (Z 465).

[23] Dans les *Remarques sur les Fondements des Mathématiques* (I-104 sq), Wittgenstein examine la proposition «Le blanc est plus clair que le noir». Il demande (105): «D'où nous vient le sentiment que [cette proposition] exprime quelque chose de l'essence de ces deux couleurs? — Mais est-ce là la question qu'il faut poser? Car que voulons-nous dire par 'essence' du blanc et du noir? Nous pensons peut-être à l'"intérieur', à 'la constitution' mais cela n'a certainement pas de sens ici. Nous disons aussi 'C'est une

■ □

partie du blanc que d'être plus clair'. Il n'en va pas ainsi: l'image du blanc et du noir nous sert en même temps de paradigme de ce que nous entendons par 'plus clair' et 'plus sombre' et par 'blanc' et 'noir'». L'essence dont il s'agirait nous renvoie à la grammaire: «Lorsque vous parlez d'essence, vous ne faites que noter une convention» (PB 206), tout ce qui a l'apparence de la nécessité appartenant à la grammaire.

[24] Cf. BGM III-29: «La limite de l'empirique, c'est la formation de concept (*Begriffsbildung*) et plus loin (III-33): «Oui: c'est comme si la formation d'un concept guidait notre expérience dans des canaux particuliers, de sorte qu'elle est alors vue en relation avec une autre d'une manière nouvelle».

[25] Aussi Wittgenstein ouvre-t-il *De la certitude*, consacré à une critique du credo moorien («Proof of an External World»), par la phrase «Si tu sais que c'est là une main, alors nous t'accordons tout le reste» (UG 1), c'est-à-dire que c'est sur le fond de ce genre de certitudes qu'une reconstruction de la croyance rationnelle et la réfutation du scepticisme radical peuvent être envisagées.

[26] Considérée d'un point de vue «sémantiste», la conception wittgensteinienne est pragmatique de part en part. Même si son interprétation n'est pas sans problèmes, le célèbre slogan «Don't look for the meaning, look for the use» définit certainement un programme globalement pragmatique. Il n'est toutefois pas assuré qu'on gagne beaucoup à opposer signification et usage comme deux objets distincts, qui pourraient être revendiqués par deux disciplines. Dummett (1975 et 1976) ne définit-il pas la théorie de la signification comme une théorie de la compréhension!

[27] Wittgenstein recommande l'abandon de cette distinction: «La distinction entre l'intérieur (*innen*) et l'extérieur (*aussen*) ne nous intéresse pas» (PG 60).

[28] UG 559: «Tu dois avoir présent à l'esprit que le jeu de langage est pour ainsi dire quelque chose d'imprévisible. J'entends par là: il n'est pas fondé. Ni raisonnable (ni non plus déraisonnable). Il est là, comme notre vie».

[29] Cf. par exemple ces passages de *Über Gewißheit*: «Ce que nous disons reçoit son sens du reste de nos actions» (229) et «(...) il s'agit d'énoncés portant sur des objets. Et ces énoncés ne servent pas de fondement au même titre que des hypothèses qui, si elles se révèlent fausses, sont remplacées par d'autres. (... Et j'écris avec assurance 'Au commencement était l'action')» (402).

[30] UG 422: «Je veux donc dire quelque chose qui sonne comme du pragmatisme. Une espèce de *Weltanschauung* me vient à la traverse». Sur le pragmatisme de Wittgenstein, on pourra consulter Bouveresse (1976: 535-557).

[31] Cet usage de l'interprétant final est net dans l'exemple qui a été cité p. 49. Il ne signifie cependant pas que le processus d'interprétation ne pourrait se poursuivre au-delà de cette borne. Au contraire, c'est un trait essentiel de sa dynamique qu'elle se maintienne et se perpétue, et puisse ainsi être reprise.

[32] Avant l'extrait du PU 122 cité, Wittgenstein écrit: «C'est une des principales sources de notre incompréhension (*Unverständniss*) que nous n'ayons pas une vue générale de l'usage de nos mots (*daß wir den Gebrauch unserer Wörter nicht übersehen*). Notre

grammaire manque de caractère général (ou synoptique: *Übersichtlichkeit*). Une représentation générale donne lieu à cette compréhension qui consiste à 'voir les choses en relations'».

[33] C'est du reste cette mise en question, et elle seule, qui explique qu'on assimile la position philosophique de Wittgenstein à une quelconque forme de behaviorisme, et non les thèses qu'il a produites à cet égard.

[34] En ce qui a trait à Reichenbach, la situation est assez claire: dès qu'il est possible de faire correspondre aux signes pragmatiques une quelconque réalité dénotée, ceux-ci se trouvent introduits dans un ordre sémantique, de sorte que la dimension pragmatique des signes doit leur venir d'une réalité psychologique inspécifiable par définition.

[35] Dans son ensemble, l'ouvrage de J. Bouveresse, *Le mythe de l'intériorité* (1976) présente un examen très scrupuleux des diverses positions de Wittgenstein sur le problème du mentalisme.

[36] Cornulier (1981) fait remarquer que cette dimension de conventionalité est curieusement absente de plusieurs traitements de la «signification intentionnelle», tel celui que l'on trouve chez Grice, qui parle beaucoup plus de la reconnaissance des intentions que du véhicule sémiologique conventionnel qui permet cette reconnaissance.

[37] *Stricto sensu*, les jeux de langage, n'étant pas des objets, ne sauraient être décrits en un sens normal de ce mot. Cependant, comme il a été indiqué, ils présentent ce minimum d'objectivité qui fait leur partage, de sorte qu'ils contribuent à la description des objets qui leur sont relatifs.

[38] Deux remarques s'imposent au sujet de cette nouveauté. La première a trait à une hypothèse dont nous avons vu plusieurs raisons de supposer la vraisemblance: il n'est pas acquis que la formulation de ce qui ferait la nouveauté de la pragmatique parvienne à échapper à des schémas relativement anciens. La seconde s'adresse en quelque sorte à l'avenir de la nouveauté: il y a une espèce de dogmatisme confiant à reconnaître des vertus révolutionnaires — que l'histoire devra exploiter — à une innovation qui risque encore de n'être que nominale. Cette remarque ne signifie rien d'autres que ce n'est pas parce qu'un nom circule qu'un «nominatum» est appelé à lui répondre.

[39] Wittgenstein a à de nombreuses occasions insisté sur le fait que la philosophie ne peut rien nous apprendre, qu'elle ne peut être ni falsifiée ni corroborée, qu'elle n'est que le rappel de ce que tout le monde a sous les yeux, etc. Il n'en demeure pas moins que le soin minutieux qu'il a apporté à la prise en compte de toutes les dimensions des problèmes qu'il a traités, en plus de donner lieu à ce qu'il appelait «un album de l'histoire naturelle de l'homme» (préface à PU et PU 415), est souvent source de révélations pour ce qui est de la conscience que nous pouvons avoir des jeux de langage que nous jouons lorsque nous entreprenons de parler de ce que nous faisons. Si la découverte de la réalité est à ce point solidaire de ce que nous prenons pour acquis lorsque nous la considérons, le fait d'attirer constamment l'attention sur la relativité de notre discours et des phénomènes qu'il fait état donne lieu à d'authentiques découvertes (qui sont des «découvertes dans le familier», selon l'expression de Wisdom). Au-delà du «jargon» dont Wittgenstein, comme le rapporte Malcolm, craignait qu'il ne soit son seul legs, quelque chose nous parvient qui est l'esprit d'une méthode: prendre en considératioin le plus grand nombre possible de variables et de circonstances, de contextes et d'actions avant de se prononcer. Pour la pragmatique en un sens étroit, cet «esprit de la méthode» se retrouve chez J.L. Austin, qui recommandait de considérer la totalité des circonstances entourant l'acte de langage avant de définir sa force illocutoire.

[40] Un passage des *Recherches* joue le rôle d'une mise en garde: «Tu penses que tu dois être en train de tisser une étoffe, puisque tu es assis devant un métier à tisser — quoique vide — et que tu fais les mouvements du tissage» (PU 414).

Conclusion

Un examen comme celui qui a été mené ici peut difficilement donner lieu à une récapitulation de résultats définitivement acquis ou esquisser des voies prometteuses pour une recherche positive. Il semble au contraire avoir plutôt tendance, sinon à barrer la voie à des recherches pragmatiques, du moins à suggérer une certaine prudence dans ce domaine. C'est d'abord sur ce point qu'une conclusion peut s'expliquer.

Pour une part, ce que cette enquête a traqué est un *mot*, dont la fortune est devenue considérable. On a cherché à voir dans quels réseaux le mot «pragmatique» circule, quelles sont les conditions de son emploi, comment il se contraste par rapport à d'autres mots et ce qu'il cherche à désigner. Mais dans la mesure où les mots ne vont pas tout seuls, c'est aussi une *idée* qui a été circonscrite. Certaines des coordonnées de son apparition et de son développement ont été reconstruites et quelques-unes des difficultés qu'elle éprouve à se constituer ont été identifiées. Sur ces deux plans, cette enquête demeure partielle. Ont en effet été laissés de côté plusieurs aspects de problématiques contemporaines qui peuvent donner de la pragmatique des versions plus tranchées et apparemment plus mûres que celles qui ont été considérées, ou qui soumettent ce mot à des contraintes d'usage mieux contrôlées. Une partie de cette omission est forcée: les voies par lesquelles la pragmatique s'avance sont nombreuses et la manière dont chaque approche en négocie le tracé défie la compilation. Une autre partie est le produit d'un choix délibéré: j'ai privilégié des approches qui présentent une certaine généralité par rapport à l'intuition dont Morris porte la paternité ou qui, au fil du déroulement de la courte histoire de la pragmatique, en marquent des tendances majeures.

La perspective réflexive adoptée, à laquelle invite le caractère encore inchoactif du domaine, trouve à s'appliquer sur des matériaux présentés à un certain niveau de généralité. Dans le cas présent, ce niveau demeure relativement élevé : les distinctions établies entre diverses tendances pragmatiques ont plus eu pour fonction d'organiser l'idée qui leur est sous-jacente que de répartir des théories sur un espace objectif de problèmes qui seraient posés dans des termes qui appelleraient une solution plus ou moins immédiate. Le bilan qui se dessine est plutôt que la formulation même de ces problèmes ne permet pas d'entrevoir une solution qui soit conforme à un programme pragmatique théorique. Les tempéraments optimistes, pour présenter les choses ainsi, pourraient être amenés à penser que ces difficultés sont essentiellement pratiques et qu'elles peuvent être aplanies par une sophistication de nos moyens techniques et observationnels. Bien que les instruments de saisie dont nous disposons puissent toujours être améliorés, les obstacles que la pragmatique rencontre paraissent en tout état de cause — au-delà d'un pessimisme de principe — tenir plus à des difficultés profondes qu'à un malaise passager.

Ce nom de pragmatique, j'espère ne pas en avoir rendu l'idée totalement implausible, n'est pas sans désigner une certaine réalité. Il y aurait du reste quelque chose d'assez abusif à dénier toute capacité de désigner quoi que ce soit à une intuition qui a déjà un certain passé derrière elle et qui revient avec plus de force que celle de la seule récurrence de sa mention. Le problème est plutôt que la réalité désignée est multiple, que les théories qui seraient appelées à en rendre compte sont à la recherche de leurs lignes directrices et que, lorsqu'elles parviennent à définir certains principes, elles voient fuir la réalité qu'elles visaient ou ne l'atteignent qu'à côté du lieu où elles devaient la saisir. La route conduisant à un consensus pragmatique s'en trouve passablement détournée. Ce détour peut être compris en fonction de deux ambitions de la philosophie du langage contemporaine, qu'on peut présenter comme la «totalisation» et la «naturalisation» de son objet. La conciliation de ces deux vecteurs de la recherche me semble constituer un point de résistance majeur au projet d'une pragmatique achevée.

L'idée de totalité en philosophie du langage se montre d'abord dans la lutte qui est faite à diverses formes de l'atomisme, ici vaguement compris comme l'idée selon laquelle la signification d'une unité complexe peut être analysée par la mise au jour de la signification des unités dont elle se compose, avec l'espoir de parvenir à une analyse ultime, qui ne puisse être reportée par aucune fragmentation ultérieure de la structure qu'elle identifie. La possibilité d'une telle analyse dépend à l'évidence de la nature des éléments dans lesquels elle cherche son terme. Une position assez classique (elle remonte au moins à Frege) est de considérer que les mots sont ces dernières unités analytiques et que la signification des phrases est entièrement fonction de la signification des mots (des termes) qui les composent. Inversement, on dira en même temps que la signification de ces unités est relative au contexte phrastique ou propositionnel dans lequel elles apparaissent. C'est ainsi qu'intervient une forme faible de l'idée de totalité qui est particulièrement active dans le problème pragmatique et qui est liée à ce qu'on appelle le *holisme*. Un état minimal du holisme (si minimal qu'on peut douter que le mot lui convienne encore) consiste ainsi à dire que la phrase est un tout qui gère l'ensemble de ses possiblités sémantiques. Un holisme plus fort est de soutenir que, pour être en mesure de donner le sens d'un mot ou d'une phrase, il faudrait pouvoir donner le sens de tous les mots et/ou de toutes les phrases du langage considéré.

La totalité dont il s'agit alors est plus englobante : il ne suffit plus d'évaluer les unités dans leur contexte phrastique ou propositionnel immédiat, mais bien dans le contexte du langage tout entier. Cet élargissement progressif présente cependant, dans sa formulation, une difficulté de taille, car « le langage tout entier » peut désigner soit la totalité des expressions qui constituent une langue (si une telle totalité existe ou peut être vraiment pensée), soit la totalité des opérations dans lesquelles cette langue intervient. Si on favorise, comme l'intuition pragmatique nous y convie pour une part (cette part qui cherche à se situer au-delà du sémantique strict), le deuxième terme de cette alternative, on passerait successivement du mot à la phrase (à la proposition), de la phrase à la langue (au système symbolique) et de la langue à la pratique du langage et à l'ensemble de ce qui est reconnu comme ses déterminations. Chaque élément se trouve ainsi reporté, pour ce qui est de la spécification de son sens et de son rôle, à un niveau supérieur qui devient certes de plus en plus totalisant mais aussi, du fait que le caractère indirect de l'assignation augmente à chaque étape, de plus en plus indistinct. Etant donné que la totalité du langage n'a, pour une approche théorique, guère d'identité indépendante des moyens dont nous disposons pour la restituer ou pour la produire, ce type de holisme en vient à compromettre en fait la distinctioin entre langage et théorie*. (Un vieux « dictum » chomskyen, qui

---

* Voir à ce propos les positions holistes de Davidson (1973-1974), de même que la critique qu'en fait Dummett (1978).

identifie la grammaire d'une langue à sa théorie, a ici sa pertinence : on ne peut penser la totalité de la langue (la langue comme totalité) indépendamment des dispositifs qui permettent de la reconstituer).

On a traditionnellement invoqué contre l'une ou l'autre variante du holisme l'argument de l'apprentissage : au-delà de l'idée, tout à fait admissible, qu'il est possible de donner (ou à tout le moins de faire comprendre) le sens d'une expression d'une langue sans donner de fait ou être en mesure de donner celui de toutes les autres expressions de cette langue, il est clair que la simple possibilité d'apprendre à parler présuppose que quelque chose du holisme est faux ou inadéquat, car si nous ne pouvons apprendre le sens de «nouveaux» mots et de «nouvelles» phrases que sur le fond de ceux et celles qui ont déjà fait l'objet de notre apprentissage, cela suppose qu'on peut apprendre le sens de mots et de phrases sans que la totalité de la langue soit, pour ainsi dire, réalisée. Un tel argument rate sans doute ce que le holisme «veut dire» : l'apprentissage suppose une temporalité et des actions, tandis que le holisme, présenté sous une forme en quelque sorte logique, non seulement fait abstraction du temps et de l'action des agents mais tire sa vraisemblance de cette abstraction. Dans son ratage, cet argument indique néanmoins un élément pertinent, à savoir le décalage qui sépare le plan d'une analyse sémantique et celui d'une anthropologie.

C'est d'une certaine manière sur une anthropologie que la question pragmatique ouvre finalement. Le fait d'être toutes deux malmenées entre une tentation spéculative (souvent mue par la recherche d'invariants à portée universelle) et une prospection empirique rapproche déjà en principe anthropologique et pragmatique, mais le plus déterminant tient à ce que la dimension d'activité convoquée par cette dernière au fondement de la théorie du langage met en jeu des catégories qui sont référées à l'organisation des locuteurs, en particulier leurs structures cognitives, avec la prétention de saisir la mécanique réelle qui est active dans l'acte de parole. C'est cette dimension qui fait l'ambition de «naturalisation», avec les dangers que cela comporte d'une «sublimation» de certaines formes centrales et les apories du fondement. Le projet pragmatique est ainsi formulé qu'il ne s'agit plus de comprendre le langage comme un objet indépendant de la pratique, auquel des propriétés pourraient être reconnues sans mention du fait qu'il sert à effectuer un certain nombre de transactions, mais de le caractériser en fonction des déterminations de l'usage linguistique. Cela a donné lieu à un repeuplement de l'espace de la signification : la représentation ou la correspondance qui le remplissaient entièrement ont été relayées par la prise en compte de phénomènes qui apparaissent nouveaux et qui ont tendance à rapprocher la théorie des langues naturelles des opérations des locuteurs. Les contraintes circonstancielles qui régissent diverses formes d'indexicalité, l'intentionalité et ses avatars, les «*background assumptions*», les diverses incarnations de l'idée de contextualité sont autant de points où cette dimension d'usage intervient et tend à pourvoir la théorie d'un objet qui serait naturel. Cette naturalisation a beaucoup à voir avec un holisme pragmatique. L'enchâssement des éléments considérés dans une totalité toujours plus vaste (et toujours plus fugace et évanescence) a plusieurs effets sur une théorie qui entreprendrait de rendre compte de cette totalité aux fins de restitution d'un caractère naturel de son objet.

Un de ces effets est ce qui a été identifié comme l'indétermination de la notion de contexte, qui est prise en étau entre le rôle qu'elle joue dans la pratique du langage et la reconstruction que le théoricien en donne. Un autre, qui est peut-être l'effet le plus général de l'idée pragmatique, est que la notion même de langage n'a plus les mêmes frontières qu'auparavant, dès l'instant où on en considère le traitement dans l'optique de l'usage. Là où le contexte est considéré comme l'extériorité du langage lorsqu'il s'git de rendre compte de phénomènes comme la mobilité référentielle, il en vient à constituer le langage «lui-même» lorsqu'il s'agit de rendre compte de son fonctionnement. C'est pourquoi le soin d'assurer la totalité qu'il s'agirait de saisir pour trouver cet objet naturel a été reconduit aux jeux de langage, dont la relativité est à l'image de la mobilité de l'élément pragmatique. La difficulté qu'il y a à poser cet élément sur un fondement stable répond au type de connexion qui existe entre le langage et ce qui dans nos actions le présuppose et est présupposé par lui et, plus loin, entre le monde tel que nous en parlons et le langage qui nous constitue et dans lequel nous vivons. Si quelque chose semble là être contraire à l'analyticité attendue de nos théories, cela ne fait peut-être que répéter la limitation du théorique lorsqu'il entreprend d'embrasser à la fois un objet naturel et un objet dont la systématicité puisse prétendre à une totalité.

En refusant au pragmatique le statut d'objet, on ne fait sans doute rien de plus que reconnaître cette limitation, qui est en même temps celle du sens.

Fleurier, janvier 1987.

Bibliographie

ALSTON, W.P. (1967), «Emotive Meaning», *in* EDWARDS, P., éd. (1967), II, 486-493.
AUSTIN, J.L. (1962), *How to Do Things with Words*, Oxford, Oxford University Press.
—, (1979), *Philosophical Papers*, Oxford, Oxford University Press.
AYER, A.J. (1936), *Langage, Truth and Logic*, Londres, Gollancz.
—, (1958), «Meaning and Intentionality», *Atti del XII Congresso Internazionale di Filosofia*, Relazioni Introductive, Florence, Sansoni, 141-155.
—, éd. (1959), *Logical Positivism*, New York, The Free Press.
BAR-HILLEL, Y. (1954), «Indexical Expressions», *Mind*, 53, 359-379. Repris *in* BAR-HILLEL (1970), 69-88.
—, (1966), «Syntaxe logique et sémantique», *Langages*, 2, 31-41.
—, (1970), *Aspects of Language*, Jérusalem, The Magnes Press, Hebrew University et Amsterdam, North-Holland Publishing Company.
—, (1971), «Out of the Pragmatic Wastebasket», *Linguistic Inquiry*, 2, 401-407.
—, éd. (1971), *Pragmatics of Natural Language*, Dordrecht, North-Holland Publishing Company.
BARWISE, J. et PERRY, J. (1983), *Situations and Attitudes*, Cambridge, The MIT Press.
BEVER, T.G. (1968), «A Survey of Some Recent Work in Psycholinguistics», *in* PLATH, W.J., éd. (1968), 1-66.
BLOOMFIELD, L. (1933), *Language*, New York, Rinehart and Winston.
—, (1939), *Linguistic Aspects of Science*, International Encyclopedia of Unified Science, 1:4, Chicago, The University of Chicago Press.
—, (1970), *Le langage*, Paris, Payot. (Trad. de (1933)).
BOUVERESSE, J. (1971), «Carnap, le langage et la philosophie», *in La parole malheureuse*, Paris, Minuit, 247-297.
—, (1976), *Le mythe de l'intériorité*, Paris, Minuit.
BRUNSWIK, E. (1940), *The Conceptual Framework of Psychology*, International Encyclopedia of Unified Science, 1:10, Chicago, The University of Chicago Press.

CARNAP, R. (1931-1932), « Überwindung der Metaphysik durch logische Analyse der Sprache », *Erkenntnis*; trad. angl. *in* AYER, A.J., éd. (1959), 60-81.
—, (1934, 1937), *Logische Syntax der Sprache; The Logical Syntax of Language*, New York, Harcourt, Brace and Company.
—, (1936-1937), « Testability and Meaning », *in* FEIGL, H. et BRODBECK, M., éds., *Readings in the Philosophy of Science*.
—, (1939), *Foundations of Logic and Mathematics*, International Encyclopedia of Unified Science, 1:3.
—, (1942), *Introduction to Semantics, Studies in Semantics*, vol. I, Cambridge, Cambridge University Press.
—, (1945), « The Two Concepts of Probability », *in* FEIGL, H. et BRODBECK, M., éds., *Readings in the Philosophy of Science*.
—, (1947), *Meaning and Necessity*, Chicago, The University of Chicago Press.
—, (1952), « Meaning Postulates », *Philosophical Studies*, 3, 65-73, repris *in* CARNAP (1956), 222-229.
—, (1955a), « On Some Concepts of Pragmatics », *Philosophical Studies*, 6, 89-91; repris *in* CARNAP (1956), 248-250.
—, (1955b), « Meaning and Synonymy in Natural Language », *Philosophical Studies*, 7, 33-47; repris *in* CARNAP (1956), 233-247.
—, (1956), *Meaning and Necessity*, 2ᵉ édition, Chicago, The University of Chicago Press.
—, (1958), *Introduction to Semantics and Formalization of Logic*, Cambridge, Cambridge University Press.
—, (1959), « Psychology in Physical Language », *in* AYER, A.J., éd. (1959), 165-198.
—, (1963), « Charles Morris on Pragmatism and Logical Empiricism », *in* SCHILPP, P.A., éd. (1963), *The Philosophy of Rudolf Carnap*, La Salle, The Library of Living Philosophers, 860-862.
—, (1966), « Signification et synonymie dans les langues naturelles », *Langages*, 2, 108-123. Trad. de (1955b).
CHERRY, C. (1966), *On Human Communication*, Cambridge, The M.I.T. Press.
CHISHOLM, R. (1955), « A Note on Carnap's Meaning Analysis », *Philosophical Studies*, 6, 87-89.
CHOMSKY, N. (1965), *Aspects of the Theory of Syntax*, Cambridge, The M.I.T. Press.
—, (1966), « Topics in the Theory of Generative Grammar », *in* SEBEOK, T.A., éd. (1966), 1-60.
—, (1967a), « The General Properties of Languages », *in* DARLEY, F.L., éd., (1967), 73-98.
—, (1967b), « Some General Properties of Phonological Rules », *Language*, 43, 102-128.
—, (1968), *Language and Mind*, New York, Harcourt, Brace and World.
—, (1969), « Linguistics and Philosophy », *in* HOOK, S., éd. (1969), *Language and Philosophy*, New York, N.Y. University Press, 51-94.
—, (1970), *Le langage et la pensée*, Paris, Payot. Trad. de (1968).
—, (1971), *Aspects de la théorie syntaxique*, Paris, Seuil, Trad. de (1965).
—, (1981), *Lectures on Government and Binding*, New York, Foris.
CHOMSKY, N. et MILLER, G.A. (1963), « Introduction to the Formal Analysis of Natural Language, *in* LUCE, R., BUSH, R. et GALANTER, E., éds. *Handbook of Mathematical Psychology*, vol. II, New York, Wiley and Sons, 269-321.
COLE, P. éd. (1978), *Syntax and Semantics 9: Pragmatics*, New York, Academic Press.
CORNULIER, B. de (1981), « Signification et non-natural meaning », *Les différents types de marqueurs et la détermination des fonctions des actes de langage en contexte*, Université de Genève, 5-22.
COSERIU, E. (1973), « Sistema, norma y habla », *Teoria del lenguaje y lingüistica general*, Madrid, Gredos, 11-113.

CRESSWELL, M.J. (1970), *Logic and Languages*, Londres, Methuen.
CROVITZ, H.F. (1970), *Galton's Walk*, New York, Harper and Row.
DARLEY, F.L., éd. (1967), *Brain Mechanisms Underlying Speech and Language*, New York, Grune and Stratton.
DAVIDSON, D. (1973-1974), «On the Very Idea of a Conceptual Scheme», *Proceedings and Addresses of The American Philosophical Association*, 46, 5-20.
DAVIDSON, D. et HARMAN, G., éd. (1972), *Semantics of Natural Language*, Dordrecht, Reidel.
DAVIS, J.W., HOCKNEY, D.J. et WILSON, W.K., éds. (1969), *Philosophical Logic*, Dordrecht, Reidel Publishing Company.
DERWING, B.L. (1973), *Transoformational Language as a Theory of Language Acquisition*, Cambridge, Cambridge University Press.
DESCOMBES, V. (1977), *L'Inconscient malgré lui*, Paris, Minuit.
DEWEY, J. (1946), «Peirce's Theory of Linguistic Signs, Thought and Meaning», *Journal of Philosophy*, 43:4, 85-95.
DILLER, A.M. et RECANATI, F., éd. (1979), «La pragmatique», *Langue Française*, 42.
DUBOIS-CHARLIER, F. et GALMICHE, M. (1972), «La sémantique générative», *Langages*, 27.
DUMMETT, M. (1973), *Frege: Philosophy of Language*, New York, Harper and Row.
—, (1975), *What is a Theory of Meaning? I*, Oxford, The Clarendon Press.
—, (1976), *What is a Theory of Meaning? II*, Oxford, The Clarendon Press.
—, (1978), «Frege's Distinction between Sense and Reference», *Truth and Other Enigmas*, Cambridge, Harvard University Press, 116-144.
EDWARD, P., éd. (1967), *The Encyclopedia of Philosophy*, New York, The Free Press.
ENGELMANN, P., (1967), *Letters from Ludwig Wittgenstein, with A Memoir*, Oxford, Basil Blackwell.
FODOR, J.A. (1970), «Three Reasons for not Deriving 'Kill' from 'Cause to Die'», *Linguistic Inquiry*, 1:4, 429-438.
FODOR, J.A. et KATZ, J.J., éds. (1964), *The Structure of Language: Readings in the Philosophy of Language*, Englewood Cliffs, Prentice-Hall.
FODOR, J.D. (1970), «Formal Linguistics and Formal Logic», in LYONS, J., éd., *New Horizons in Linguistics*, Middlesex, Harmondsworth, 198-214.
GALMICHE, M. (1975), *La sémantique générative*, Paris, Larousse.
GALTON, F. (1879), «Psychometric Experiments», *Brain*, 2, 148-162.
—, (1907), *Inquiries into Human Faculty and its Development*, New York, Dutton.
GAZDAR, G. (1979), *Pragmatics: Implicatures, Presupposition and Logical Form*, New York, Academic Press.
GOCHET, P. (1972), *Esquisse d'une théorie nominaliste de la proposition*, Paris, Armand Colin.
—, (1980), «Pragmatique formelle: théorie des modèles et compétence pragmatique», in PARRET, H., éd. (1980), 317-388.
GORDON, D. et LAKOFF, G. (1973), «Postulats de conversation», *Langages*, 30, 32-55.
GRANGER, G. (1968), *Essai d'une philosophie du style*, Paris, Armand Colin.
—, (1977), «Séminaire de logique et d'épistémologie», Aix-en-Provence, Faculté des lettres, Département de philosophie.
—, (1979), *Langages et épistémologie*, Paris, Klincksieck.
GREENBERG, J.H. (1957), *Essays in Linguistics*, Chicago, The University of Chicago Press.
GRICE, H.P. (1957), «Meaning», *The Philosophical Review*, 6, 377-388.
—, (1975), «Logic and Conversation», in COLE, P. et MORGAN, J., éds. (1975), *Syntax and Semantics 3: Speech Acts*, New York, Academic Press, 41-58.

GROSS, M. (1979), «On the Failure of Generative Grammar», *Language*, 55:4, 859-896.
GRZEGORCZYK, A. (1950), «The Pragmatic Foundations of Semantics», *Synthese*, 8, 300-324.
HABERLAND, H. et MEY, J.L., éds. (1977), *Journal of Pragmatics*, North-Holland Publishing Company.
HABERMAS, J. (1974), *Profils politiques et philosophiques*, Paris, Gallimard.
HALL, R. (1966), «Analytic-synthetic: a bibliography», *Philosophical Quarterly*.
HALLETT, G. (1977), *A Companion to Wittgenstein's Philosophical Investigations*, Ithaca, Cornell University Press.
HALLIDAY, M.A.K. (1972), «Categories of the Theory of Grammar», *in* MALMBERG, B., éd., *Readings in Modern Linguistics*, Stockholm, Läromedelsförlagen.
—, (1975), *Learning How to Mean: Explorations in the Development of Language*, Londres, Methuen.
HANSSON, B. (1974), «A Program for Pragmatics» *in* STENLAND S., éd. (1974), *Logical Theory and Semantic Analysis*, Dordrecht, Reidel Publishing Company, 163-174.
HARRY, J.W. (1970), *On the Interpretation of Generative Grammars*, MS, University d'Alberta.
HIŻ, H. (1954), «Kotarbinski's Praxeology», *Philosophy and Phenomenology*, 15, 238-243.
HUNTER, J.F.M. (1971), «'Forms of Life' in Wittgenstein's *Philosophical Inverstigations*», *in* KLEMKE, E.D., éd. (1971), *Essays on Wittgenstein*, Urbana, University of Illinois Press, 273-297.
KALINOWSKI, G. (1972), *La logique des normes*, Paris, Presses Universitaires de France.
KALISH, D. (1967), «Semantics», *in* EDWARDS, P., éd. (1967), VII, 348-358.
KAPLAN, D. (1979), «On the Logic of Demonstratives, *in* FRENCH P.A., UEHLING, T.E. et WETTSTEIN, H.W., éds. (1979), *Contemporary Perspectives in the Philosophy of Language*, Minneapolis, The University of Minnesota Press, 401-414.
KATZ, J.J. (1970), «Interpretative Semantics vs. Generative Semantics», *Foundations of Language*, 6, 220-259.
—, (1971), «Generative Semantics is Interpretative Semantics», *Linguistic Inquiry*, 2:3, 313-330.
—, (1977), *Illocutionary Force and Propositional Structures*, New York, Crowell.
—, (1982), *Language and other Abstract Objects*, Totowa, Littlefield Adams.
KATZ, J.J. et FODOR, J.A. (1963), «The Structure of a Semantic Theory», *in* FODOR, J.A. et KATZ, J.J., éds. (1964), 170-210.
KEMPSON, R. (1975), *Presupposition and the Delimitation of Semantics*, Cambridge, Cambridge University Press.
KIMBALL, J. (1970), «'Remind' remains», *Linguistic Inquiry*, 1:4, 511-524.
KLAUS, G. (1974), «La pragmatique comme discipline de la théorie de la connaissance», *Recherches Internationales à la lumière du marxisme*, 81, 75-124.
KRIPKE, S.A. (1982), *Wittgenstein: On Rules and Private Language*, Cambridge, Harvard University Press.
KUNO, S. (1977), «Empathy and Syntax», *Linguistic Inquiry*, 8:4, 627-673.
LAKOFF, G. (1968), «Instrumental Adverbs and the Concept of Deep Structure», *Foundations of Language*, 4, 4-29.
—, (1969), «Presuppositions and Relative Grammaticality», *Studies in Philosophical Linguistics*, 1:1, 103-116.

—, (1971), «On Generative Semantics», in STEINBERG, D.D. et JAKOBOVITS, L.A., éds. (1971), *Semantics*, Cambridge, Cambridge Univeristy Press, 232-296.
—, (1972), «Hedges: A Study in Meaning Criteria and the Logic of Fuzzy Concepts», *Papers from the 8th Regional Meeting of the Chicago Linguistic Society*, 183-228.
LAKOFF, R. (1969), «Some Reasons Why There Can't Be any Some-Any Rule», *Language*, 45:3, 608-615.
LATRAVERSE, F. (1975), «Remarques sur le binarisme en phonologie», *L'Arc*, 66, 38-44.
—, (1984), «Ce que se taire veut dire: remarques sur la question du silence dans le *Tractatus*», *Corps Ecrit*, 12, 39-54.
—, (1986a), «La sémiotique comme *organon* de la science: les incertitudes d'un vœu», in OUELLET, P., éd. *Les discours du savoir*, Montréal, Presses de l'ACFAS, 320-335.
—, (1986b), «Remarques sur Wittgenstein et la question de la convention», *Manuscrito*, 171-184.
—, (1986c), «La nécessité de l'arbitraire: remarques sur la question de l'analycité chez Wittgenstein», Département de philosophie, Université du Québec à Montréal; à paraître dans NADEAU, R., éd., *Contingence et raison: Essais sur la controverse de l'analyticité*.
LATRAVERSE, F. et LEBLANC, S. (1981), «On the Delimitation of Semantics and the Characterization of Meaning: Some Remarks», in PARRET, H., VERSCHUEREN, J. et SBIZÀ, M., éds. (1981), 399-411.
LEBLANC, S. (1979), «Pour une caractérisation des contextes d'emploi d'énoncés», *Sixth International Congress of Logic, Methodology and Philosophy of Science*, Hanovre, Abstracts, 160-164.
LEWIS, D. (1972), «General Semantics», in DAVIDSON, D. et HARMAN, G., éds. (1972).
LYONS, J. (1977), *Semantics*, Cambridge, Cambridge University Press.
MAAS, U. et WUNDERLICH, D. (1972), *Prakmatik und sprachliche Handeln*, Francfort, Athenäum-Scriptor.
MARTIN, R.M. (1959), *Toward a Systematic Pragmatics*, Amsterdam, North-Holland Publishing Company.
Mc CAWLEY, J.D. (1970), «English as a V.S.O. Language», *Language*, 46, 286-295.
—, (1971), «Interpretative Semantics Meets Frankenstein», *Foundations of Language*, 2, 285-296.
McDOWELL, J. (1981), «Non-cognitivism and Rule-Following», in HOLTZMAN, S.H. et LEICH, M., éds., *Wittgenstein: to Follow a Rule*, Londres, Routledge & Kegan Paul, 1981, 141-162.
MEAD, G.H. (1938), *The Philosophy of the Act*, Chicago, The University of Chicago Press.
MONTAGUE, R. (1968), «Pragmatics», in KLIBANSKY, R., éd., (1968), *Contemporary Philosophy: A Survey*, Florence. Repris in MONTAGUE (1974), 95-118.
—, (1970a), «Pragmatics and Intensional Logic», *Synthese*, 22, 68-94. Repris in MONTAGUE (1974), 119-147.
—, (1970b), «Universal Grammar», *Theoria*, 36, 373-398. Repris in MONTAGUE (1974), 222-246.
—, (1970c), «English as a Formal Language», in VISENTINI, B., éd. (1970), *Linguaggi nella Società e nella Tecnica*, Milan. Repris in MONTAGUE (1974), 188-221.
—, (1974), *Formal Philosophy*, éd. par R.H. Thomason, New Haven, Yale University Press.
MORRIS, C. (1935a), «Philosophy of Science and Science of Philosophy», *Philosophy of Science*, 2. Repris in MORRIS (1937b), 7-21.

—, (1935b), «The Relation of Formal and Empirical Sciences within Scientific Empiricism», *Erkenntnis*, 5, 6-14. Repris *in* MORRIS (1937b), 46-55.

—, (1936), «Semiotic and Scientific Empiricism», *Actes du congrès international de philosophie scientifique*, Paris, Sorbonne, 1935, vol. I, Paris, Hermann, 142-156. Repris *in* MORRIS (1937b), 56-71.

—, (1937a), «The Concept of Meaning in Pragmatism and Logical Positivism», *Proceedings of the 8th International Congress of Philosophy*, Prague. Repris *in* MORRIS (1937b), 22-30.

—, (1937b), *Logical Positivism, Pragmatism and Scientific Empiricism*, Paris, Hermann.

—, (1938a), *Foundations of the Theory of Signs*, Foundations of the Unity of Science: toward an International Encyclopedia of Unified Science, I:2, Chicago, The University of Chicago Press. Repris *in* MORRIS (1971), 13-71.

—, (1938b), «Scientific Empiricism», *Foundations of the Unity of Science*, I:1, Chicago, The University of Chicago Press, 63-75.

—, (1946), *Signs, Language, and Behavior,* New York, Prentice-Hall; George Brazillier, 1955. Repris *in* MORRIS (1971), 73-397.

—, (1971), *Writings on the General Theory of Signs*, La Haye, Mouton.

OGDEN, C.K. et RICHARDS, I.A. (1923), *The Meaning of Meaning*, Londres, Routledge and Kegan Paul.

PAILLET, J.P. (1974), «Problèmes de notation pour l'étude du contenu linguistique», *Langages*, 35, 27-69.

PAP, A. (1962), *An Introduction to the Philosophy of Science*, New York, The Free Press.

PAP, A. et EDWARDS, P., éds. (1973), *A Modern Introduction to Philosophy*, New York, The Free Press.

PARRET, H., éd. (1980), *Le langage en contexte, Etudes philosophiques et linguistiques de pragmatique*, Linguisticae Investigationes: Supplementa, vol. 3, Amsterdam, John Benjamins, B.V.

PEIRCE, C.S. (1931-1958), *Collected Papers*, I-VIII, Cambridge, Harvard University Press.

—, (1953), *Charles S. Peirce's Letters to Lady Welby*, New Haven, Whitlock's Inc.

—, (1978), *Ecrits sur le signe*, rassemblés, traduits et commentés par Gérard Deledalle, Paris, Seuil.

PITKIN, H. (1972), *Wittgenstein and Justice*, Berkeley, University of California Press.

PLATH, W.J., éd. (1968), *Specification and Utilization of a Transformational Grammar*, Yorktown Heights, IBM Corporation.

POSTAL, P.M. (1971), «On the Surface Verb 'Remind'», *in* FILLMORE, C.J. et LANGENDOEN, T., éds. (1971), *Studies in Linguistic Semantics*, New York, Holt, Rinehart & Winston, 181-272.

QUINE, W.V.O. (1953), *From a Logical Point of View*, New York, Harper and Row.

RECANATI, F. (1979), *La transparence et l'énonciation*, Paris, Seuil.

—, éd. (1980), «Les actes de discours», *Communications*, 32.

REICHENBACH, H. (1947), *Elements of Symbolic Logic*, New York, The Free Press.

ROGERS, A., WALL, B. et MURPHY, J.P., éds. (1977), *Proceedings of the Texas Conference on Performatives, Presuppositions and Implicatures*, Arlington, Center for Applied Linguistics.

RUSSELL, B. (1959), *My Philosophical Development*, Londres, George Allen and Unwin.

SAPIR, E. (1921), *Language*, New York.

SCHIFFER, S. (1972), *Meaning*, Oxford, Clarendon Press.

SCHLICK, M. (1959), «The Turning Point in Philosophy», *in* AYER, A.J., éd. (1959), 53-59.

SCHMIDT, S.J., éd. (1974), *Pragmatik 1*, Munich, Fink.
—, éd. (1977), *Pragmatik/Pragmatics 2*, Munich, Fink.
SCOTT, D. (1970), «Advice on Modal Logic», *in* LAMBERT, K., éd. (1970), *Philosophical Problems in Logic*, Dordrecht, Reidel, 143-174.
SEARLE, J.R. (1973), «A Classification of Illocutionary Acts», *Language in Society*, 5, 1-23.
—, (1976), «The Rules of the Languages Game», *Times Literary Supplement*, Londres.
—, (1978), «Literal Meaning», *Erkenntnis*, 13, 207-224.
—, (1979), «Le sens littéral», trad. de (1978), *in* DILLER, A.M. et RECANATI, F., éds. (1979), 34-47.
SEARLE, J.R., KIEFER, F. et BIERWISCH, M., éds. (1979), *Speech Acts Theory and Pragmatics*, Dordrecht, Reidel.
SEARLE, J.R. et VANDERVEKEN, D. (1985), *Foundations of Illocutionary Logic*, Cambridge, Cambridge University Press.
SEBEOK, T.A., éd. (1966), *Current Trends in Linguistics*, III, Theoretical Foundations, La Haye, Mouton.
SPECHT, K. (1969), *The Foundations of Wittgenstein's Late Philosophy*, Manchester, Manchester University Press.
STALNAKER, R. (1972), «Pragmatics», *in* DAVIDSON, D. et HARMAN, G., éds., (1972), 380-397.
—, (1973), «Pragmatic Presupposition», *in* ROGERS, A., WALL, B. et MURPHY, J.P., éds. (1977), 135-148.
STEGMÜLLER, W. (1969), *Main Currents in Contemporary German, British and American Philosophy*, Dordrecht, Reidel.
STEINBERG, D.D. (1970), «Psychological Aspects of Chomsky's Competence-performance distinction», *Working Papers in Linguistics*, 2:2, 256-259.
STENIUS, E. (1969), «Mood and Language-Game», *in* DAVIS, J.W., HOCKNEY, D.J. et WILSON, W.K., éds. (1969), 251-271.
STRAWSON, P.F. (1970), «Phrase et acte de parole», *Langages*, 17, 19-33.
THOMASON, R.H. (1977), «Where Pragmatics Fits In», *in* ROGERS, A., WALL, B. et MURPHY, J.P., éds. (1977), 161-166.
TOULMIN, S. (1969), «Ludwig Wittgenstein», *Encounter*, 32, 58-71.
VERSCHUEREN, J. (1980), «A la recherche d'une pragmatique unifiée», *in* RECANATI, F., éd. (1980), 274-284.
WATSON, J.B. (1924), *Psychology from the Standpoint of a Behaviorist*, Philadelphie, Lippincott.
—, (1925), *Behaviorism*, New York, Norton.
WITTGENSTEIN, L., (BB) *The Blue Book*, Oxford, Basil Blackwell, 1958. (Publié avec BrB).
—, (BrB) *The Brown Book*, Oxford, Basil Blackwell, 1958.
—, (BGM) *Bemerkungen über die Grundlagen der Mathematik*, Oxford, Basil Blackwell, 1967.
—, (PB) *Philosophische Bemerkungen*, Oxford, Basil Blackwell, 1964.
—, (PG) *Philosophische Grammatik*, Oxford, Basil Blackwell, 1969.
—, (PU) *Philosophische Untersuchungen*, 3ᵉ édition, Oxford, Basil Blackwell, 1967.
—, (T) *Tractatus Logico-philosophicus*, Londres, Routledge and Kegan Paul, 1961.
—, (UG) *Über Gewißheit*, Oxford, Basil Blackwell, 1969.
—, (UB) *Vermischte Bemerkungen*, Francfort, Suhrkamp, 1977.
—, (Z) *Zettel*, Oxford, Basil Blackwell, 1967.
—, (1965) *Le cahier bleu et le cahier brun*, trad. de (BB) et (BrB) par G. Durand, Paris, Gallimard.

ZADEH, L. (1971a), «Quantitative Fuzzy Semantics», *Information Sciences*, 3, 159-176.
—, (1971b), «Fuzzy Languages and Their Relation to Human Intelligence», Electronic Research Laboratory, University of California at Berkeley, Mem. ERL-M302.

TABLE DES MATIERES

Conventions de référence	6
Remerciements	7
AVANT-PROPOS	9
Notes	15

CHAPITRE 1
Remarques générales sur la délimitation et l'organisation interne de la pragmatique

1. Quelques aspects de l'idée de délimitation	17
2. Deux types d'extension de la pragmatique	22
2.1. Une acception large	23
2.2. Une acception plus étroite	26
3. Une conception minimaliste de la pragmatique	32
3.1. Les deux sources de l'intuition pragmatique	32
3.2. Pragmatique et phénoménalité	35
Notes	37

CHAPITRE 2
Peirce et Morris: semiosis et interprétation

1. Semiosis, interprétation et pragmatique	41
1.1. Les trois aspects de la semiosis et les trois dimensions de la sémiotique	43
1.2. L'interprétation chez Peirce	45
2. L'organisation de la sémiotique selon les *Fondements de la théorie des signes*	61
2.1. La syntaxe	61
2.2. La sémantique	64
2.3. La pragmatique	74
2.4. Evaluation	78
Notes	80

CHAPITRE 3
La pragmatique chez Carnap et Reichenbach

0. Introduction	87
1. La pragmatique chez Rudolf Carnap	88
1.1. La pragmatique empirique	89
1.2. La pragmatique théorique	107
2. La pragmatique chez Hans Reichenbach	113
2.1. La rationalité pragmatique	114
2.2. L'analyse pragmatique	116
Notes	125

CHAPITRE 4
La « pragmatique » formelle

0. Introduction	133
1. L'idée d'une sémantique formelle	135
2. La pragmatique de Montague, Scott et Lewis	136
3. La pragmatique de Kaplan	143
4. La pragmatique de Stalnaker	147
5. Bilan	157
Notes	159

CHAPITRE 5
Pragmatique et linguistique :
un fragment d'histoire et de théorie

0. Introduction	161
1. La nature de la compétence	164
2. Le développement d'une sémantique	168
3. Un intermédiaire entre compétence et performance : le discursif	184
Notes	189

CHAPITRE 6
Quelques remarques sur la notion de contexte

0. Introduction	193
1. Le contexte comme notion ouverte	195
2. Une position a-contextualiste : le ciel de Katz	198
3. Une position contextualiste : le purgatoire de Searle	202
4. Théorie et contexte : distinctions	205
Notes	215

CHAPITRE 7
Pragmatique et jeux de langage

0. Introduction	217
1. Qu'est-ce qu'un jeu de langage ?	219
2. Représentation et jeu de langage	224

3. Justification et régressivité grammaticales	230
4. Réalisme et «méthodologisme»	240
Notes	245

CONCLUSION 251

BIBLIOGRAPHIE 257

PHILOSOPHIE ET LANGAGE
collection publiée sous la direction de MICHEL MEYER

Ouvrages déjà parus dans la même collection:

ANSCOMBRE / DUCROT: L'argumentation dans la langue

MAINGUENEAU: Genèses du discours

CASEBEER: Hermann Hesse

DOMINICY: La naissance de la grammaire moderne

BORILLO: Informatique pour les Sciences de l'homme

ISER: L'acte de lecture

HEYNDELS: La pensée fragmentée

SHERIDAN: Discours, sexualité et pouvoir (Michel Foucault)

MEYER: De la problématologie

PARRET: Les passions

VERNANT: Introduction à la philosophie de la logique

COMMETTI: Musil

MARTIN: Langage et croyance

KREMER-MARIETTI: Les racines philosophiques de la science moderne

GELVEN: *Etre et temps* de Heidegger

LAUDAN: Dynamique de la science

LATRAVERSE: La Pragmatique. Histoire et critique

A paraître:

ROSEN: Philosophie et crise des valeurs contemporaines

HAARSCHER: La raison du plus fort

LARUELLE: Théorie de la décision philosophique

AUROUX: Histoire des idées linguistiques